Novas perspectivas
do Direito Privado

Roxana Cardoso Brasileiro Borges
Celso Luiz Braga de Castro
Walber de Moura Agra
Coordenadores

Novas perspectivas do Direito Privado

Belo Horizonte

2008

© 2008 Editora Fórum Ltda.

É proibida a reprodução total ou parcial desta obra, por qualquer meio eletrônico, inclusive por processos xerográficos, sem autorização expressa do Editor.

Editora Fórum Ltda.
Av. Afonso Pena, 2770 – 15º/16º andar
Funcionários – CEP 30130-007
Belo Horizonte – Minas Gerais
Tel.: (31) 2121.4900 / 2121.4949
www.editoraforum.com.br
editoraforum@editoraforum.com.br

Editor responsável: Luís Cláudio Rodrigues Ferreira
Coordenação editorial: Olga M. A. Sousa
Revisão: Carolina Rocha
Ficha catalográfica: Fernanda de Paula Moreira – CRB 2900 - 6ª Região
Capa, projeto gráfico e formatação: Walter Santos

N936   Novas perspectivas do Direito Privado / Coordenadores Roxana Cardoso Brasileiro Borges, Celso Luiz Braga de Castro, Walber de Moura Agra. Belo Horizonte: Fórum, 2008.

374 p.
ISBN 978-85-7700-181-1

1. Direito privado. 2. Direito civil. 3. Direito ambiental. 4. Duplicata. 5. Direito de família. 6. Casamento. 7. Casamento homoafetivo. 8. Fertilização humana in vitro. 9. Lei (interpretação). 10. Direito autoral. 11. Falência. 12. Recuperação de empresa. 13. Propriedade industrial (marca comunitária). 14. Terceiro setor. 15. Direitos e garantias individuais. 16. Tutela jurisdicional. 17. Dano moral. I. Borges, Roxana Cardoso Brasileiro. II. Castro, Celso Luiz Braga de. III. Agra, Walber de Moura.

CDD: 342
CDU: 347

Informação bibliográfica deste livro, conforme a NBR 6023:2002 da Associação Brasileira de Normas Técnicas (ABNT):

BORGES, Roxana Cardoso Brasileiro; CASTRO, Celso Luiz Braga de; AGRA, Walber de Moura (Coord.). *Novas perspectivas do Direito Privado*. Belo Horizonte: Fórum, 2008. 374 p. ISBN 978-85-7700-181-1.

*À UFBA (Universidade Federal da Bahia).
Ao denodado Professor Celso Castro.*

Sumário

Apresentação
Roxana Cardoso Brasileiro Borges......... 13

Duplicata virtual
Ana Carolina Britto Villa-Flor Rodrigues Galvão......... 19
Introdução 19
Conceito e aspectos legais 21
Princípios 22
Requisitos 26
Execução da duplicata virtual 27
Atributo das duplicatas 32
Análise jurisprudencial 33
Conclusão 38
Referências 40

A mulher sob o casamento: fidelidade e débito conjugal – uma abordagem jus-histórica
Andrea Almeida Campos 43
1 A horda primitiva e o estado de natureza. As leis do matriarcado 45
2 A mulher sob o casamento na antiguidade 50
2.1 O Código de Hamurabi 50
2.2 A mulher sob o casamento no direito dos assírios 51
2.3 O Deuteronômio 52
2.4 A mulher sob o casamento no direito romano 53
3 A mulher sob o casamento na Idade Média. O direito canônico 55
4 A mulher sob o casamento no Código Civil de Napoleão 59

5   A mulher sob o casamento no direito luso-brasileiro: ordenações portuguesas, Código Civil de 1916 e atual Código Civil brasileiro de 2002. A questão da honra 61
Bibliografia consultada 76
Internet 79
Documentos jurídicos 80

A Constituição como suporte interpretativo das leis e códigos: o caso da interpretação conforme a Constituição
André Ramos Tavares 81
1   A idéia de supremacia 81
2   A interpretação conforme a Constituição 83
3   Onde a interpretação na "interpretação conforme a Constituição"? 83
3.1.1 A interpretação conforme e declaração de inconstitucionalidade sem redução de texto: elementos de distinção 88
4   A correlação entre supremacia da Constituição e a interpretação conforme: ponderações contemporâneas 90
5   Conclusões na esteira da constitucionalização (informal) do Direito 93
Bibliografia 94

Os novos contornos do instituto proprietário. A função social dos direitos autorais. (In)acesso *versus* funcionalização
Jane Piñeiro G. de Azevedo 97
1   Breve intróito 97
2   A propriedade intelectual 99
2.1 Os direitos autorais 101
3   Função social e propriedade 104
3.1 Constitucionalização do Direito Civil – breves considerações ... 104
3.2 A função social e a pluralidade de propriedades 107
3.3 A função social e os direitos autorais 113
4   Conclusão 119
Referências 120

Possibilidade constitucional do casamento homoafetivo
Leandro Lopes Pontes Paraense 125
1   Considerações preambulares 125
2   Dimensões da sexualidade humana 130

3   Orientação sexual 134
4   Origem e panorama atual do casamento 136
5   Casamento homoafetivo 138
6   Conclusão 146
Referências 147

Apontamentos sobre os aspectos trabalhistas na nova Lei de Falências e de Recuperação de Empresas
Márcio Souza Guimarães 151
Introdução 151
1   Pedido de falência pelo credor trabalhista 152
1.1 Requerimento de falência com base na impontualidade ... 153
1.2 Requerimento de falência com base na prática de atos de falência 155
2   Efeitos da falência em relação às demandas trabalhistas ... 157
2.1 Processos trabalhistas em curso 158
2.2 Pedido de reserva 161
3   Verificação e habilitação do crédito trabalhista 162
4   Participação do credor trabalhista na falência e na recuperação de empresas 166
4.1 Assembléia geral de credores 166
4.2 O comitê de credores 169
5   Tratamento ao crédito trabalhista 170
Bibliografia 175

A propriedade industrial e o sistema da marca comunitária
Maria Antonieta Lynch 177
1   A propriedade industrial e o desenvolvimento econômico ... 177
2   Marca comunitária – nova modalidade marcária 179
3   O Instituto de Harmonização do Mercado Interno (IHMI) ... 180
4   Bases legais 181
5   Conceito de marca comunitária 182
6   Marca comunitária ou nacional? 183
7   Titular das marcas 185
8   Direitos e obrigações do titular 186
9   Validade e extinção do direito 187
10 Pedido de registro 189
11 Conclusão 190
Bibliografia 191

Terceiro setor – a indústria das utopias: traçando caminhos
para o aperfeiçoamento da legislação pertinente
Marilia Martinelli 193
Definindo o terceiro setor 198
Histórico e evolução da legislação pertinente 200
Código Civil – classificação das pessoas jurídicas 200
Constituição Federal – imunidade tributária 201
Referências 216

Embriões excedentários. Limitação à sua geração
e direito ao nascimento
Osvaldo Almeida Neto 221
1   Introdução 221
2   Direitos fundamentais e direitos da personalidade 223
3   Início da personalidade no ordenamento jurídico brasileiro 225
4   Distinção entre pessoa e sujeito de direitos 226
5   Habermas e a distinção entre dignidade da pessoa humana
      e dignidade da vida humana 227
6   Tutela jurídica do embrião *in vitro* 228
7   Embriões excedentários. Razões econômicas para sua
      formação. Não conformidade com as diretrizes do direito
      civil contemporâneo 229
8   Conclusão 232
Referências 234

Sociedade, festa, e família em Scott Fitzgerald.
Uma normatividade civil discreta (1925-1930)
Paulo Ferreira da Cunha 237
1   Quatro contos de Scott Fitzgerald 237
2   Reflexão jusliterária 240

O direito ao anonimato do doador de sêmen *versus*
o direito ao reconhecimento da identidade biológica:
o que deve prevalecer?
Renata de Lima Pereira 249
Introdução 249
1   Aspectos jurídicos relevantes sobre o tema 252
2   Aspectos biológicos a serem destacados sobre o assunto 255

3   O direito ao anonimato do doador de sêmen *versus* o interesse ao conhecimento da identidade biológica do ser gerado a partir da inseminação 257
Conclusão 259
Referências 260

Tutela jurídica do nascituro à luz da Constituição Federal
Rodolfo Pamplona Filho, Ana Thereza Meirelles Araújo 261
1   Introdução 261
2   A pessoa humana como fundamento da ordem jurídica constitucional e o direito à vida 262
3   A tutela jurídica do nascituro 265
3.1   Conceito 265
3.2   Natureza jurídica 266
4   Direitos do nascituro 270
5   Responsabilidade civil e dano 274
5.1   Dano moral 275
6   Considerações finais 279
Referências 280

Reconstruindo o Direito Civil a partir do Direito Ambiental: contrato, bens, sujeito
Roxana Cardoso Brasileiro Borges 283
Introdução 283
1   O contrato 286
1.1   O contrato no Direito Civil 286
1.2   O contrato no Direito Ambiental: revisão para uma concepção civil-ambiental 297
2   Os bens 304
2.1   Os bens no Direito Civil 304
2.2   Os bens no Direito Ambiental: revisão para uma concepção civil-ambiental 307
3   O sujeito 313
3.1   O sujeito no Direito Civil 313
3.2   O sujeito no Direito Ambiental: revisão para uma concepção civil-ambiental 315
Conclusão 322
Referências 323

Nem tudo que reluz é ouro: do mero aborrecimento ao dano moral
Salomão Resedá 327
1 Aspectos introdutórios 327
2 Breves noções sobre as espécies de dano 330
3 A evolução social e a "indústria do dano moral" 334
4 Do mero aborrecimento ao dano moral 338
5 Conclusão 343
Referências 345

O STF e a eficácia horizontal dos direitos fundamentais
Walber de Moura Agra, Isabela Lessa Ribeiro 349
Contextualização do étimo Constituição 349
Nota sobre os direitos fundamentais 351
Eficácia horizontal dos direitos fundamentais 354
Origem da teorética sobre a eficácia dos direitos fundamentais
(caso Lüth) 355
Teorias sobre a eficácia horizontal dos direitos fundamentais .. 357
Eficácia horizontal na jurisprudência do STF 360
Conclusão 365
Referências 367

Sobre os autores 371

Apresentação

Esta obra coletiva sobre as novas perspectivas do Direito Privado reúne temas que têm despertado interesse em vários ambientes jurídicos: tanto os ambientes acadêmicos como os meios forenses, sejam nacionais ou estrangeiros. Todos esses âmbitos de vivência jurídica têm buscado relacionar o Direito Privado com outros ramos, como o Direito Constitucional, e com outras disciplinas, como a Literatura, a Ecologia e as Ciências Biológicas, como uma forma de compreender e responder às novas perspectivas do Direito Privado.

Dentre os trabalhos aqui reunidos, dois textos realizam a imperativa convergência entre Direito Privado e Direito constitucional, demonstrando os novos ventos que refrescam e atualizam tanto um como outro ramo do direito. "A Constituição como suporte interpretativo das leis e códigos: o caso da interpretação conforme a Constituição", de André Ramos Tavares, demonstra, num artigo que representa o pensamento constitucionalista paulistano, como vem ocorrendo a constitucionalização do Direito no Brasil, analisando a idéia de supremacia da Constituição, o controle dessa supremacia através do controle judicial da constitucionalidade e suas conseqüências teóricas e práticas, o que acaba convidando o jurista para uma perspectiva constitucional do Direito Privado. "O STF e a eficácia horizontal dos direitos fundamentais", de Walber de Moura Agra e Isabela Lessa Ribeiro, contém uma análise das teorias sobre a eficácia horizontal dos direitos fundamentais, desde a constitucionalização do direito, passando pelas várias teorias sobre a eficácia horizontal dos direitos fundamentais, até alcançar, no Brasil, os julgados do STF. O artigo expressa estudos realizados nas academias pernambucanas e os frutos do intercâmbio de idéias brasileiras, italianas e alemãs. Ambos os artigos são de leitura obrigatória para o jusprivatista contemporâneo, pois o contexto jurídico atual, com a expansão do neoconstitucionalismo, exige do civilista, do empresarialista, do consumerista, uma atenção especial para com os efeitos dos movimentos constitucionalistas nos demais ramos do Direito, uma vez que, há muito tempo, o Código Civil deixou de ser a constituição do Direito Privado.

Relacionando diversos institutos do Direito Civil com o Direito Ambiental, em "Reconstruindo o Direito Civil a partir do Direito Ambiental: contrato, bens, sujeito", artigo de minha autoria, relato algumas transformações pelas quais vem passando o Direito Civil diante da necessidade de proteção do meio ambiente, demonstrando que o Direito Ambiental não apenas exige uma atualização do Direito Civil, como também provoca uma revisão de seus conceitos mais tradicionais. Neste trabalho apresento algumas dessas transformações conceituais e práticas do contrato, dos bens e do sujeito, sintetizando resultados de pesquisas desenvolvidas na Universidade Federal de Santa Catarina, na Pontifícia Universidade Católica de São Paulo e na Universidade Federal da Bahia nos últimos dez anos.

Quatro trabalhos convergem para o Direito de Família e suas problemáticas mais recentes. Analisando algumas das repercussões dos procedimentos de reprodução assistida nas relações de parentesco, Renata de Lima Pereira, no artigo "O direito ao anonimato do doador de sêmen *versus* o direito ao reconhecimento da identidade biológica: o que deve prevalecer?", questiona o descompasso do Direito de Família em relação aos anseios sociais e defende a possibilidade de o anonimato do doador ser afastado, desde que haja uma justa causa como doenças hereditárias, sem que isso implique o estabelecimento jurídico de relação de filiação. Outra controvérsia do atual Direto de Família é objeto do estudo de Leandro Lopes Pontes Paraense, em "Possibilidade constitucional do casamento homoafetivo", onde se pode ler sobre várias distinções conceituais como sexo, gênero, orientação sexual, sexo biológico, identidade de gênero, gênero social, identidade sexual, numa tentativa de esclarecimento sobre o assunto, relacionando-o com o casamento e sua disciplina civil, para sustentar, a partir da homoafetividade, a possibilidade jurídica do casamento homoafetivo.

Sobre "A mulher sob o casamento: fidelidade e débito conjugal – uma abordagem jus-histórica", Andrea Almeida Campos apresenta um interessante e educativo relato sobre o histórico do papel da mulher no ambiente conjugal, até chegar ao Código Civil brasileiro de 2002, num trabalho que representa um convite para a reflexão ainda necessária e atual sobre o tratamento da mulher no casamento, no Direito de Família e no Direito Civil, ligando-se a produção jurídica com as demais práticas sociais, compreendidas como uma relação de retroalimentação indispensável de ser construída também pelo jusprivatista. Quanto às relações de família, por fim, no aprazível sotaque português, Paulo Ferreira da Cunha, a partir do Instituto Jurídico Interdisciplinar da Faculdade de Direito da Universidade do Porto, em Portugal, oferece "Sociedade, festa, e família em Scott Fitzgerald. Uma normatividade civil discreta (1925-1930)", em que propõe uma reflexão jusliterária sobre a subjacente filosofia do direito encontrada nos panos de fundo dos quatro contos do autor norte-americano, levando-nos a construir paralelos com a, embora não mencionada, Lei Maria da Penha e a levantar indagações sobre as possibilidades de interação entre Direito e relações familiares, ou sobre os limites e condições da normatividade jurídica sobre as relações afetivas, inclusive nos fazendo costurar os três artigos antecedentes, sobre relações de filiação na reprodução assistida, família homoafetiva e o tratamento conjugal da mulher, num tom de realismo esperançoso que levanta o ânimo do leitor.

Dois textos têm por objeto o tratamento jurídico conferido ao nascituro e ao embrião humano, questão atual e controversa, numa amostra de como Salvador vem se destacando nas pesquisas sobre Direito e Ciências Biológicas, Médicas e estudos filosóficos, debate que já alcançou o plenário do STF, no julgamento sobre a constitucionalidade das pesquisas com células-tronco embrionárias. Em "Tutela jurídica do nascituro à luz da Constituição Federal", Rodolfo Pamplona Filho e Ana Thereza Meirelles Araújo fundamentam-se na ordem jurídica constitucional para defender que os direitos do nascituro são protegidos desde a concepção, como direitos da personalidade, com cabimento para indenização por danos morais. No outro trabalho sobre o tema, "Embriões excedentários. Limitação à sua geração e direito ao nascimento", Osvaldo Almeida Neto analisa a não conformidade da geração de embriões excedentários com as diretrizes do Direito Civil contemporâneo, com apoio em Habermas e na idéia de dignidade aplicada às distinções entre pessoa, sujeito, pessoa humana e vida humana.

A respeito de questões de conteúdo mais patrimonial, dois trabalhos tratam do direito de propriedade em suas versões menos civilistas: o direito autoral e a propriedade industrial. Trazendo resultados de seu intercâmbio com a França, Maria Antonieta Lynch, no artigo "A propriedade industrial e o sistema da marca comunitária", desenvolve interessante análise sobre o tratamento jurídico da propriedade industrial no ambiente comunitário, relacionando a proteção às marcas e patentes com a livre iniciativa e o desenvolvimento econômico e relatando a construção da marca comunitária como nova modalidade marcária, tendo em vista a necessidade empresarial de atuação em vários mercados, especialmente no Mercado Comum Europeu. Sobre função social da propriedade e direitos autorais, Jane Piñeiro G. de Azevedo escreve "Os novos contornos do instituto proprietário. A função social dos direitos autorais. (In)acesso *versus* funcionalização", em que, a partir de premissas constitucionais, sugere modos de compatibilização entre a proteção jurídico-econômica dos direitos autorais e a realização da função social da propriedade, propondo a conciliação entre interesses individuais e interesses socais.

Dando continuidade aos debates sobre temas empresariais, somam-se dois trabalhos com muita carga de atualidade. Márcio Souza Guimarães, a partir de suas pesquisas no Rio de Janeiro, apresenta didática síntese em "Apontamentos sobre os aspectos trabalhistas na nova Lei de Falências e de Recuperação de Empresas", tratando, dentre outras, de questões como o pedido de falência, os efeitos da falência em relação às demandas trabalhistas, os efeitos sobre os processos trabalhistas em curso, participação do credor trabalhista na falência e na recuperação de empresas e o tratamento ao crédito trabalhista. Em "Duplicata virtual", Ana Carolina Britto Villa-Flor Rodrigues Galvão analisa as controvérsias sobre essa forma de título de crédito, especialmente quanto à sua execução, mencionando o tratamento jurisprudencial que vem sendo construído quanto ao tema e a necessidade de revisão de seu quadro teórico e legal básico.

No artigo "Nem tudo que reluz é ouro: do mero aborrecimento ao dano moral", Salomão Resedá busca distinguir causas de dano moral de outros acontecimentos que não podem gerar repercussão jurídica de responsabilização civil, criticando a indústria do dano moral e chamando a atenção para o risco da vulgarização do conceito.

E em "Terceiro setor – a indústria das utopias: traçando caminhos para o aperfeiçoamento da legislação pertinente", Marilia Martinelli reúne questões civis e tributárias sobre o terceiro setor, passando por um histórico do tratamento jurídico sobre o tema, alertando para a necessidade de adequar a legislação à dimensão que o terceiro setor ganhou atualmente na sociedade civil.

Esses trabalhos refletem o que vem sendo discutido e

construído no Brasil e no exterior e constituem-se amostras da efervescência jurídica e jusprivatista pela qual passamos agora e que impõem novas perspectivas sobre o Direito Privado, seja para sua boa compreensão, seja para sua adequada aplicação.

Roxana Cardoso Brasileiro Borges

Duplicata virtual

Ana Carolina Britto Villa-Flor Rodrigues Galvão

Sumário: Introdução - Conceito e aspectos legais - Princípios - Requisitos - Execução da duplicata virtual - Atributo das duplicatas - Análise jurisprudencial - Conclusão - Referências

Introdução

O crédito, mais comumente definido como a confiança que uma pessoa inspira na outra de que, no futuro, irá arcar com obrigação anteriormente assumida, veio a facilitar a circulação do crédito, dando impulso às operações comerciais, fazendo com que estas fossem ampliadas e agilizadas, principalmente pela possibilidade de se poder gozar hoje de dinheiro cuja disponibilidade apenas ocorrerá posteriormente.

Doravante, novos meios e novas regras surgiram para garantir o crédito consignado no título, de forma que contribuiu sem precedentes para o progresso do comércio e desenvolvimento dos povos.

A duplicata, objeto do presente estudo, é título de crédito criado pelo direito brasileiro que impunha aos comerciantes a emissão da fatura ou conta, quando da venda de um produto, que deveria ser extraída em duas vias, "por duplicado", e assinadas pelas partes, quando então equiparada aos títulos de créditos para fins de cobrança judicial, o que foi ineficaz à época, devido à honestidade dos comerciantes de então, aliada ao seu baixo grau de alfabetização, fazendo com que restasse posteriormente revogada.

Na década de 1930, surgiu a "duplicata fatura", criada para atender às exigências do fisco e para possibilitar a circulação do crédito, e que foi considerada o título príncipe do direito brasileiro, conforme feliz colocação de Tullio Ascarelli.

Daí foi largamente utilizada pelo comércio brasileiro até fins do século XX, quando as duplicatas materializadas começaram perder utilização, descrevendo uma parabólica descendente, devido aos nefastos efeitos que o acúmulo de papel gerou nos sistemas bancários, seja para o desconto ou para a cobrança, o fato é que a substituição do papel pela fita magnética foi o meio encontrado para solucionar tal problema, sendo progressivamente substituída pela duplicata virtual ou eletrônica, fenômeno ao qual a doutrina e a jurisprudência se referem denominando de desmaterialização dos títulos de crédito.

O imenso volume de papel desaguado nas instituições financeiras e no mercado gerava um desperdício de espaço, tempo e pessoal, que se traduzem em perdas econômicas associadas à utilização cada vez mais universal dos meios eletrônicos, fez com que surgisse a solução para o problema apontado.

Os empresários, ao venderem seus produtos ou serviços, encaminham a nota fiscal fatura em papel aos compradores para que os mesmos assinem confirmando o seu recebimento. Neste momento deveriam encaminhar em conjunto a duplicata para que nela fosse igualmente aposto o aceite, procedimento suprimido por conta da necessária diminuição dos títulos de crédito em papel.

A nota fiscal fatura já possui, em seu bojo, campo destinado ao preenchimento dos dados relacionados à duplicata, o que faz com que o credor já saiba da sua existência ou, ao menos, gere uma presunção de que exista.

Os vendedores emitem ao banco as informações constantes da nota fiscal fatura exclusivamente por meio magnético, para fins de desconto, caução a empréstimos ou cobrança. Daí, a partir delas, o mesmo procede ao envio do boleto bancário, também denominada guia de compensação bancária, para que o devedor pague o valor, até a data do vencimento, via de regra, em qualquer banco. Quando devidamente quitada, não chega a ser materializada num título escrito. Após o vencimento, só é pagável na rede que emitiu o boleto.

Nas grandes comarcas, acaso a dívida não seja paga na data de vencimento, a instituição financeira emite, a partir daquelas informações, os dados para o cartório de protesto de títulos, também em meio magnético, para que se proceda ao protesto por indicações.

A natureza jurídica dos títulos de crédito eletrônicos e, conseqüentemente sua executividade, vêm sendo contestadas por parte da doutrina e da jurisprudência, não obstante a legalidade na sua emissão já estabelecida pelo nosso Código Civil.

Conceito e aspectos legais

A duplicata é uma das espécies do gênero títulos de crédito. Apenas pode ser constituído em virtude de uma negociação comercial ou prestação de serviços, passível de fazer circular o crédito nele encarnado.

Os títulos de crédito são regidos pelo Código Civil Brasileiro, Lei nº 10.406/2002, nos artigos 883 e seguintes, porém, as leis específicas que regem os títulos de créditos nomeados devem ter suas normas aplicadas quando dispuserem diversamente das normas daquele Código, conforme disposição do seu artigo 903.

A disciplina das duplicatas é estampada na Lei nº 5.474/68 que nos remete à Lei nº 9.492/97, regulamentadora dos protestos, bem como ao Decreto nº 2.044 de 1908.

Princípios

O Código Civil adotou, em seu art. 887, o conceito de título de crédito elaborado por Cesare Vivante, já amplamente utilizado pela doutrina e que alberga os princípios, três aos quais está atrelado: cartularidade, literalidade e autonomia, *verbis*: "Art. 887. O título de crédito, documento necessário ao exercício do direito literal e autônomo nele contido, somente produz efeitos quando preencha os requisitos da lei".

A celeuma sobre os títulos de crédito eletrônicos reside, primordialmente, no primeiro dos três princípios elencados: a cartularidade.

"Cártula" é qualquer meio que substancie e comprove um crédito, pois o suporte é apenas um meio de se comprovar a relação creditícia estabelecida, sem existir a famigerada coincidência com o meio de papel para justificar um meio pelo qual o documento que representa o crédito possa ser rapidamente apreendido pelos sentidos humanos. Não se pode olvidar que uma fita magnética, ou qualquer outro meio virtual em que se assente, ainda que invisível a olho nu, ou seu acesso dependa de um computador, tenha existência física.

O século passado também contribuiu para a confusão que se fez sobre a identidade entre cártula e papel, pois todas as suas relações, documentos, comprovações eram feitas através daquele instrumento e acabou por ser denominado como o "século do papel".

Contribuiu para este pensamento a referência de alguns doutrinadores quando, ao se referirem à cartularidade, utilizaram a noção de "incorporação" entre o direito de crédito e a cártula, sugerindo um amálgama entre elas. Contudo, tal incorporação jamais poderia realmente ocorrer, a não ser a título figurativo para fins estritamente didáticos, pois senão inviável seria o instituto da triplicata, caso houvesse a perda ou extravio da cártula a mesma não poderia ser paga a quem de boa-fé a detivesse antes daquelas fatídicas existências; apenas poderia ser saldada a quem a encontrasse ou roubasse, detentores que não a possuiriam a justo título, nem poderiam cobrá-la imbuídos de boa-fé.

Assim, em nenhum momento se afirma ter que existir um papel representativo do crédito, não havendo que se questionar sobre a validade de um crédito apenas porque estampado em documento cuja base na qual se consubstancia é diferente do papel.

Superado o século do papel e iniciado o século dos bits, impinge que este conceito seja revisto, corrigido e atualizado, para que aplicado às novas necessidades demonstradas pela sociedade.

Ademais, a idéia que se tem de documento, intuitivamente, em sentido amplo, seria qualquer objeto material destinado a provar um fato.

Não se há que negar — nem se pode — a existência e conseqüente validade do documento eletrônico.

Apenas se pode questionar que a incrível facilidade com que os documentos eletrônicos podem ser alterados gera uma forte insegurança, fazendo com que sua eficácia probatória seja largamente questionada.

Contudo, atualmente já existem meios de certificação que permitem que sejam conferidos aos documentos maior presunção de veracidade, como a aplicação da criptografia assimétrica e da assinatura digital, o que já está sendo largamente utilizado pelo Poder Judiciário.

Para que fosse superada esta antiga identificação entre os conceitos de cártula e papel, a maioria dos juristas se refere a tal princípio como se estivesse sendo mitigado, caindo em desuso, ou sofrendo exceções.

Ainda que se queira, por extremo apego às tradições, igualar o sentido de documento — porque é a que faz referência o conceito de Vivante — ao seu suporte em papel, ou que se queira manter inalterado o princípio da cartularidade desenvolvido há quase um século, tal excesso de tradicionalismo não consegue subsistir ao ser submetido a uma interpretação teleológica, segundo a qual deve-se buscar o sentido da lei.

Afinal, ao ter Vivante instituído a necessidade de um documento representativo do crédito apenas o fez visando garantir a segurança jurídica de todos os participantes da relação creditícia.

O crédito só existiria se projetado em um meio físico — e o mais utilizado, quiçá único, era o papel — pois teria que ser comprovado com o seu original, tanto assim que nas execuções de títulos de créditos a apresentação do original das cambiais seria requisito necessário, pois sua cópia nada comprovaria, tendo em vista que o original poderia já ter sido descontado ou circulado como crédito.

Na atual sistemática das duplicatas virtuais, caso a duplicata seja paga na data do seu vencimento, nenhum título é emitido. Apenas se verifica a emissão de triplicata que, ainda assim, é facultativa e desnecessária, pois as relações entre credor e devedor documentam-se independentes dela, e a instrução de execução é possível apenas com o comprovante da entrega das mercadorias ou serviços e do seu protesto.

Forçoso é entender que houve uma mitigação ou modificação deste princípio, que se iniciou através dos institutos criados por lei — protesto por indicações, execução de duplicata não assinada, aceite presumido.

Por sua vez, a literalidade nos informa que a dívida descrita no título apenas vale pelo que nela está literalmente escrito, ou seja, quaisquer cobranças apenas produzem efeito pelo que se encontra expresso e acaso existam atos documentados em instrumentos apartados, ainda que válidos e eficazes, não produzirão efeitos perante o seu portador.

A maioria da doutrina, ao se referir a este princípio em sede de duplicatas virtuais, relega-o à mesma sorte destinada ao princípio da cartularidade, ou seja, não é aplicado.

Um exemplo da mitigação legal já descrita é o protesto por indicações, que ocorre sem apresentação do título, com a mera indicação pelo credor sobre os dados que fornecem e sob sua plena responsabilidade.

No sistema que atualmente se utiliza pra desconto da duplicata virtual, não se verifica a aplicação do princípio da literalidade, já que, de fato, inexiste emissão de duplicata em qualquer meio, mas a mesma pode ser observada na nota fiscal fatura que é encaminhada ao comprador.

Nas comunicações entre credor e banco e deste com o cartório de protestos e com o devedor, não há emissão da duplicata em qualquer meio nem da nota fiscal fatura — que apenas é trocada entre devedor e credor. Essas comunicações são transmissões de dados, o que não permite ao banco nem ao cartório a certeza sobre os exatos limites do que vem descrito na nota fiscal fatura, pois as instituições financeiras, via de regra, não exigem sua demonstração.

Já o princípio da autonomia das obrigações cambiais documentadas no título de crédito determina que acaso ocorra eventual vício que comprometa uma relação creditícia consignada na cártula, as demais relações envolvidas na mesma cártula não serão contaminadas.

Este se desdobra em dois sub-princípios: a abstração, que estatui que após a circulação do título, ou seja, depois que o mesmo se desvincula dos participantes do negócio jurídico que deu causa ao nascimento do título, os vícios que porventura comprometessem a validade daquela relação fundamental, não comprometeriam as demais, passando a ser um crédito autônomo, que vale por si só, e a inoponibilidade das exceções pessoais aos terceiros de boa-fé que justamente possuam o título, de vícios que ocasionalmente tenham contaminado a transmissão do crédito.

Momentaneamente, a disciplina da duplicata virtual não suscita maiores celeumas sobre a aplicabilidade do princípio da autonomia, tendo em vista que o mesmo, via de regra, não é posto em circulação.

Requisitos

O §3º do art. 889 do Diploma Civil estabeleceu expressamente a possibilidade de emissão de títulos de crédito a partir de caracteres criados por computador ou meio técnico equivalente, observando, contudo, alguns requisitos mínimos que são gerais a todos os títulos de crédito. Mas como as duplicatas são regidas por lei própria que se refere aos elementos que deverá haver na duplicata — no artigo 2º, §1º — apenas aplicar-se-ão aqueles que forem comuns: data de emissão, direitos que confere e assinatura.

A verificação da data de emissão, no caso das duplicatas virtuais, cuja criação não é efetivamente concluída, se dará no corpo da nota fiscal fatura, pois esta já possui campos destinados ao preenchimento dos dados da duplicata — valor, vencimento e número. Contudo, como não há campo para a data de emissão, presumir-se-á lançada na mesma data da sua correspondente nota fiscal, à qual está vinculada.

Mas tal requisito, em se tratando de duplicata virtual é de todo indispensável, pois, além de estar atrelada a uma nota fiscal, o protesto e a prescrição se regem pelo seu vencimento.

A menção aos direitos que confere não é exigido pela lei das duplicatas, muito provavelmente porque sendo a duplicata um título causal, está estritamente vinculada a um negócio jurídico fundamental que é representado por uma nota fiscal fatura, na qual já estão descriminados a mercadoria ou a prestação de serviço, quantidade, valor unitário e valor total do crédito.

Via de regra, a duplicata virtual não circula, apenas tramita entre o sacador e a instituição financeira encarregada de sua cobrança, fazendo com que as garantias e demais direitos que pudessem nela ser lançados, restem prejudicados.

A assinatura do emitente busca identificar e individualizar o credor originário do título, tanto para que o sacado saiba a quem deve, como para que os outros possíveis credores possam analisar o risco de receber o crédito consignado.

A solução encontrada pelos especialistas na matéria, e já adotada em todo o mundo, é a assinatura digital baseada na denominada criptografia assimétrica, que é a via que confere segurança àquela, garantindo a autenticidade do remetente bem como a integridade do documento enviado e sua não rejeição, pois se alguém modificar um bit da mensagem ou se a assinatura for outra que não a do remetente, o sistema de certificação não irá reconhecer a assinatura como válida.

Execução da duplicata virtual

A Lei nº 5.474/68 — Lei das Duplicatas — ao ser aprimorada na década de 70, deu ensejo à possibilidade da execução da duplicata virtual pois, ainda que esse não fosse o seu intuito, forneceu o arcabouço jurídico necessário, devido à existência das figuras do aceite obrigatório (artigo 8º), do protesto por indicações (artigo 13, §1º) e da execução do título não assinado (artigo 15, inciso II), o que dispensa as modificações legislativas que vêm sendo efetivadas nos demais países.

Há quem não concorde com a executividade da duplicata virtual alegando que a mesma jamais foi enviada para que o devedor interpusesse seu aceite, que, materialmente, consiste em sua assinatura no canto inferior esquerdo da duplicata, reconhecendo a assunção da dívida.

Apesar de tal argumentação ter como base o artigo 6º da citada lei, deve-se levar em conta que, legalmente, não há dispositivo que determine a cogente remessa da duplicata para aceite, apenas demonstrando uma mera faculdade no seu envio.

A Lei nº 5.474/68 estabeleceu a vinculação obrigatória do sacado à duplicata que esteja atrelada à nota fiscal fatura oriunda de um contrato por ele celebrado, o que gerou a figura do aceite por presunção, na qual o sacado, em sendo devedor do sacador, se obriga ao pagamento da duplicata ainda que não a assine.

Numa cultura como a brasileira, na qual o inadimplemento de dívidas não possui caráter vexatório e que, por vezes, chega a ser estimulada, não é de se estranhar a criação desta figura pelo nosso ordenamento.

A recusa ao aceite da duplicata não pode ocorrer por simples vontade do sacado, pois o artigo 8º da referida lei enumerou um rol taxativo de situações em que apenas com a ocorrência de uma ou mais delas é que o sacado poderia deixar de aceitar a duplicata.

Ao ser taxativa nas hipóteses em que se pode recusar o aceite, fez com que caso quaisquer daquelas possibilidades não ocorresse, a vinculação do sacado ao título de crédito fosse automática, independentemente de sua vontade, ainda que não a assinasse ou não a devolvesse. Assim, havendo satisfatória execução do contrato, a mera emissão da duplicata ou triplicata já é suficiente para vinculá-lo.

A figura do aceite obrigatório não significa que seja o mesmo irrecusável, pois o devedor poderá se recusar caso o vendedor não cumpra com o que entre eles foi acordado e seja motivado por recusa legal, contanto que acompanhada de declaração, contendo uma das razões da falta do aceite, enumeradas no artigo 8º, no prazo estabelecido por seu artigo 7º.

Assim, a figura do aceite presumido advém da existência do aceite obrigatório, que ocorre quando o sacado, recebendo a duplicata, devolve-a sem assinatura, a retém ou a inutiliza e, aliado a uma das hipóteses anteriores, recebe a mercadoria mas não manifesta sua formal recusa calcada em uma das hipóteses legais.

Trata-se da forma mais comum e mais fácil de vinculação do sacado à dívida.

Este é o tipo de aceite utilizado para as duplicatas virtuais, pois, como não há materialização da duplicata passível de ser encaminhada ao sacado, é a única forma viável de se proceder ao aceite.

A interpretação teleológica sobre a regra contida no seu artigo 6º levará à conclusão de que tal procedimento foi instituído visando à possibilidade de o sacado refutar a duplicata.

Pode-se verificar que na prática da duplicata virtual há outros momentos em que tais alegações possam ser efetuadas, independentemente do meio em que sejam sustentadas. Inicia-se quando recebe as mercadorias ou serviços e põe sua assinatura na nota fiscal fatura, momento em que poderá começar a fazer as conferências, passando pelo momento em que recebe o boleto bancário para pagamento e encerrando-se na data estipulada para o pagamento.

A Lei nº 9.492/97 — Lei de Protestos — estabelece ser o mesmo um ato formal e solene cuja finalidade é provar a inadimplência e o descumprimento de obrigação originada em títulos e outros documentos de dívida, constituindo os devedores e co-devedores em mora.

Assim, o protesto é requisito para que, em alguns casos, o título ganhe a força executiva legalmente prevista.

O protesto por indicações sempre foi utilizado no caso em que o sacado, ao receber a duplicata, a retivesse ou inutilizasse.

Nestes casos, o sacador se valia dos dados da duplicata retida ou inutilizada que estavam registrados no Livro de Registro de Duplicatas — livro obrigatório às empresas, mas que, legalmente, sua falta só acarreta conseqüências graves no caso de falência — e encaminhavam boleto com as indicações dos dados, uma duplicata, ou uma triplicata, para que o cartório competente procedesse ao protesto do título.

Esta sistemática foi inicialmente estabelecida na Lei de Duplicatas, no §1º do artigo 13, e infere-se, pela redação do artigo, a aleatoriedade com que procedeu o legislador, estabelecendo para a falta de aposição do aceite, a não devolução da duplicata ou sua falta de pagamento, uma das três possibilidades de protesto: pela apresentação da duplicata, da triplicata ou pelas indicações dos seus dados.

Assim, não há que se falar em *numerus clausus* para este artigo, muito menos que o mesmo estabelece determinadas hipóteses, apenas segundo as quais poderão ser realizados protestos por indicações.

Reitera este pensamento o artigo 23 da mesma lei, em cotejamento com a prática dos então comerciantes: apesar da lei apenas autorizar o saque da triplicata — que é apenas a segunda via de uma duplicata, e não um novo título — nas hipóteses de perda ou extravio, e embora a retenção da duplicata não seja uma das hipóteses previstas legalmente, não há prejuízo algum para as partes no caso do seu saque, nem os juristas questionam esta utilização, posto que no protesto por indicações legalmente estatuído para esta hipótese, a fonte é a mesma, qual seja, a escrituração mercantil do vendedor.

Se utilizarmos a interpretação finalística para este artigo, a inevitável conclusão será a de que buscou a lei assegurar ao credor a possibilidade de ver seu devedor constituído em mora através do protesto.

Não obstante toda a argumentação utilizada para se afirmar a possibilidade da realização do protesto por indicações na duplicata virtual e, apesar do citado dispositivo não fazer ressalva sobre qual seria o meio utilizado para o envio de tais indicações, a Lei de Protestos, em seu art. 8º, parágrafo único, estabeleceu a possibilidade do protesto por indicações via meio magnético ou de gravação eletrônica de dados, ressalvando, porém, a inteira responsabilidade do apresentante pelos dados fornecidos.

O suposto credor poderá, através da Internet ou por correspondência eletrônica, enviar os dados do hipotético devedor ao tabelionato para que os mesmos procedam ao devido protesto.

Apesar de informalmente se cogitar que a inserção deste dispositivo foi resultado do lobby realizado pelos cartórios, não se pode olvidar a sua existência, validade e eficácia, que veio a melhor instrumentalizar o protesto por indicações, favorecendo, por conseguinte, a atual sistemática das duplicatas virtuais, adicionando-se a isso que tal norma jamais foi materialmente ou formalmente questionada no Supremo Tribunal Federal.

Como na atual sistemática da duplicata virtual não há sua emissão, o protesto poderá ser feito por indicações ou triplicata — que não se afigura necessário, pois, se a relação creditícia se desenvolve sem emissão da duplicata e pode-se proceder ao protesto por indicações, a emissão da triplicata é ato dispensável.

Do que exposto, percebe-se que poderá inexistir apresentação do título de crédito para protesto, retirando do tabelião a possibilidade de confirmação do valor creditício consignado no título, o que estabelece uma mitigação aos princípios da cartularidade e da literalidade conforme atualmente estudados, mas que, por isso mesmo, estatui a responsabilidade do apresentante pelo protesto indevido.

É a duplicata título executivo extrajudicial por força do artigo 585, inciso I, do Código de Processo Civil Brasileiro.

No caso do devedor ter aposto o aceite ordinário na duplicata ou triplicata, se procede à execução, até mesmo sem a exigência do protesto, conforme inciso I, artigo 15 da Lei de Duplicatas.

Porém, aquele mesmo artigo em seu inciso seguinte estabelece que caso a duplicata ou triplicata não tenha sido aceita, poderá a mesma ser executada contanto que, cumulativamente: tenha sido protestada, esteja acompanhada de documento hábil comprobatório da entrega e recebimento da mercadoria; e que o sacado não tenha, comprovadamente, recusado o aceite, no prazo, nas condições e pelos motivos previstos nos artigos 7º e 8º daquela Lei.

Assim, não há porque se cobrar a emissão da triplicata, já que a execução da duplicata apenas não assinada (art. 15, inciso II) poderá se dar da mesma forma que a execução da duplicata não assinada e não devolvida (art. 15, §2º).

Atributo das duplicatas

A finalidade precípua dos títulos de crédito e, conseqüentemente, da duplicata mercantil, é o de garantir a utilização de um dinheiro no presente, fazendo com que gere caixa para incremento do comércio, pela garantia do pagamento de uma determinada quantia em dinheiro no futuro, sendo a sua circulação uma característica que lhe foi incrementada com o seu desenvolvimento.

Isto porque o credor da duplicata virtual repassa seu crédito ao banco para que o mesmo proceda à cobrança e ao seu posterior desconto, quando a instituição financeira adianta o capital ao cliente, cobrando-lhe uma taxa, e este lhe repassa a autorização para descontar o valor do crédito quando for depositado em sua conta. Contudo, acaso a duplicata não seja devidamente paga, o seu credor originário fará a restituição do dinheiro adiantado ao banco.

Com isso não se está afirmando que a circulação do crédito resta impossibilitada. Poderia o credor originário endossar o crédito e transferi-lo ao banco, o que não é feito, pois os riscos da instituição financeira aumentariam demais, o que refletiria numa cobrança muito maior da taxa, restando inviabilizada a operação de adiantamento.

Pelo que exposto, a presente disciplina da duplicata virtual cumpre sua função, pois seu principal predicado é plenamente alcançado, não sendo fundamento retirar-lhe a qualidade de título de crédito pela falta de circulação que, além de ser uma mera faculdade, sempre foi relativamente pouco utilizada e não se refuta a possibilidade de circulação do crédito nele consignado num futuro próximo.

Análise jurisprudencial

Dada a relevância da questão e a quase que completa troca na utilização das duplicatas escrituradas em papel para as denominadas duplicatas virtuais, alguns juízes e Tribunais pátrios já se manifestaram sobre o tema, ainda bastante controvertido, mas cujas decisões doravante analisaremos.

No Tribunal de Justiça do Distrito Federal e dos Territórios foi interposta Apelação Cível registrada sob nº 2003.01.1.054459-0, distribuída para a sua Sexta Turma Cível, cuja relatoria ficou à cargo da Desembargadora Sandra de Santis, no qual a Duratex S/A apelou em face de IMAN Materiais Construção Ltda. ME, cujo acórdão foi ementado da seguinte maneira:

> APELAÇÃO CÍVEL – PEDIDO DE FALÊNCIA – DUPLICATA VIRTUAL – BOLETO BANCÁRIO – PROTESTO POR INDICAÇÃO – COMPROVANTE DE ENTREGA DAS MERCADORIAS – INDEFERIMENTO DA INICIAL AFASTADO.
> A praxe comercial moderna vem substituindo as duplicatas em papel pelas duplicatas escriturais ou virtuais.

A legislação atual permite os chamados títulos virtuais, *ex vi* o artigo 889, §3º, do novo Código Civil.

Os cartórios de protesto podem aceitar as indicações contidas num meio magnético e efetuar o protesto, validando o procedimento em relação às duplicatas escriturais. Interpretação do artigo 8º, parágrafo único da Lei 9.492/97.

O protesto por indicação e o comprovante da entrega das mercadorias dão a executividade do título virtual e favorecem o pedido de falência.

Apelo provido.

Trata-se de caso típico da grande maioria das falências que já foram e ainda serão ajuizadas com fulcro em duplicatas virtuais. O procedimento utilizado pela parte até o ajuizamento da ação é exatamente o mesmo que daria azo a uma execução. Contudo, como a maior parte dos devedores ainda mantém arraigada à antiga Lei de Falências, prefere-se o meio mais energético em lugar da execução, conforme os casos a seguir expostos demonstrarão.

Nele, a Procuradoria de Justiça opinou pelo não provimento do recurso, conforme mesmo entendimento esposado pelo juiz de direito, demonstrando um posicionamento mais tradicional e avesso às atuais mudanças, cuja petição inicial do pedido de falência foi indeferida por entender o juízo *a quo* haver indícios de ausência de saque de duplicata e pela não comprovação da remessa do título para aceite.

Contudo, o recurso foi conhecido e provido à unanimidade para que o processo de falência tivesse regular prosseguimento, calcado no artigo 889, §3º, do Código Civil, que criou a possibilidade da emissão dos títulos de crédito a partir dos caracteres gerais criados em computador ou meio técnico equivalente, suscitando que há previsão legal para sua existência, bem como a Lei nº 9.492/97, no parágrafo único do seu artigo 8º prevê expressamente a possibilidade do protesto ser efetuado por simples indicações, sem a apresentação física do título que se visa protestar.

Daí, defende que duplicatas escriturais são títulos executivos hábeis a autorizar o pedido falimentar, e o faz calcado no §3º do artigo 1º.

Para rebater a alegação de falta de indício de saque da duplicata, o Tribunal se vale de transcrições de doutrinas que afirmam "não constituir óbice ao protesto da duplicata virtual, não só porque a prática empresarial hodierna não se vale mais da apresentação da duplicata para aceite, como também porque ocorre a apresentação do extrato da duplicata virtual para pagamento".

E finaliza sua fundamentação, para prover o recurso afirmando que o Superior Tribunal de Justiça tem admitido, nas hipóteses de retenção da duplicata pelo sacado para aceite, que o protesto por indicação, acompanhado do documento comprobatório da remessa e entrega das mercadorias, e mesmo diante da inexistência do título, adquire força executiva e, portanto, ampara o pedido de falência.

Diversos casos similares e decididos neste mesmo sentido, contudo, com reduzidas incursões na problemática do tema já foram publicados.

O Tribunal de Justiça de São Paulo, por ser o que mais tem processos no Brasil, não poderia ter deixado de apreciar a matéria, em caso congênere, conforme apelação de nº 118.055-4/0-00, julgado ainda em 1999. Neste recurso, a Procuradoria de Justiça opinou pelo seu conhecimento e provimento.

Existiu importante avanço enfrentado pelo Tribunal, que foi a mitigação de um princípio informante do direito cambiário, qual seja, a cartularidade, em prol da executividade do título de crédito. Apenas a doutrina havia expressamente reconhecido essa mitigação.

Assim, para os mais conservadores que desconsideram a natureza jurídica da duplicata virtual como um título de crédito por lhe faltar um dos seus princípios estabelecidos no início do século passado, a jurisprudência deu uma resposta condizente com o aperfeiçoamento dos institutos jurídicos em prol das exigências impostas pela sociedade atual, fazendo alusão à natural tendência dos títulos de créditos à desmaterialização, deixando de ser o documento necessário a que alude a clássica definição de Vivante, devido à "irresistível instrumentalização escritural".

E segue afirmando, com o que concordamos, que as demais declarações cambiárias como o aceite, endosso e aval, de alguma forma, serão substituídas por instrumentos compatíveis com a informática, e que, se a segunda apresentação para protesto já pode ser feita, legalmente, pelo meio virtual, mais razão para que da mesma forma se proceda à primeira apresentação para o aceite, que é particular.

Finaliza comunicando que tal entendimento possui expresso respaldo legal no inciso 11.6 do Provimento 30/97 da Corregedoria Geral da Justiça que define que as indicações de duplicatas mercantis poderão ser transmitidas e recepcionadas por meio magnético ou de gravação eletrônica de dados, cujas declarações substitutivas poderão ser feitas e encaminhadas pelos mesmos meios.

Em sentido contrário às jurisprudências retrocitadas, se mostrou o acórdão em Apelação Cível n° 2.0000.00.446570-1/000, proveniente do Tribunal de Justiça de Minas Gerais, que afirma, em síntese, que a duplicata virtual não poderia prevalecer pois: (1) sua remessa ao credor para aceite é imperativa nos termos do art. 6º da Lei de Duplicatas, (2) que a assinatura na nota que atesta o recebimento das mercadorias não possui o condão de substituir aquela exigência, posto que para se consubstanciar como título executivo uma duplicata não aceita, deve ter sido protestado e o sacado não deve ter, comprovadamente, recusado o aceite, nos termos do seu artigo 15, (3) deve ser a ele remetida para tornar a obrigação líquida e certa, (4) não houve saque da duplicata, (5) não comprovou a necessidade de fazer o protesto por indicações.

Data vênia, tal decisão deveria ter enfrentado a problemática da instrumentalização dos títulos de crédito no mundo atual, de forma a beneficiar a sociedade, fim último e único do Direito, para quem o mesmo existe e deve servir.

Deve-se ter em mente que os procedimentos descritos na Lei de Duplicatas foram pensados antes mesmo do ano de sua promulgação — 1968, quando sequer o maior dos visionários poderia prever o grau de informatização que nossa sociedade atingiria.

Assim, reclamando a sociedade por uma modificação na sistemática da duplicata, sob pena de sua extinção, deve a mesma se adaptar aos novos costumes, para que continue a ter eficácia.

A melhor solução para estes casos é a interpretação teleológica aos dispositivos que regem a matéria, pois a lei só existe enquanto atender à finalidade social. Caindo em desuso, perde eficácia e o porquê de sua existência, sendo, posteriormente revogada ou relegada ao esquecimento.

Data vênia, tal entendimento não deve prevalecer.

Quanto à cogente remessa da duplicata ao devedor para justaposição do seu aceite bem como em ter garantido o seu direito de recusa lícita, ressalta-se que tais direitos podem ser exercidos pelo comprador em diversos momentos, conforme já explanado: desde o recebimento da mercadoria ou serviço até a data de vencimento do boleto bancário para pagamento. Assim, tal alegação não subsiste para o comprador de boa-fé.

Defendeu que a simples assinatura na nota fiscal fatura não substitui a emissão da duplicata por causa do protesto e conquanto o comprador não tenha recusado o aceite. Contudo, no caso da duplicata virtual, o protesto poderá ser feito por indicações e a recusa poderá ser devidamente elaborada em documento apartado que exponha os seus motivos.

Sobre a liquidez e certeza da dívida, deve-se reafirmar que lhe são inerentes tais atributos, posto que devidamente consubstanciadas no recebimento da nota fiscal fatura, pois esta indica os dados de sua cobrança, que serão posteriormente ratificados quando do recebimento do boleto bancário.

Quanto à inexistência de saque da duplicata cabe reafirmar que o princípio da cartularidade sofreu mitigações e está em desuso, conforme afirmado por parte da doutrina e jurisprudência.

O acórdão em comento, afirma, por derradeiro, que a possível retenção das duplicatas deveria ter sido comprovada pelo credor, para que desse ensejo ao protesto por indicações sem, no entanto, esclarecer qual o método para se fazer a prova negativa.

Afirma, por vezes, a necessidade da emissão da cártula para que pudesse se enquadrar como um título de crédito sem, contudo, enfrentar a questão da mitigação do seu conceito e as práticas atuais do mercado.

O Recurso Especial nº 228.637/ SP (1999/0078715-3), trata da mesma questão e rebate o entendimento da necessidade de comprovação do envio da duplicata, bem como da comprovação da não recusa do aceite, ainda que de forma tímida e, apesar de citar acórdão no qual o entendimento é oposto ao seu, perfilha-se ao entendimento majoritário do Superior Tribunal de Justiça, tais como: REsp 309829/CE, 4ª Turma, julgado em 04.12.2001, REsp 119263/SP, 4ª Turma, julgado em 24.09.2002, REsp 46261, 3ª Turma, julgado em 10.05.1994, REsp 31854/BA, 3ª Turma, julgado em 08.031993, REsp 40078/RS, 4ª Turma, julgado em 10.12.1997.

Conclusão

Diante do que exposto, percebe-se que o direito pátrio encontra-se perfeitamente aparelhado para conferir executividade ao crédito negociado apenas em meio magnético, conforme a sistemática da duplicata virtual, sem que haja necessidade de alteração legislativa.

Percebe-se claramente a juridicidade conferida às execuções das duplicatas virtuais, pois, pelos atuais contornos dados à questão, o seu processamento em suporte magnético é amplamente possível e disciplinado pela legislação, dispensando a base física do título de crédito.

Ou seja, o título de crédito se desprende da cártula e vale simplesmente pelo crédito existente, pois existem meios legais de lhe conferir executividade.

No atual sistema, a circulação do crédito, com sua desvinculação das partes componentes do negócio jurídico fundamental, é reduzida mas não impedida, além da possibilidade da circulação da triplicata.

O fenômeno denominado desmaterialização dos títulos de crédito é erroneamente adotado pela doutrina e jurisprudência quando pretendem fazer alusão aos títulos de crédito eletrônicos, nos quais apenas haveria uma mudança no meio físico que os sustentam.

A desmaterialização ocorre, em verdade, na atual sistemática das duplicatas virtuais pois, as mesmas, nem chegam a existir em meio virtual. Na verdade, as duplicatas virtuais são meros créditos advindos de uma compra e venda mercantil ou de uma prestação de serviços que conseguem atrelar as prerrogativas cambiais pelo fato de que a legislação pátria, sem intenção, criou as condições para que isso ocorresse.

Conforme o brocardo jurídico nos ensina, "tudo que não é juridicamente proibido é juridicamente permitido", não há restrições legais à atual sistemática adotada para constituição e cobrança do crédito cambiário.

A completa informatização do crédito e seu processamento tanto já é uma realidade que a Administração de determinados entes federativos já determinaram que as notas fiscais apenas serão expedidas por meio eletrônico, já existindo jurisprudência na qual se discute a lavratura de auto de infração pela carga não possuir nota fiscal em papel, em completa dissonância com a sua cogente emissão virtual.

O Direito não pode utilizar a venda que cega a Justiça para se eximir de cumprir sua função precípua que é atender e regular os anseios da sociedade com atualidade, especialmente quando surgem novos meios que agilizam o alcance de sua finalidade. O incremento da dinâmica comercial é um fator incontestável de progresso social.

Referências

ALBERNAZ, Lister de Freitas. *Títulos de crédito eletrônicos*. Disponível em: <www.jusnavigandi.com.br>. Acesso em: 05 fev. 2007.

COELHO, Fábio Ulhoa. *Curso de direito comercial*. São Paulo: Saraiva, 1998. v. 1.

FALCONERI, Débora Cavalcante de. *A duplicata virtual e a desmaterialização dos títulos de crédito*. Disponível em: <http://jus2.uol.com.br/doutrina/texto.asp?id=7266>. Acesso em: 16 fev. 2007.

FERREIRA, Aurélio Buarque de Holanda. *Novo dicionário da língua portuguesa*. Rio de Janeiro: Nova Fronteira, 1975.

LIMA NETO, José Henrique Barbosa Moreira. *Aspectos jurídicos do documento eletrônico*. Disponível em: <http://jus.uol.com.br/doutrina/docuelet.html>. Acesso em: 10 fev. 2007.

LUCCA, Newton de; SIMÃO FILHO, Adalberto et al. (Coord.). *Direito & internet*: aspectos jurídicos relevantes. Bauru: Edipro, 2000.

MARQUES, José Frederico. *Manual de direito processual civil*. São Paulo: Saraiva, 1974. v. 2.

MARTINS, Fran. *Títulos de crédito*. 11. ed. Rio de Janeiro: Forense, 1995. v. 1.

MIRANDA, Maria Bernardete. *O título de crédito eletrônico no novo Código Civil*. Disponível em: <http://www.direitobrasil.adv.br/artigos/artigo13.pdf>. Acesso em: 12 fev. 2007.

PONTES DE MIRANDA, Francisco Cavalcanti. *Comentários ao Código de Processo Civil*. Rio de Janeiro: Forense, 1996.

PRIBERAM. Dicionário on-line. Disponível em: <http://priberam.com/dlpo/dlpo.aspx>. Acesso em: 26 fev. 2007.

ROSA JUNIOR, Luiz Emygdio F. da. *Reflexões sobre protesto*. Disponível em: <http://www.justicavirtual.com.br/artigos/art32.htm>. Acesso em: 20 fev. 2007.

> Informação bibliográfica deste texto, conforme a NBR 6023:2002 da Associação Brasileira de Normas Técnicas (ABNT):
>
> GALVÃO, Ana Carolina Britto Villa-Flor Rodrigues. Duplicata virtual. In: BORGES, Roxana Cardoso Brasileiro; CASTRO, Celso Luiz Braga de; AGRA, Walber de Moura (Coord.). *Novas perspectivas do Direito Privado*. Belo Horizonte: Fórum, 2008. p. 19-41. ISBN 978-85-7700-181-1.

A mulher sob o casamento: fidelidade e débito conjugal – uma abordagem jus-histórica

Andrea Almeida Campos

Sumário: **1** A horda primitiva e o estado de natureza. As leis do matriarcado - **2** A mulher sob o casamento na antiguidade - **2.1** O Código de Hamurabi - **2.2** A mulher sob o casamento no direito dos assírios - **2.3** O Deuteronômio - **2.4** A mulher sob o casamento no direito romano - **3** A mulher sob o casamento na Idade Média. O direito canônico - **4** A mulher sob o casamento no Código Civil de Napoleão - **5** A mulher sob o casamento no direito luso-brasileiro: ordenações portuguesas, código civil de 1916 e atual código civil brasileiro de 2002. A questão da honra - Bibliografia consultada - Internet - Documentos jurídicos

Nuptiae sunt conjunction maris et feminae et consortium omnis vitae; divini et humani juris comunicatio.

(Modestino apud Digesto)[1]

---

[1] Apud CAPPARELLI. *Manual sobre o matrimônio no direito canônico.*

A vida humana não cabe no ordenamento jurídico. Ela se esparrama, irrompe sulcos, desafoga-se em enchente e transborda sobre si mesma. Inventa novos planos e abismos com a sua força liquefeita para ser novamente compartimentalizada em sistemas normativos herméticos, de alta seguridade. E quando menos se espera, ela brota como um gêiser livrando-se das amarras da terra, desenhando as suas formas e o seu balé no palco dos ares. Mas a vida humana, ao menos até o estágio em que estamos, não seria possível sem regras, sem normas. A natureza intrínseca ao ser humano reclama por uma ordem que se arremeta ao seu caos tão distante que se afigura dos seres angelicais. Não somos anjos nem demônios; e os somos contraditoriamente tantas vezes na vida. Somos carne, luz e sombra e para que os sejamos, plenamente, precisamos submetermo-nos aos pôlderes, às piscinas das águas, à contenção, ao direito.

E assim perpetua-se a coreografia desta dialética entre a ordem jurídica e a dinâmica da vida. Esta última sempre imprevisível, com seus próximos passos em gestação, tentando ser alcançada e domada pelo ordenamento, incomodado com seu estado constante de subversão, irritado muitas vezes, mas incansável na tentativa de domesticá-la e acomodá-la na casa de seu sistema.

E onde mais forte se consubstancia a vida humana, massa e fôrma do direito?

Não importa em que tempos, o inconsciente coletivo sempre apontou as formas do corpo feminino como berço da vida, e não apenas da vida humana. Não importando se como um fruto seu, ou um seu pressuposto. Como saber quem veio antes, o mundo ou Vênus? Já existíamos antes dos deuses? O que nos responderia o pintor renascentista Boticcelli ao nos apresentar a sua deusa do amor evadindo-se das conchas, pudica de seu sexo para não intimidar o que já havia no mundo com a sua força? Não somos todos nós filhos do amor? Como negar a nossa natureza venuziana, aquática, se assim o é bem mais da metade de nossa constituição física?

Portanto, eis o maior desafio das normas, enquadrar o que lhe preexiste, um requisito seu: a sexualidade feminina. Encarcerar-lhe na caixa de pandora de seus códigos e de suas constituições no afã de harmonizar o sistema, neutralizar poderes e submeter o seu próprio sopro criador. Controlá-la em todos os seus aspectos, desde as suas primeiras expressões de desejo e sedução, passando por seu desvirginamento, a concepção de outras vidas em seu ventre, a escolha de seus amores e as horas de seu tempo de trazer em si outra carne, de ser aguada e semeada pelo jardineiro.

Porque eis o que é a sexualidade feminina: a vida humana em essência, razão e pressuposto de existência do direito. Esta que com ele se digladia, interpenetra-se, sucumbe-se e impõe-se.

Mas diante deste fluxo-refluxo incessante, simbiótico e multicor não se extinguem as esperanças de que um dia possam ambos apenas sorrir e, como amantes amadurecidos, compartilharem seus passos tranqüilamente, messando seus espaços e suas verves de mãos dadas, em arco-íris.

1 A horda primitiva e o estado de natureza. As leis do matriarcado

A condição humana está inexoravelmente envolvida por um manto de mistério inconsútil que retroalimenta todas as ciências e toda a arte. Quem somos, de onde viemos e para onde vamos, são as proposições básicas colocadas por esse ser que pensa, cria e se emociona. Talvez a inalcançabilidade desses marcos teóricos seja um pressuposto para que continuemos a evoluir, a quebrarmos as pedras, a fragmentá-las até o pó na busca incessante da essência do sonho humano. Já dizia o Mestre

Jurista Virgílio de Sá Pereira[2] "A ciência é como o amor, que se alimenta mais do desejo que da posse. Mais do que a posse da verdade científica, é a necessidade incoercível de investigá-la o mais aguçado aguilhão do nosso aperfeiçoamento". E assim o fazemos em relação ao nosso alvorecer no mundo. Há um consenso entre os estudiosos tais como Friedrich Engels (2005) de que é inconcebível uma concepção unívoca dos primórdios da trajetória humana sobre o planeta, mais ainda, nas palavras de Batalha (1986), é impossível formular uma lei de evolução retilínea das instituições jurídicas, sendo que no Direito de Família a pesquisa dessa linha evolutiva seria inócua. No entanto, sejamos como os gregos, inconformados com o não saber, e partamos de uma suposição, lancemos o nosso fio de Ariadne por dentro o labirinto da verdade indevassável. Essa suposição seria a de que, no início, vivíamos em hordas selvagens, de forma nômade, ao sabor das contingências na luta pela sobrevivência. Esse estado de natureza, alcunhado por Thomas Hobbes (2002), seria a situação em que teríamos vivido durante todo o paleolítico, a era da pedra lascada, em torno de 50.000 anos a.C até 10.000 anos a.C, quando então teria se dado o início da era neolítica, ou seja, da pedra polida. Mas voltemos à horda primitiva e nos engendremos por dentre os seres humanos que vagueiam por sobre florestas, atravessando rios, sobrepondo desertos, estabelecendo relações sexuais fortuitas e aleatórias. Em termos de capacidade física estamos em desvantagem em relação aos demais animais, não nadamos como os peixes, não voamos como os pássaros, não temos a força bruta de outros mamíferos, mas raciocinamos, intuímos, emocionamo-nos de forma complexa e, desse modo, suplantamos as nossas vulnerabilidades, manipulando até onde for possível o nosso entorno para que continuemos vivos. Nas

---

[2] Apud CAMPOS. *Um pensador da Escola do Recife*: Sá Pereira e o seu tempo.

palavras românticas do sábio chinês Chuang Tzu[3] "as pessoas eram livres como o cervo selvagem, e todas as coisas eram produzidas, cada uma para a sua própria esfera. Pássaros e feras se multiplicavam, árvores e arbustos cresciam. O homem e a mulher viviam como pássaros e feras e toda a criação era única".

Pelo que podemos observar da natureza humana, a prática da violência estava, também, presente, e se os machos protegiam os integrantes do grupo, também estupravam e matavam, entre si e entre pessoas de outros grupos nômades. Logo, não há o que se falar em família, em pai, mãe e filhos, até porque há uma linha de pensamento que argúi que os homens desconheceriam a sua participação na perpetuação da espécie. Como o que havia era a promiscuidade e o hiato entre a relação sexual e o nascimento da criança era bastante longo, sendo observados na natureza animais que se autoreproduziam, há essa possibilidade do desconhecimento do macho, para os quais as fêmeas humanas seriam semelhantes a deusas. O sentido da divindade, o sentimento da existência de um ser superior, sempre teria se feito presente devido ao estado de fragilidade do ser humano diante da natureza, e o feminino integraria esse imaginário do sobrenatural.[4] Para Engels, esse estágio iniciático precederia à instituição da propriedade privada cujo advento viria após a descoberta da agricultura. Segundo Alvin Toffler (1984), a humanidade passou por três revoluções fundamentais que deram início a toda uma era e modificaram integralmente a nossa forma de vida e de relação entre nós mesmos e com o planeta. A essas revoluções Toffler (1984) chamou de "ondas". A primeira onda teria sido a descoberta da agricultura, a segunda, a revolução industrial e, finalmente, a terceira onda seria a revolução cibernética. A

---

[3] Apud COLEGRAVE. O desvendar do princípio feminino na consciência humana. In: ZWEIG. *Mulher, em busca da feminilidade perdida*.

[4] Ver CAMPOS. *Sub-versões*: homens e mulheres nas entrelinhas.

agricultura mudou radicalmente a forma de ser e viver dos humanos. Deixamos de ser nômades e passamos a ser sedentários. A partir desse sedentarismo, travamos relações mais efetivas e afetivas com os nossos semelhantes. É a partir do sedentarismo que desponta a família e as funções atinentes aos papéis desempenhados dentro dela. Para Engels (2005), o conjunto dessas famílias teria formado os clãs que, inicialmente usariam de seus meios de produção, principalmente a terra, de forma coletiva. A essa propriedade coletiva própria do Direito das Coisas, estaria relacionado o matrimônio comunitário no Direito de Família. O casamento comunitário ou "communal mariage" é uma idéia que foi sustentada por John Lubbock (2005) que via o *jus primae noctis*, direito do senhor feudal de passar a noite de núpcias com a noiva de seus súditos e o uso de entregar as esposas aos hóspedes, como reminiscências dessa espécie de casamento. Darwin (1974) também admite a existência do "communal mariage" onde todos os homens e todas as mulheres da tribo são reciprocamente maridos e mulheres. A questão para o nosso atual estudo, e que nos preocupa é: a partir de quando a sexualidade feminina passou a ser objeto de regramento, ou seja, normatizada pela ordem local? Caso tenha ocorrido o preceituado por Lubbock (2005), o matrimônio coletivo em concomitância com a propriedade coletiva, desta assertiva depreenderíamos que nessa sociedade comunista, a sexualidade das mulheres não sofreria limitações tais como a obrigação de fidelidade e do débito conjugal, o dever da conjunção carnal, já que a um homem caberiam várias mulheres e vice-versa. O dever de fidelidade e de débito conjugal caberia apenas às mulheres raptadas de outras tribos ou clãs, mulheres às quais não poderiam ter acesso os demais membros do grupo e tão apenas aquele que a raptou. E por que diante de tamanha oferta de mulheres os homens procurariam raptar "estrangeiras"? Para Darwin (1974), os homens são movidos por um sentimento de exclusivismo atávico, através do qual podem assegurar a perpetuação da espécie pela transmissão de sua carga genética. Mesmo se um homem tivesse várias mulheres, ele as defenderia ciumentamente dos demais, como forma da preponderância de seus gens. Logo, o casamento comunitário apenas ocorreria em sociedades onde existissem menos mulheres do que homens, sobretudo em razão do infanticídio das crianças do sexo feminino. Apenas nessas condições a poliandria seria suportada pelos homens que, dessa forma, agiriam em desacordo com o seu próprio instinto que é o da exclusividade sobre as fêmeas.[5] Indaga-se se, ao revés, nas comunidades onde havia mais mulheres do que homens, o que ocorreria seria uma simples poliginia, um homem com várias mulheres ou o maior número de mulheres seria um pressuposto para uma ginecocracia, ou seja, uma comunidade chefiada por mulheres? A existência em vários grupos primitivos da designação do parentesco apenas pela linha feminina, deu ensejo ao sociólogo Bachofen (2007) escrever o seu célebre livro *Das Mutterecht*, "O Matriarcado". Para Bachofen, esse fato decorreria da incerteza da paternidade diante da promiscuidade, logo o parentesco era determinado pela maternidade e a subordinação dos filhos às mães teria dado origem à ginecocracia. Esta apenas teria dado lugar à androcracia a partir do rapto de mulheres de outras tribos que passou a ser mais e mais significativo em quantidade. Para o sociólogo Gumplowicz,[6] o casamento mediante rapto constituiu o ponto de partida da emancipação dos homens, já que as mulheres nativas não puderam conservar seus privilégios em face da concorrência estrangeira. No entanto, outros estudiosos como Westermarck[7] dão ao vocábulo matriarcado um outro sentido no qual, em face

---

[5] "La disettes des femmes, conséquence de L´infanticide dont les enfants de ce sexe sont l`objet, entraina à une autre coutume, la polyandrie, qui est encore répandue dans bien des parties du globe, et qui selon M. Mac Lennan, a universellement prévalue autrefois". DARWIN. Op. cit., p. 648.
[6] Apud BATALHA. *Introdução ao estudo do direito*.
[7] Idem.

do princípio do *pater incertus,* prevaleceria o parentesco por linha materna, não obstante o chefe da família fosse o tio materno. Do que não restam dúvidas é de que à medida que um homem, mais forte do que os demais, passa a ser proprietário de uma maior extensão de terras e a possuir um número maior de mulheres, a sexualidade feminina passa a submeter-se de forma cada vez mais servil à vontade e aos instintos desse macho que ao consolidar a propriedade privada e o controle sobre mulheres, crianças e escravos, institui a era do patriarcado, base da organização jurídica e política das sociedades até a contemporaneidade.

2 A mulher sob o casamento na antiguidade

2.1 O Código de Hamurabi

Muito se tem criticado o fato de os textos jurídicos iniciarem a análise do Direito Positivo a partir da codificação da Mesopotâmia. Entretanto, por mais que se queira inovar, é inelutável a circunstância de que a História seguiu-se à pré-História, tendo por marco a invenção da escrita e essa História junto à escrita foi inaugurada entre os rios Tigre e o Eufrates em torno de 3.000 anos antes de Cristo. Se onde está a sociedade está o Direito, este já teria os seus germens no paleolítico e no neolítico como já consideramos, sendo essas regras elaboradas e impostas pelos mais fortes, mas um Código escrito que tenha chegado até nós, a menos que a paleontologia nos presenteie com novas descobertas, esse é um legado do povo amorrita, vindo do deserto da Arábia e que se estabeleceu na cidade da Babilônia, sendo conhecido como os antigos babilônios. O mais importante de seus reis foi Hamurabi que viveu entre 1728 e 1686 a.C. Hamurabi expandiu os domínios babilônicos por toda a Mesopotâmia, do golfo Pérsico até o norte da Assíria.[8] Tendo por base o direito

---

[8] Ver COTRIM. *História e consciência do mundo.*

sumério, Hamurabi ordenou que fosse elaborado esse que, então, teria sido um dos primeiros códigos jurídicos, com leis escritas, registradas pela História. O Código de Hamurabi consagrava o princípio do talião, o olho por olho, dente por dente, segundo o qual o castigo do criminoso deveria ser exatamente proporcional ao crime por ele cometido. Além das penas severas, o Código procura garantir firmemente o regime de propriedade privada da terra. Se onde está a propriedade privada, está o patriarcado, lá também estará a subjugação da sexualidade feminina. Por este documento jurídico, o adultério feminino era rigidamente punido. O cônjuge adúltero (a mulher) e o companheiro eram ligados e jogados à água (§129), mas o adultério seria lícito caso o marido viesse a abandonar o lar, não deixando alimentos, ficando claro aí o papel de provedor do homem nas sociedades patriarcais. Todavia, em retornando o marido, a mulher deveria voltar a coabitar com ele (§135). Se a mulher, em razão de um outro homem, fizesse matar o seu marido, sofreria pena de empalamento (§153). A mulher que não tinha filhos poderia ser repudiada (§138), mediante a restituição do dote e do *terhatum* (soma entregue, no regime babilônico, pelo pai da noiva à família do noivo). Este parágrafo da Lei faz restar evidenciado o caráter primordial da função reprodutora feminina dentro do casamento. Não obstante, se um homem se casasse com uma mulher que se tornasse enferma, este não poderia repudiá-la, mas lhe seria lícito casar novamente, devendo manter a primeira mulher até a morte (§148).

2.2 A mulher sob o casamento no direito dos assírios

A Assíria era uma região do norte da Mesopotâmia utilizada como passagem natural entre a Ásia e o Mediterrâneo.[9] Assíria é uma palavra derivada de *assur* que significa "lugar de passagem".

---
[9] Ver COTRIM. *História e consciência do mundo*.

Os assírios fizeram grandes conquistas militares e construíram um dos maiores impérios da Antigüidade. Do século VIII ao século VI a.C. dominaram uma extensa região que incluía toda a Mesopotâmia, o Egito e a Síria. Suas principais cidades eram Assur, Jarrán e a sua capital Nínive. Com avançada técnica militar, os assírios eram guerreiros extremamente cruéis. Não se contentavam com a simples vitória, massacravam e torturavam terrivelmente os vencidos, incendiavam e destruíam as cidades conquistadas. Mas as suas mulheres eram mais bem tratadas do que as do povo babilônio. O *terhatum* era entregue à noiva e não à sua família, visando garantir a mulher contra a arbitrariedade do repúdio. Quanto ao débito conjugal, o casamento não obrigava a mulher a coabitar com o marido, podendo permanecer na casa paterna, onde o receberia. Se a mulher passasse a habitar com o marido, deveria levar um *sirku* ou dote. Com o falecimento do marido, seu irmão deveria desposar a viúva, tal como ocorria no *levirato* dos hebreus. Portanto, eram cruéis com os inimigos, mas procuravam proteger, ao máximo, as suas mulheres.

2.3 O Deuteronômio

Os hebreus tinham por base jurídica positivada as leis recebidas de Jeová por Moisés, o Deuteronômio. O deuteronômio integra o pentateuco, os cinco primeiros livros bíblicos. O nome "deuteronômio" é de origem grega e significa "segunda lei" ou "repetição da lei". Teria sido escrito nas planícies de Moabe em torno de 1.473 a.C. A estrutura dessa legislação atende aos interesses do patriarcado, protegendo a propriedade privada e a família e punindo severamente a mulher que não se submeter às suas regras. O casamento era monogâmico, e a morte, a punição pelo adultério da mulher. Caso a mulher não fosse virgem ao casar-se, deveria ser punida com o apedrejamento (§22). O repúdio era lícito, salvo se o marido houvesse deflorado a mulher antes do casamento. Caso o marido viesse a falecer, um seu irmão deveria desposar a viúva, tal instituição recebeu o nome de *levirato* e era minuciosamente disciplinada no Deuteronômio.[10]

2.4 A mulher sob o casamento no direito romano

Se Juno era a deusa das deusas, Minerva a deusa da inteligência e Vênus a deusa do amor, a mulher romana era objeto de contrato de compra e venda entre homens. Pois as formas antigas do matrimônio romano relembram a compra da mulher pelo homem. A Lei das XII Tábuas previa três formas de a mulher ficar sujeita ao poder ou *manus* do marido: a *confarreatio*, a *coemptio* e o *usus* (BATALHA, 1986). A expressão *manus* designa o poder marital. Primitivamente, designava o poder doméstico do chefe da família sobre as pessoas e as coisas que a integravam. *Manus* e *familia* eram, originariamente, termos correlatos. *Familia* designava o domínio do poder enquanto que o *manus* seria o símbolo do poder ou o próprio poder. A mulher poderia, também, contrair casamento *sine manus*, ou seja sem *manus*, mas não se animem, o casamento *sine manus* não significa que a mulher ficaria sob o próprio domínio e sim que continuaria sob o poder do pai.

Etimologicamente, matrimônio significa "encargo, ofício ou dever da mãe", pois que advém do latim *mater* que significa mãe, e *munus* que é encargo (CAPPARELLI, 1999). O matrimônio é, então, na essência do seu logos, um tributo pago pela mulher-mãe de uma família, um encargo ou carga a ser transportada e suportada por ela. Mas a etimologia também revela não ser menos exigente em relação aos homens, impondo-lhes, também, um árduo encargo, pois vejamos: a palavra patrimônio vem do latim *pater*, ou seja, pai, e *munus*, encargo ou ofício, logo, cabe ao

---

[10] Ver BATALHA. *Introdução ao estudo do direito*.

homem-pai prover o núcleo familiar com os bens necessários para a sua sobrevivência, dedicar a sua vida ao acúmulo desses bens para que, em caso de privação, haja um considerável excedente para que os membros da família não pereçam. Apesar desses encargos poderem ser considerados naturais e justos para a sobrevivência humana, o grande desafio é vivê-los sem perder a poesia e a base da família como lócus do afeto. A língua portuguesa procurou construir um termo que indicasse teleologicamente um outro sentido à união entre homem e mulher. A palavra "casa"-mento significa a constituição de uma nova casa ou lar, ou seja, de uma vida a dois, com deveres e obrigações, mas também como espaço de trocas e vivências no trilhar de um caminho que constrói um mesmo destino para os seus integrantes. Mas voltemos ao casamento dos romanos.

O *usus* consistia na convivência sob o mesmo teto entre marido e mulher pelo período de um ano sem interrupção, após o qual o marido, desde que não satisfeito, poderia devolver a mulher à sua família, devolvendo-lhe o dote. A *coemptio* era uma venda simulada, em que o comprador punha a mão sobre a mulher adquirida e, mediante a entrega de um dote, levava-a para o seu domínio. Já a *confarreatio* consubstanciava-se na forma solene do matrimônio do patriciado, da elite romana, tendo conteúdo religioso, sendo celebrado pelo sacerdote da família, era as justas núpcias. Não é sem fundamento que o Direito Romano é a base do direito privado por excelência. A família romana constituía um pequeno Estado sob as ordens de seu soberano, o chefe da família. O governo da família era independente e autônomo em relação a qualquer poder exterior. Todas as dissensões internas eram dirimidas pelo chefe da família que desempenhava a função de *domesticus magistratus*. Este tinha o direito de vida e de morte (*jus vitae necisque*) sobre os seus integrantes, logo sobre a esposa no casamento com *manus*. No casamento *sine manus*, o marido também detinha esse poder com a diferença que a mulher não estava sob a dependência patrimonial do marido e sim, na dependência financeira de seu pai ou tutor. Logo, entre os romanos, o chefe de família tinha poder absoluto, recebendo a denominação de *pater familiae*. Excepcionalmente, este poderia, inclusive, vender a mulher e os filhos como escravos. O adultério feminino poderia ser punido com a morte e o não cumprimento do débito conjugal poderia levar ao repúdio da mulher com a sua conseqüente devolução à família de origem.

Sempre houve o divórcio no direito romano. O casamento durava enquanto houvesse a *affectio maritalis*, terminando de mútuo consenso através do *divortium bona gratia*. O divórcio também poderia ocorrer como fruto da vontade unilateral do marido, que deveria manifestar a sua intenção perante a esposa à vista de sete testemunhas.

No casamento solene, o contrato de núpcias era aperfeiçoado com o beijo dos noivos, tradição absorvida pela Igreja Católica e praticada universalmente até os nossos dias. Portanto, o beijo, originariamente, não significa o amor entre os cônjuges, mas o marco do nascimento de direitos e obrigações entre eles.[11]

3 A mulher sob o casamento na Idade Média. O direito canônico

"Crescei e multiplicai-vos. Eis a questão". E essa questão foi fortemente respondida pela Igreja Católica no decorrer de sua História, ao tornar o matrimônio um dos sacramentos religiosos e ao incentivar a reprodução como o principal fundamento da união entre um homem e uma mulher. Senão vejamos o que dispõe o atual Código Canônico no Cânone 1.055, *in verbis*:

> §1 A aliança matrimonial, pela qual o homem e a mulher constituem entre si uma comunhão da vida toda, é ordenada por sua índole natural ao bem dos cônjuges e à geração e educação da prole, e foi elevada, entre os batizados, à dignidade de sacramento.

---

[11] Ver CAMPOS. *Um pensador da Escola do Recife*: Sá Pereira e o seu tempo.

O *Jus in Corpus*, direito de cada cônjuge sobre o corpo um do outro e o "Dois em uma só Carne" são dogmas canônicos que se impõem através dos tempos (ARRIETA et al., 1991). Para esse Direito, o matrimônio apenas se consuma com o ato conjugal. A jurisprudência canônica entende por ato conjugal a penetração do membro viril, com ejaculação no interior da vagina (HORTAL, 1979). Logo, a cópula é alçada à posição da mais suprema relevância e, não há que se olvidar a exigência da ejaculação do *verum semen*, sem a qual, se configura, também, a impotência masculina *in casu*. Se o matrimônio é indissolúvel, até que a morte os separe, assim não o mais era se não fosse cumprida a obrigação da prestação do débito conjugal nos tempos medievais. Hodiernamente, a impotência para a cópula, quer por parte da noiva, quer por parte do noivo, será causa de anulação do matrimônio apenas caso o mesmo não tenha sido consumado.

Logo, a impotência do homem ou da mulher para o transcurso sexual (impotência *coendi*) constituía injúria grave e causa para a anulação do casamento religioso no direito canônico medieval. Inclusive, a negativa para a conjunção carnal por si só já constituía injúria grave. Na Idade Média, sequer as justificativas como dor de cabeça ou dor de dente da mulher eram desculpas para a recusa, assim como a própria mulher poderia queixar-se ao padre ou ao seu pai, caso o marido praticasse coito interrompido ou também não estivesse cumprindo os seus deveres carnais matrimoniais. A sodomia era, como ainda o é, injúria gravíssima e causa de anulação do sagrado sacramento matrimonial, já que o coito deveria ter por finalidade precípua tão somente o incremento do número de fiéis para a Igreja.

O matrimônio não é tido apenas como lícito, para os que tenham sido batizados, como o é, ademais, celebrado por "Cristo", depreendendo-se, daí, o seu caráter sagrado. Santo Agostinho fundamenta a idéia do matrimônio enquanto sacramento nos seus três fins precípuos: *bonum prolis, fidei et sacramentis* (reprodução, fidelidade e sacramento). Portanto, a fidelidade e o débito conjugal são intrínsecos ao próprio sacramento. Como já o dissemos, apesar do caráter de indissolubilidade do casamento católico, já que é um sacramento, a importância do exercício do *Jus in Corpus* é tanta que a sua não consumação enseja a dissolução total do vínculo. O tema foi abordado no cânone 1.142, cujo texto é o que se segue:

> O matrimônio não consumado entre batizados, ou entre uma parte batizada e outra não-batizada, pode ser dissolvido pelo Romano Pontífice com justa causa, a pedido de ambas as partes ou de uma delas, mesmo que a outra se oponha.

O impedimento por impotência é, atualmente, regulamentado pelo cânone 1.084, com sentido similar ao que lhe dava o Código Canônico de 1917. São três os requisitos para que a impotência constitua impedimento: antecedência, perpetuidade e certeza. Quanto à perpetuidade, o Direito Canônico considera aqueles casos que são incuráveis por meios ordinários, lícitos e não perigosos para a vida ou gravemente prejudiciais à saúde (ARRIETA et al., 1991).

A impotência antecedente e perpétua, tanto do homem como da mulher, do mesmo modo se é conhecida do outro cônjuge como se não o é, quer absoluta, quer relativa, torna nulo o matrimônio em virtude do próprio direito natural.[12]

Saliente-se que se trata de impotência para o intercurso carnal e não a impotência *generandi*, qual seja, a impotência para gerar. O atual Direito Canônico, tal como previsto no Código Canônico de 1917, não prevê a possibilidade de anulação do casamento por impotência *coendi* (para o coito) durante o matrimônio, como o previa os cânones medievais, constituindo, o mesmo, injúria grave, mas tão somente a possibilidade de

---

[12] Ver HORTAL. *"O que Deus Uniu"*: lições de direito matrimonial canônico.

anulação do casamento caso o mesmo não possa ser consumado, ou seja, caso nunca tenha sido exercido o direito sobre o corpo do outro *Jus in Corpus*. Para tanto, o Código Canônico atual em seu cânone 1.020 prevê o *exame das partes* dos noivos a ser realizado pelo pároco a quem compete assistir ao matrimônio (HORTAL, 1979). Dispensável avisar que tais exames não têm ocorrido na prática, não obstante constar do processo de habilitação matrimonial e integrar-lhe a instrução.

Quanto ao adultério, esta é a única causa que, na legislação canônica, justifica a separação perpétua. Para que o adultério ocorra deve haver a "cópula perfeita" entre duas pessoas das quais, ao menos uma, seja casada. Insuficientes são, portanto, os atos libidinosos, como carícias, beijos e demais contatos físicos por mais íntimos que sejam. A doutrina e a jurisprudência canônica entendem como cópula perfeita, a união sexual natural, com ejaculação no interior da vagina da mulher, ou seja, a presença do *verum semen* no lócus intravaginal, rumo ao útero.[13] Logo, mesmo havendo discussão fragorosa em contrário dos estudiosos do Direito Canônico, a relação sexual onanística, assim como a cópula sodomítica com pessoa do mesmo sexo ou não, inclusive a bestialidade (relação sexual com animais), não constituem adultério positivado. Valioso considerar que, para o direito canônico, o adultério não é crime, mas, em ocorrendo, é uma faculdade reconhecida ao cônjuge inocente de dissolver perpetuamente o vínculo matrimonial, logo, um *facultas agendi*.

Caso o cônjuge traído sexualmente, haja consentido a esta traição, ou lhe tenha provocado, como, por exemplo, pelo abandono do cônjuge, mesmo que temporário, não mais com ele coabitando a fim de facilitar-lhe o congresso carnal com outro, ou pela recusa sistemática em pagar o débito conjugal com a intenção que o outro o traia, ou ao deixar-lhe em uma situação

---

[13] Ver CAPPARELLI. *Manual sobre o matrimônio no direito canônico*.

de carência e desamparo com vistas ao adultério, ou mesmo ao incitá-lo ao ato adulterino por coação ou indução. Note-se que a ação em caso de provocação deva ser positiva, com vistas à prática adulterina, logo o simples abandono temporário em si, assim como a recusa esporádica no cumprimento do débito conjugal, não gera direito ao adultério por parte do outro cônjuge. Não será, *in casu*, o adultério causa para a dissolução do casamento se ocorrer o perdão.

Resta evidente que, ao restringir o conceito de adultério, o Direito Canônico cuida da permanência da organização familiar, dificultando-lhe o esfacelamento, mesmo que à custa de almas e corações despedaçados.

4 A mulher sob o casamento no Código Civil de Napoleão

...Enfim, minha incomparável mãezinha, dir-lhe-ei meu segredo: zombe de mim, fique em Paris, tenha seus amantes, que todo o mundo o saiba, não me escreva, nunca mais, e olha o que acontece! Eu lhe amarei dez vezes mais. [...] Estaremos amanhã em Livourne, e, o mais cedo que eu puder, nos teus braços, aos teus pés, sobre o teu seio. Napoleão Bonaparte.[14]

Essas são as palavras epistoladas de um Napoleão apaixonado, em campanha de guerras e conquistas à sua amada esposa Josefina. Napoleão integrava o exército francês e teve em Josefina uma grande aliada para ascender politicamente. Bem articulada entre os generais, Josefina introduziu Napoleão à elite parisiense. Napoleão casou-se com a bela e lépida viúva, fazendo-a Imperatriz da França e de sua alma. No entanto, como as campanhas de guerra levavam meses, os boatos sobre a intrepidez carnal de Josefina grassavam os salões e era a esses boatos que Napoleão

---

[14] BONAPARTE. *Lettres de Napoleón à Joséphine*. S. Pestel pour la collection électronique de la Bibliothèque Municipale de Lisieux (08.X.1998). Disponível em: <http://www.bmlisieux.com/>.

respondia em carta, nos campos de batalha a sua efusiva amada. E foi esse mesmo Napoleão que ordenou fosse elaborado o primeiro Código Civil da modernidade, o Código Civil de Napoleão de 1804. Napoleão tinha como uma de suas grandes preocupações, além da separação do Estado e da Igreja através da elaboração de um Código laico, a limitação dos privilégios da nobreza detentora de terras, herdeira do absolutismo, e a proteção dos direitos e dos interesses da burguesia ascendente. Partiu dos princípios da secularização do matrimônio e da independência da lei e da religião, tendo em vista a liberdade de consciência. Os formuladores do Codex deveriam seguir à risca a tradução dos textos romanos, o *Corpus Juris Civilis* e o Digesto, de forma que pouco restasse à exegese. A propriedade e a família são as instituições basilares de um Direito Civil pós-Revolução Francesa, onde os interesses individuais são preponderantes. Protege-se a família burguesa e a propriedade nos limites dessa família. O Código de Napoleão é rígido quanto à prestação do débito conjugal, os deveres de coabitação e a fidelidade. O jurista francês Planiol (1926) chega a afirmar *Au fond, lê mariage n'est pas autre chose que l'union sexuelle de l'homme e de la femme*. Ou seja, chega-se, inclusive a reduzir-se o escopo do casamento para tão somente o cumprimento do débito conjugal.

Por Josefina não mais poder ter filhos, havendo se casado com Napoleão já viúva, Napoleão dela se separa vindo a contrair segundas núpcias com Maria Luísa de Áustria, irmã da Imperatriz do Brasil, Maria Leopoldina. Durante a cerimônia matrimonial, Napoleão impede que o papa coroe Maria Luísa, tirando-lhe a coroa das mãos, fazendo-o ele mesmo, demonstrando, assim, a separação entre o poder temporal e o poder espiritual, sendo que o temporal emanaria dele e não do poder divino. O que ocorreu depois, todos sabem: Napoleão teve filhos com Maria Luísa e Josefina retirou-se para uma vida reclusa no campo.

O que estava previsto no Código de Napoleão é o que até hoje influencia os diplomas civis ocidentais, neles incluídos os deveres de débito conjugal e de fidelidade no casamento. O que estava na boca de Napoleão ao pronunciar as últimas palavras em seu leito de morte na Ilha de Santa Helena, era o nome de sua amada infiel: "Josefina, Josefina...".

5 A mulher sob o casamento no direito luso-brasileiro: ordenações portuguesas, Código Civil de 1916 e atual Código Civil brasileiro de 2002. A questão da honra

Ao folhearmos o Código Civil brasileiro, publicado no dia 10 de janeiro de 2002 e que entrou em vigor no dia 10 de janeiro de 2003, logo nos deparamos com uma sorte de inovações no que tange aos sujeitos de direito, que são legitimados pelo atual Diploma não apenas como titular de direitos de propriedade, mas também de direitos subjetivos como os da personalidade, que incluem a imagem, a honra e a privacidade. Esses direitos de fundamentos humanísticos sempre foram tutelados pelo Direito Penal, restringindo-se a essa esfera a resolução das contendas provenientes do ferimento de quaisquer deles. Caberia, então, ao Direito Penal, o humano, demasiado humano, como nos falou Nietzsche, e ao Direito Civil, o patrimonial, demasiado patrimonial, parodiando o mestre alemão. No entanto, mesmo no Direito Penal, no que concerne à honra masculina que é correspondente não ao comportamento do homem, mas ao das mulheres que com ele estabeleçam uma relação jurídica (esposas e filhas), este atributo da personalidade não é isonômico em relação aos sujeitos de direito, deles titulares. Esta assertiva evidencia-se no famoso livro *V das Ordenações Filipinas*,[15] promulgado em 1603 e vigente até 1830 no Brasil. Neste Diploma Legal, quanto

---

[15] PIERANGELI. *Códigos penais do Brasil*: evolução histórica.

mais alto o nível social do titular do direito à honra, maior a sua faculdade de, inclusive, praticar crimes em defesa desta, portanto, a própria honra como conceito filosófico muda de acordo com o patrimônio e o *status* social de quem a detém. Debrucemo-nos sobre o seu artigo 38:

> 38. DO QUE MATOU SUA MULHER POR A ACHAR EM ADULTÉRIO
>
> Achando o homem casado sua mulher em adultério, licitamente poderá matar assim ela como o adúltero, *salvo se o marido for peão e o adúltero fidalgo ou nosso desembargador, ou pessoa de maior qualidade*. Porém, quando matar alguma das sobreditas pessoas, achando-a com sua mulher em adultério, não morrerá por isso, mas será degredado para África com pregão na audiência pelo tempo que aos julgadores bem parecer, *segundo a pessoa que matar*, não passando de três anos. (grifos nossos)
>
> 1 – E não somente poderá o marido matar a sua mulher e o adúltero que se achar com ela em adultério, mas ainda os pode licitamente matar sendo certo que lhe cometeram adultério; e entendendo assim provar, e provando depois o adultério por prova lícita e bastante conforme o direito, será livre sem pena alguma, salvo nos casos sobreditos, onde serão punidos segundo acima dito é (PIERANGELI, 2004).

Logo, a honra, como direito da personalidade não é universal, mas restrito aos seres do sexo masculino e, ainda mais, aos que mais forem privilegiados e detiverem a propriedade privada. E o que é mais interessante, a honra de um homem não estaria na personalidade do homem, mas na da sua esposa e filhas.

A asserção de que o Direito Continental Europeu é essencialmente patrimonialista, inclusive no que toca ao casamento, é válida pelo que já narramos neste presente trabalho ao examinarmos a família romana, base de nosso Direito de Família. Imperioso salientar, que tendo por base o direito romano-germânico, o direito continental traz, consideravelmente, em seu bojo, a influência dos institutos jurídicos germânicos. O matrimônio legítimo entre os germanos era o matrimônio com *mundium*.

Mundium, entre os germanos é o equivalente a *manus* entre os romanos e simboliza o poder (IHERING, 1999). Segundo Brunner-Schwerin,[16] o matrimônio com *mundium* realizava-se *uno actu*, mediante a prestação do preço pelo noivo e a entrega da noiva. Posteriormente, a celebração do matrimônio foi separada em dois atos: os esponsais (*verlobung, desponsatio*) e a *traditio* (*traditio puellae*). A *desponsatio* era contrato de alienação, concluído em forma de contrato real entre o noivo e a *Sippe* ou o tutor da noiva, *mediante o qual esta era vendida em matrimônio, pouco importando a vontade da noiva*. O preço de compra (*Wittum, wittemo, wetma, weotuma, widemo, meta*; em latim: *pretium nupciale, pretium emtionis, dos*) era rigorosamente disciplinado. Com o tempo, o preço era pago mediante arras e, mais tarde, tornou-se simbólico. A evolução transformou o objeto da compra: já não era mais a mulher. O *mundium* e a própria idéia de compra desapareceu, transformando-se o preço em dote (*wittum*). O patrimônio aperfeiçoava-se com a *traditio*, ato simbólico que transferia o *mundium* ao marido. Ou seja, mais uma vez explicitamos que remonta às origens do nosso Direito ser a mulher uma propriedade privada de seu marido e não um sujeito de vontades. Mas, voltemos e continuemos a abordar a honra como um direito da personalidade.

Com a Constituição Brasileira de 1988, Constituição democrática, cidadã, pós-ditadura militar brasileira e, porque não dizer pós-ditadura em quase todos os países latino-americanos, consolidaram-se os direitos e as garantias individuais no artigo 5º e nos seus 77 incisos. No inciso X, vislumbramos ali, protegidos, tutelados e garantidos os direitos da personalidade: a honra, a imagem e a privacidade, *in verbis*:

---

[16] Apud BATALHA. *Introdução ao estudo do direito.*

[...]

X – são invioláveis a intimidade, a vida privada, *a honra* e a imagem das pessoas, assegurado o direito à indenização pelo dano material ou moral decorrente de sua violação;

[...] (grifo nosso)

Eugenio Cuello Calón (1975) classifica a honra como um bem jurídico que apresenta dois aspectos, um subjetivo e outro objetivo. O aspecto subjetivo designaria o sentimento da própria dignidade moral, nascido da consciência de nossas virtudes ou de nosso valor moral, ou seja, a honra *stricto sensu*. Já o aspecto objetivo representar-se-ia pela estimação que outrem faria de nossas qualidades morais e de nosso valor social, indicando a boa reputação moral e profissional, que pode ser afetada pela injúria (ofensa à dignidade ou ao decoro), calúnia (falsa imputação ou denúncia de fato definido como crime), ou difamação (imputação de fato ofensivo à reputação de pessoa física ou jurídica, atingindo-a no conceito ou na consideração a que tem direito). O que nos salta aos olhos é que este bem jurídico transitou da esfera penal para a esfera civil, no sentido de que ao ofensor caberá não apenas uma sanção penal de ordem pública, mas uma indenização pecuniária, ou seja, de ordem privada. Pois bem, o que há pouco tempo poderia ser um escândalo: mensurar a honra em dinheiro, hoje o é através da lei positivada e pela sua consagração pelos usos e costumes. No entanto, no que tange à honra feminina, o Código Civil de 1916, já reparava o seu ferimento com compensações pecuniárias nos casos em que a mulher fosse virgem e menor e houvesse sido deflorada; no caso de ser mulher "honesta", fosse ameaçada ou violentada; caso fosse seduzida com promessas de casamento e, finalmente, se fosse raptada (Código Civil de 1916, art. 1.548, I a IV). O objetivo da norma era a reinserção social da mulher ferida em sua honra, e não apenas dela, mas também a do seu genitor. No caso de desvirginamento de menor, a responsabilidade do ofensor era objetiva, independente de culpa. Vemos, então, que o instituto da responsabilidade civil, mesmo que de forma tímida e assistemática, já rondava as nossas leis civis. Não obstante, na prática, a maculação da honra masculina em casos de adultério ou de violação de suas filhas e esposas era sancionada com sangue. Diversamente do Direito Anglo-Saxônico, o nosso Direito Civil de fundamentos romano-germânicos, não tinha a tradição de tutelar os danos não patrimoniais na esfera civil, ou seja, os danos morais, esses intangíveis e de difícil mensuração pecuniária. Até bem recentemente, as ações de Responsabilidade Civil apresentavam caráter fortemente patrimonialista, o que se contabilizava era unicamente as perdas materiais e não as imateriais de fundo moral. Portanto, a honra, a imagem, direitos protegidos tão apenas no âmbito filosófico-penal, vai para a nossa nova Constituição Federal e desembarca em um capítulo próprio em nosso Código Civil de 2002 (Livro I, Título I, Capítulo II), assim como nas decisões de nossos tribunais. O dano moral, onde se incluiria o dano à honra, ocorre quando se trata apenas da reparação da dor causada à vítima, sem reflexo em seu patrimônio. É a dor, a mágoa, a tristeza infligida injustamente a outrem (RODRIGUES, 2002). No entanto, já que se preza tanto a honra em nosso Documento Civil, onde está aquele artigo, aquele que tratava da anulação do casamento no prazo de dez dias ao descobrir-se a mulher, anteriormente ao matrimônio, já deflorada? Foi revogado. Mais adiante, seguimos rumo às regras do Direito de Família, essas tão arraigadas nos porões e nas salas de visita sociais. De tão difíceis modificações, essas que envolvem as crenças, as vontades e os desejos mais profundos dos entes sociais, os seres humanos. É apenas lembrarmo-nos do esforço hercúleo daqueles que lutaram pela aprovação da Lei do Divórcio (Lei nº 6.515/1977) e pelo Estatuto da Mulher Casada (Lei nº 4.121/62). É preciso lembrarmo-nos que a mulher casada, antes dessa nova Lei, era considerada como relativamente incapaz para a prática de determinados atos da vida civil. Relativamente incapaz como os pródigos e os silvícolas. Relativamente incapaz como no atual Código Civil o são os ébrios. Portanto, se solteira e maior, seria absolutamente capaz; se casada e maior, relativamente incapaz. O casamento, então, levava a uma diminuição da capacidade jurídica, mas aumentava o *status* social feminino. Por conseqüência, trocava-se a autonomia e a capacidade plena pelo casamento para que a mulher não se tornasse um "aleijão" social. Mas a situação poderia ser pior, pois, se por acaso a mulher fosse diagnosticada como histérica, então teria a possibilidade de interditá-la e diminuir a sua capacidade jurídica para a incapacidade absoluta, podendo ser enquadrada no que previa o inciso II do art. 5º do Código Civil de 1916, *in verbis*:

> Art. 5º. São absolutamente incapazes de exercer pessoalmente os atos da vida civil:
> [...]
> II – os loucos de todo o gênero.
> [...]

No entanto, ao deitarmos os olhos sobre as normas civis publicadas em 10 de janeiro de 2002, podemos verificar grandes mudanças no que tange às relações de gênero. Este galgar foi iniciado com, como já o dissemos, a Constituição Federal de 1988, no seu art. 5º, I, *in verbis*:

> I – homens e mulheres são iguais em direitos e obrigações, nos termos desta Constituição.

No que tange à fidelidade recíproca, esta continua a constituir um dos deveres matrimoniais arrolados no Código Civil de 2002, art. 1.566, juntamente à vida em comum no domicílio conjugal, mútua assistência, sustento, guarda e educação dos filhos, respeito e consideração mútuos. A honra dos cônjuges continua depositada no comportamento de seu consorte tanto que, como nos ensina a civilista Maria Helena Diniz (2002), o adultério constitui uma ofensa à honra conjugal.[17] A mudança (e esta é de interesse tanto para o Direito como para a Sociologia Jurídica) é que a honra ao passar a ser tutelada pelo Direito Privado, em sendo ferida, esta violação é considerada um ilícito civil. Logo, ao ser o titular desse bem desonrado, no caso de adultério, terá este o direito subjetivo de demandar por uma indenização pecuniária por dano moral. Se o adultério constitui delito contra a honestidade, a ofensa conjugal é, então, ato ilícito civil, como preceitua o Código Civil de 2002 em seu Livro III, Título III:

> Art. 186. Aquele que, por ação ou omissão voluntária, negligência ou imprudência, violar direito e causar dano a outrem, ainda que exclusivamente moral, comete ato ilícito.

Portanto, o adultério, assim como a honra do cônjuge ofendido, passeia da esfera penal para a esfera da Responsabilidade Civil sistematizada no mesmo Diploma Legal pré-falado, senão vejamos:

> Art. 927. Aquele que, por ato ilícito (arts. 186 e 187), causar dano a outrem, fica obrigado a repará-lo.

O direito à indenização pela violação da honra, que é um direito da personalidade está positivado tanto no artigo supra como no art. 12 do Livro I, Capítulo II, do mesmo Código:

> Art. 12. Pode-se exigir que cesse a ameaça, ou a lesão, a direito da personalidade, e reclamar perdas e danos, sem prejuízo de outras sanções previstas em lei.

E este direito subjetivo se refere não apenas ao marido ofendido, mas também, à esposa traída.
Enquanto isso, o Direito Penal descriminou o adultério. O que pode parecer um contra-senso, afinal, mais do que nunca a honra é tutelada pelo Direito Civil, na verdade trata-se tão apenas

---

[17] Salientemos que esta é uma visão estritamente jurídica.

de um deslocamento da honra, principalmente a dos homens da esfera penal para a esfera civil. Infelizmente a honra dos maridos, para o Direito, continua à mercê do comportamento sexual e amoroso de suas esposas, ou seja, mesmo sendo um direito personalíssimo e intransmissível, a honra não diz respeito tão apenas ao homem em si, assim como a sua imagem. O que se constata é, inclusive, que, apesar de todas as mudanças sociais e legais, não há um movimento de independência dos homens em relação às mulheres, já que, tal como nos tempos em que a honra masculina era lavada com sangue, a própria inserção positiva ou negativa do homem em sociedade continua sendo diretamente proporcional à preservação de sua honra, não por ele mesmo, mas por suas esposas e filhas. Apesar do adultério, legalmente, ofender a honra de ambos os cônjuges, socialmente e historicamente, sempre foi o homem que se sentiu mais ofendido. Quantas e quantas filhas foram enviadas para conventos ou, pior, expulsas do lar por terem maculado a honra de seus pais? A desonra trazida pelo adultério das mulheres era tamanha que levava até mesmo à exclusão social e humilhação eterna do marido traído. Vide o caso do personagem histórico brasileiro Antônio Conselheiro, um marido traído e marginalizado socialmente e que apenas conseguiu reinserir-se na sociedade ao comandar a Revolta de Canudos.[18] Portanto, não há como se fazer uma análise dogmática pura quanto às alterações históricas dadas ao instituto do casamento como temos visto até aqui neste pequeno trabalho.

No caso brasileiro, imperativo se faz perscrutar os motivos psico-sociológicos e econômicos que levaram às transformações no tratamento dado ao adultério e à honra nos diplomas legais

---

[18] Citado pelo professor Fábio Konder Comparato em aula da disciplina Ética e Direito no curso de doutorado na Faculdade de Direito da Universidade de São Paulo em março de 2002.

que estão em vigor no Brasil, se acaso foram esses fatores que influenciaram a dinâmica normativa. Pois, como nos ensina Batalha (1986), "O Direito é abstração e concreticidade. Como abstração, o Direito é forma eterna. Como real-concreto, o Direito é substância mutável".

O pai da psicanálise, Sigmund Freud, em seu *Moral sexual civilizada e doença moderna* (1980), comentou que a moral sexual civilizada necessitava de reformas, visto que o cumprimento de seus preceitos, freqüentemente, produzia sérias neuroses. As mulheres, mais que os homens, seriam vítimas potenciais do estado neurótico pela admissão de uma dupla moral social. As sanções impostas às mulheres, portanto, eram (e são) muito mais severas que as impostas ao sexo masculino:

> Essa moral dupla que é válida em nossa sociedade para os homens é a melhor confissão de que a própria sociedade não acredita que os seus preceitos possam ser obedecidos. (FREUD, 1980)

Segundo o psicanalista Luiz Alberto Pinheiro de Freitas (2001), a lei existe exatamente para reprimir aquilo que o ser humano deseja fazer e, como tal, surgem as contestações, as quais são, naturalmente, mais aceitas no universo masculino. Já para o psicanalista austríaco Wilhelm Reich (2002), as leis patriarcais pertencentes à religião, à cultura e ao casamento são leis predominantemente contra a sexualidade como forma de insistir-se na obediência cega dos indivíduos às normas do patriarcalismo econômico, ou seja, preservação do modelo patrimonialista privado. Os aspectos econômicos também são abordados, tendo em vista que uma observação mais atenta do ordenamento jurídico brasileiro nos revela a sua função primeira: a defesa da propriedade. Para a terapeuta mexicana Sukie Colegrave (1994), a consciência hierárquica, individualista e separatista (bases da propriedade privada) estaria ligada ao arquétipo masculino, enquanto a consciência holística, coletiva e integradora (bases do matriarcado), ao arquétipo feminino. Logo, a propriedade privada surgiria com a ascensão do arquétipo masculino sobre o arquétipo feminino, inaugurando a era do Patriarcado social e psicológico.

As transformações em qualquer domínio institucional da sociedade tendem a afetar outros domínios e, em conseqüência, toda a sociedade (VILA NOVA, 1991). No que tange às mudanças sociais, tem sido verificado que as áreas institucionais às quais pertencem os valores básicos e as normas sagradas — *os mores* — da sociedade são precisamente as de maior resistência à mudança (VILA NOVA, 1991). No entanto, apesar dessa resistência, sociólogos observam que alterações na tecnologia e na economia tendem a, também, afetar a instituição familiar.[19] Ao analisarmos a ordem jurídica atual no que tange aos deveres de fidelidade e débito conjugal, resta evidente a complexização no tratamento dado à mulher como sujeito de direitos em uma relação jurídica como o é o casamento.

No Código Penal modificado em 1973, o legislador, o então Ministro da Justiça, Luis Antônio da Gama e Silva, afirma em sua Exposição de Motivos:

> Conservam-se os atuais crimes contra o casamento, inclusive o adultério [...]. [...] à comissão revisora pareceu errônea manter-se a incriminação da simples simulação de casamento e descriminar-se o mais grave fato contra o casamento: o adultério. A ausência de condenações criminais pelo delito de adultério deve-se mais à permanência da mentalidade que nos vem das velhas Ordenações, de o ofendido "fazer justiça" [aspas nossas] pelas próprias mãos quando toma conhecimento do adultério de seu cônjuge. [...] Mantendo-se a incriminação do adultério, procura-se "educar" [aspas nossas] [...] o nosso povo a buscar, no processo criminal uma solução mais humana para os seus propósitos de vindita [vingança].

---

[19] Ver FOSTER (1964).

De um Código Penal que criminalizava o adultério, em mais das vezes tendo a mulher como réu, passamos a um Código Penal que o descrimina e a um Direito Civil que confere ação de indenização ao cônjuge traído. Sai o sangue e as algemas e entra a pecúnia. Já dizia o jusfilósofo alemão Rudolf von Ihering:[20] "O Direito é o conjunto das condições de vida da sociedade (considerado o vocábulo no sentido mais amplo), asseguradas pelo poder público mediante coerção exterior".

Para Ihering (1999), todo direito estabelecido é a expressão de um interesse que o legislador reconhece como merecendo e exigindo proteção: os direitos transformam-se à medida que se alteram os interesses da vida; interesses e direitos seriam, então, de alguma maneira, historicamente paralelos. Para Ihering (1999), portanto, o Direito destina-se à satisfação dos interesses variáveis, mediante a coerção do poder público. Além da base teórica de Ihering para explicar tantas mudanças no tratamento dado ao adultério, *sub oculi*, guiemo-nos pelas considerações do jusfilósofo soviético P. I. Stucka.[21] Stucka pondera que o conceito eterno de Direito se acha vinculado à concepção do Direito burguês, ou seja, vinculado a um ponto de vista de classe. Assim, para ele, característica do Direito é uma certa ordem, um sistema de relações sociais garantido pela classe dominante por meio de um poder organizado, cujo principal (senão único) objetivo é tutelar esse ordenamento na medida em que corresponde aos interesses e os garante à classe dominante. Ou seja, segundo Stucka, onde quer que exista a divisão da humanidade em classes e o domínio de uma classe sobre a outra, e qualquer que seja a forma desse domínio, ali encontraremos o Direito ou algo análogo. A variabilidade no tratamento normativo não pode olvidar os usos e costumes, repousando-se no fato de que, apesar

---

[20] Apud BATALHA. *Introdução ao estudo do direito*.
[21] Idem.

de, no plano normativo, inexistir uso e costume contrário à lei, no plano ontológico dos fatos e das situações, o direito legislado, sem perder sua validade (normativa), pode perder sua eficácia (ontológica), permanecendo tão apenas "no papel".

A coabitação continua a ser um dever entre os cônjuges no Código Civil de 2002, estando subentendido neste dever a prestação do débito conjugal, ou seja, o congresso sexual. A familiarista Maria Berenice Dias, Desembargadora do Tribunal de Justiça do Rio Grande do Sul, é veementemente contra, em seus escritos, assim como em suas falas em Congressos, à positivação desses dois deveres conjugais (fidelidade e débito conjugal). Para a douta Desembargadora, essas são questões que devem ser de domínio único e exclusivo das partes privadas interessadas, quais sejam, dos cônjuges. Inclusive, em um de seus artigos, Dias (2000) propugna pela eliminação da designação "cônjuge" dada aos esposos, alertando que etimologicamente *jugum* era o termo utilizado pelos romanos para nominar a canga que prendia as bestas à carruagem e, que *conjugere*, portanto, seriam duas pessoas sob o mesmo jugo, logo, sob a mesma canga. Dias[22] nos chama a atenção de que ao ser o débito conjugal base para uma ação de indenização por dano moral, estamos na perigosa senda que leva ao entendimento que o seu cumprimento pode ser, inclusive, à força, descaracterizando-se o crime de estupro quando o autor é o marido e a vítima é a esposa. Dias chama essa exigibilidade de verdadeiro "terrorismo sexual". O descumprimento desses deveres, continua a Desembargadora, geraria uma sentença de obrigação de fazer quanto ao débito conjugal e de não-fazer quanto ao adultério... e o que fazer com essa sentença? Nas palavras de Dias, durante a sua fala no IV Congresso Brasileiro de Direito de Família em Belo Horizonte no ano de 2003: "pendurá-las no espelho do leito conjugal".

---

[22] In: *Casamento ou terrorismo sexual?*

A impotência *coeundi* continua sendo causa de anulação de casamento por vício da vontade, em ocorrendo erro essencial quanto à pessoa do outro no Código Civil Brasileiro de 2002, tal como dispõe o seu art. 1.556. O inciso III do art. 1.557 considera erro essencial sobre a pessoa do outro cônjuge "a ignorância, anterior ao casamento, de defeito físico irremediável...", neste defeito físico irremediável inclui-se a impotência para a conjunção carnal tanto por parte do homem como por parte da mulher (vaginismo, infantilismo e demais patologias do órgão sexual feminino que impeçam o coito natural). Mister salientar que a coabitação nesse caso, havendo ciência do vício, não valida o ato do casamento, como dispõe o art. 1.559. O prazo para ser intentada ação de anulação do casamento, a contar da data da celebração será de três anos *in casu* (art. 1.560, III). Lembrando que esta anulação não incorrerá na desobrigação do cônjuge "culpado" de cumprir as promessas que fez ao outro no contrato antenupcial, assim como não prejudicará a aquisição de direitos, a título oneroso, por terceiros de boa-fé, nem a resultante de sentença transitada em julgado (arts. 1.563 e 1.564, II).

Caso o descumprimento do débito conjugal for no decorrer da união matrimonial, tendo sido, anteriormente, normalmente prestada, será o caso da aplicação do art. 1.573, III, que trata da dissolução do vínculo conjugal tendo por motivo a impossibilidade da comunhão de vida pela ocorrência de injúria grave. A não prestação do débito conjugal constitui caso de injúria grave e, sendo um ilícito civil, cabe, ainda, indenização por perdas e danos morais.

O adultério é também ilícito civil, já que se trata, também, de descumprimento de dever conjugal (art. 1.566, I), no entanto, não é causa de anulação de casamento tal como ocorre no Direito Canônico, mas de sua dissolução (art. 1.573, I). Como ilícito civil, caberá, portanto, Ação de Responsabilidade Civil contra o cônjuge adúltero com Pedido de Indenização por Perdas e

Danos morais. Tais ações têm sido ajuizadas nos tribunais pátrios, sendo, geralmente, por parte do cônjuge varão, ou seja, paga-se o ferimento da honra não com sangue, mas com pecúnia... Bem, menos mau.

A boa notícia é que, mesmo que a mulher seja condenada em uma Ação de Separação, sendo culpada pelo adultério, esta decisão não vinculará o juiz no seu convencimento quanto à guarda dos filhos menores. A mulher adúltera, sob a égide da Lei Civil de 1916, muito dificilmente ficaria com a guarda dos filhos, além de perder o direito a alimentos. Sob o sol do século XXI, a mulher adúltera, assim como o homem adúltero, claro, poderão ficar com a guarda dos filhos, independentemente de terem sido culpados pelo divórcio motivado por adultério já que os filhos ficarão sob a guarda daquele que melhores condições apresentar para consigo mantê-los, conforme a dicção do art. 1.584. Quanto ao direito a alimentos, o cônjuge culpado pelo adultério, a eles fará jus, não obstante, apenas àqueles necessários para a sua sobrevivência. Para muitos doutrinadores modernos, o direito a alimentos restritos à subsistência seria como uma "pena de morte" ao cônjuge adúltero, que teria ferido o seu direito constitucional à "vida", enfatizando que se essa necessidade for posterior à dissolução do vínculo, nenhuma espécie de alimentos será devida ao cônjuge culpado (arts. 1.694, 2º e 1.704, *caput*), a menos que esteja em petição de miséria, ou seja, sem parentes em condições de prestá-los e nem aptidão para o trabalho (art. 1.704, parágrafo único), prevalecendo-se aí o princípio constitucional da solidariedade. A questão é: "quem é culpado pelo fim do amor?" e "quem traiu quem?". O compositor Francisco Buarque de Holanda, tão sabiamente em um de seus versos da canção "Mil Perdões"[23] afirma: "Te perdôo por te trair". Até mesmo

---

[23] Canção de 1983.

para o atual direito civil positivado brasileiro, a resposta a essas indagações não importa, caso os cônjuges já separados judicialmente e ainda não divorciados queiram esquecer todas as traições, dívidas, ações de indenização e, a qualquer tempo, queiram dar-se as mãos e voltar juntos para casa, voltando a serem cônjuges sem necessitarem casar-se novamente, como se sempre estivessem, mesmo no turbilhão do mar dos sentimentos, estado juntos:[24] "Quando não diremos nada, nada aconteceu, apenas seguirei como encantado ao lado teu".[25]

Mas para aqueles, especialmente às mulheres que são o foco desse trabalho e que historicamente foram vítimas do jugo familiar, para aquelas que se sintam oprimidas, subjugadas, infelizes de dor mortífera, cerceadas em sua própria identidade, ao estarem não mais no casa-mento, mas sob o casa-mento. Quando a casa não mais for um lar, mas uma gaiola de ferro, quando os encargos de mãe (matrimônio) em relação a seu cônjuge tornarem-se um fardo, um caminho inarredável rumo ao sofrer, a lei civil brasileira deu-lhes a chave da redenção através da Lei do Divórcio de 1977.[26] Portanto, ao usar dessa chave, as mulheres estarão libertas de deveres que apenas fazem sentido quando fundados no amor e no desejo imperativo de estar com o seu eleito, quais sejam: os de fidelidade e débito conjugal.[27] Ao atingir-se o ponto de não-retorno, talvez seja a hora de optar pela vida, sair da gaiola e voar em busca dos sonhos que haviam sido deixados para trás.

---

[24] Conforme o art. 1.577 do atual Código Civil Brasileiro, *in verbis*: "Seja qual for a causa da separação judicial e o modo como esta se faça, é lícito aos cônjuges restabelecer, a todo tempo, a sociedade conjugal, por ato regular em juízo".
[25] Canção de Francisco Buarque de Holanda, "Todo Sentimento", 1988.
[26] Lei nº 6.515 de 26 de dezembro de 1977.
[27] Segundo o art. 1.576 do atual Código Civil Brasileiro, os deveres de coabitação (débito conjugal) e de fidelidade recíproca cessam com a separação judicial.

Bibliografia consultada

ALMEIDA, Ângela. *O gosto do pecado*. Rio de Janeiro: Rocco, 1992.

ALMEIDA, A. N. et al. Relações familiares: mudanças e diversidade. In: VEIGAS, J. M. L.; COSTA, F. (Org.). *Portugal que modernidade?* Lisboa: Celta, 1998.

AMORÓS, C. Violencia contra las mujeres y pactos patriarcales. In: MAQUEIRA, V.; SÁNCHEZ, C. *Violencia y sociedad patriarcal*. Madrid: Ed. Pablo Iglesias, 1990.

ANDERSON B. et al. *Historia de las mujeres*: una historia propia. Madrid: Crítica, 2000.

ANDERSON, Michael. *Elementos para a história da família ocidental, 1500-1914*. Lisboa: Anerco, 1984.

ANDOLFI, Maurizio. A Família como sistema de interação. In: ANDOLFI, Maurizio. *A terapia familiar*. Lisboa: Ed. Veja, 1981.

ANDREWS, B. et al. Attributions of blame for marital violence: a study of antecedents and consequences. *Journal of Marriage and the Family*, v. 52, n. 3, p.757-767, aug. 1990.

ANSHEN, Ruth Nanda (Coord.). *A família*: sua função e destino. Lisboa: Editora Meridiano, 1970.

ARRIETA, Juan Ignácio et al. *Manual de derecho canonico*. Pamplona: Ediciones Universidad de Navarra, S. A., 1991.

BACHOFEN, Johann Jakob. *An english translation of Bachofen's Mutterecht (Mother Right) 1861*: A study of the religious and juridical aspects of gynecocracy in the ancient world: "Lemnos" and "Egypt". Trad. David Partenheimer. New York: Edwin Mellen Press, 2007.

BATALHA, Wilson de Souza Campos. *Introdução ao estudo do direito*. Rio de Janeiro: Forense, 1986.

BOONS, Marie Claire. *Mulheres-homens*: ensaios psicanalíticos sobre a diferença sexual. Rio de Janeiro: Relume Dumará, 1992.

CAMPOS, Andrea Almeida. *Sub-versões*: homens e mulheres nas entrelinhas. Lisboa: Universitária Editora, 2003.

CAMPOS, Virgílio Barros de M. *Um pensador da Escola do Recife*: Sá Pereira e o seu tempo. Recife: Fundarpe, 1987.

CAPPARELLI, Julio César. *Manual sobre o matrimônio no direito canônico*. São Paulo: Paulinas, 1999.

COLEGRAVE, Sukie. O desvendar do princípio feminino na consciência humana. In: ZWEIG, Connie. *Mulher, em busca da feminilidade perdida*. Trad. Vera de Paula Assis rev. Rosa Maria Aires da Cunha. São Paulo: Ed. Gente, 1994.

COTRIM, Gilberto. *História e consciência do mundo*. São Paulo: Saraiva, 1994.

CUELLO CALÓN, Eugenio. *Derecho penal*. 14. ed. Barcelona: Casa Editorial, 1975.

DARWIN, Charles. *La descendance de l´homme*. Trad. Edmond Barbier. Paris: Schleicher Freres, 1974.

DINIZ, Maria Helena. *Curso de direito civil brasileiro*: direito de família. São Paulo: Saraiva, 2002. v. 5.

DINIZ, Maria Helena. *Curso de direito civil brasileiro*: responsabilidade civil. São Paulo: Saraiva, 2002. v. 7.

ENGELS, Friedrich. *A origem da família, da propriedade privada e do Estado*. 15. ed. Rio de Janeiro: Bertrand do Brasil, 2005.

FRAGOZO, Heleno Cláudio. *Lições de direito penal*: parte especial. Rio de Janeiro: Forense, 1987.

FREUD, Sigmund. *Moral sexual "civilizada" e doença nervosa moderna*. Trad. rev. Verlaine Freitas. Rio de Janeiro: Imago, 1980.

FREITAS, Luiz Alberto Pinheiro de. *Freud e Machado de Assis*: uma interseção entre psicanálise e literatura. Rio de Janeiro: Mauad, 2001.

FREYRE, Gilberto. *Casa-grande e senzala*: formação da família brasileira sob o regime de economia patriarcal. Rio de Janeiro: José Olympio Editora, 1950.

GIDDENS, A. *Transformação da intimidade*: sexualidade, amor e erotismo nas sociedades modernas. São Paulo: Unesp, 1997.

GOOD, William. *Revolução mundial e padrões de família*. São Paulo: Edusp, 1969.

GOOD, William. *A família*. São Paulo: Livraria Pioneira Editora, 1970.

HOBBES, Thomas. *Leviatã*. São Paulo: Martin Claret, 2002.

HOLANDA, Sérgio Buarque de. *Raízes do Brasil*. 23. ed. Rio de Janeiro: José Olympio Editora, 1991. (Coleção Documentos Brasileiros).

HORTAL, Jésus. *"O que Deus Uniu"*: lições de direito matrimonial canônico. São Paulo: Edições Loyola, 1979.

IHERING, Rudolf von. *Law as a means to an end*. London: Lawbrook Exchange, 1999.

LERNER, G. *La creación del patriarcado*. Barcelona: Crítica, 1990.

LIMA, Maurílio César. *Introdução à história do direito canônico*. São Paulo: Loyola, 1999.

LUBBOCK, John. *The origin of civilization and the primitive condition of man*. Montana: Kessinger Publishing, LLC, 2005.

PONTES DE MIRANDA, Francisco. *Tratado de direito privado*. 2. ed. Rio de Janeiro: 1954.

PONTES DE MIRANDA, Francisco. *Tratado de direito de família*. Rio de Janeiro: 1960.

MONTEIRO, Washington de Barros. *Curso de direito civil*: direito de família. 14. ed. São Paulo: Saraiva, 1976.

NORONHA, E. Magalhães. *Direito penal*. 22. ed. São Paulo: Saraiva, 1987.

OLIVEIRA, Guilherme de et al. *Lições de direito de família*. Coimbra: Coimbra Editora, 2001.

PEREIRA, Caio Mário da Silva. *Instituições de direito civil*: direito de família. Rio de Janeiro: Forense, 1972. v. 5.

PEREIRA, Rodrigo da Cunha. *A sexualidade vista pelos tribunais*. Belo Horizonte: Del Rey, 2000.

PEREIRA, Rodrigo da Cunha. *Direito de família*: uma abordagem psicanalítica. Belo horizonte: Del Rey, 1997

PIERANGELI, José Henrique. *Códigos penais do Brasil*: evolução histórica. 2. ed. São Paulo: Revista dos Tribunais, 2004.

PLANIOL, Marcel; RIPERT, Georges; BOULANGER, Jean. *Traité élémentaire de droit civil français*. Paris: Libr. Générale, 1926.

PORTUGAL. *A família*: sua evolução e futuro. Direção geral da família. Lisboa: 1984.

PORTUGAL. *Subsídios para o estudo das raízes da família ocidental*. Direção Geral da Família, Lisboa, 1986.

PROENÇA, José João Gonçalves de. *Direito de família*. Lisboa: Liv. Petrony, 1991.

RANKE-HEINNEMAN, Uta. *Eunucos pelo reino de Deus*: mulheres, sexualidade e a Igreja Católica. Rio de Janeiro: Rosa dos Tempos, 1988.

REICH, Wilhelm. *A Função do orgasmo*. São Paulo: Martins Fontes, 2002.

RIBEIRO, Renato Janine. A família na travessia do milênio. In: CONGRESSO DE DIREITO DE FAMÍLIA, 2., 2000, Belo Horizonte. *Anais...* Belo Horizonte: Del Rey, 2000.

ROCHA, Coelho da. *Instituições de direito civil portuguez*. Lisboa: Imp. Da Universidade,1850.

RODRIGUES, Sílvio. *Direito civil*: direito de família. São Paulo: Saraiva, 2002.

SÁ PEREIRA, Virgílio de. *Lições de direito de família*. Rio de Janeiro: Freitas Bastos, 1959.

SAVATIER, René. *Les métamorphoses économiques et sociales du droit civil d`aujourd`hui*. 2. ed. Paris: Dalloz, 1952.

TOFFLER, Alvin. *The third wave*. New York: Bantam, 1984.

VILA NOVA, Sebastião. *Introdução à sociologia*. São Paulo: Atlas, 2000.

Internet

BONAPARTE, Napoleón. *Lettres de Napoleón à Joséphine*. S. Pestel pour la collection électronique de la Bibliothèque Municipale de Lisieux (08.X.1998). Disponível em: <http://www.bmlisieux.com/>. Acesso em: 14 nov. 2003.

DIAS, Maria Berenice. *Casamento ou terrorismo sexual?* Disponível em: <http://www.mariaberenicedias.com.br/>. Acesso em: 11 nov. 2007.

DIAS, Maria Berenice. *Casamento*: nem directos, nem deveres, só afeto. Disponível em: <http://www.mariaberenicedias.com.br/>. Acesso em: 10 nov. 2003.

Documentos jurídicos

BRASIL. *Código Civil*. Obra coletiva de autoria da Editora Saraiva, com colaboração de Antônio Luiz de Toledo Pinto, Márcia Cristina Vaz dos Santos Windt e Lívia Céspedes. 8. ed. São Paulo: Saraiva, 2002.

BRASIL. *Código Penal*. Obra coletiva de autoria da Editora Saraiva, com colaboração de Antônio Luiz de Toledo Pinto, Márcia Cristina Vaz dos Santos Windt e Lívia Céspedes. 42. ed. São Paulo: Saraiva, 2004.

BRASIL. Constituição (1988). *Constituição da República Federativa do Brasil (1988)*. Brasília: Senado Federal, 1988.

Informação bibliográfica deste texto, conforme a NBR 6023:2002 da Associação Brasileira de Normas Técnicas (ABNT):

CAMPOS, Andréa Almeida. A mulher sob o casamento: fidelidade e débito conjugal – uma abordagem jus-histórica. In: BORGES, Roxana Cardoso Brasileiro; CASTRO, Celso Luiz Braga de; AGRA, Walber de Moura (Coord.). *Novas perspectivas do Direito Privado*. Belo Horizonte: Fórum, 2008. p. 43-80. ISBN 978-85-7700-181-1.

A Constituição como suporte interpretativo das leis e códigos: o caso da interpretação conforme a Constituição

André Ramos Tavares

Sumário: **1** A idéia de supremacia - **2** A interpretação conforme a Constituição - **3** Onde a interpretação na "interpretação conforme a Constituição"? - **3.1.1** A interpretação conforme e declaração de inconstitucionalidade sem redução de texto: elementos de distinção - **4** A correlação entre supremacia da Constituição e a interpretação conforme: ponderações contemporâneas - **5** Conclusões na esteira da constitucionalização (informal) do Direito - Bibliografia

1 A idéia de supremacia

Imprescindível se mostrou, desde a concepção constitucional, a consubstancial supremacia desse novel código escrito em face das outras espécies normativas.[1] No exaustivamente mencionado *case*

---

[1] Em outro prisma, pretendia-se a durabilidade do texto constitucional, conforme se depreende da análise de GOEBEL: "That a constitution in the nature of things must embody matter basic to the governing of a polity and that its prescriptions be enduring had become, so to speak, articles of faith and, consequently, chief objectives in the process of constitution-making" (1971, p. 96).

Marbury vs. Madison, imputar-se-á, à Constituição, a inexorável nota de sua supremacia (juntamente com a possibilidade de o Judiciário realizar direta e imediatamente o controle de constitucionalidade dos atos normativos infraconstitucionais, assegurando-se, assim, "concretamente", a referida supremacia da Constituição):

> The constitution is either a superior, paramount law, unchangeable by ordinary means, or it is on a level with ordinary legislative acts, and, like other acts, is alterable when the legislature shall please to alter it.
>
> If the former part of the alternative be true, then a legislative act contrary to the constitution is not law: if the latter part be true, then written constitutions are absurd attempts, on the part of the people, to limit a power in its own nature illimitable.
>
> Certainly all those who have framed written constitutions contemplate them as forming the fundamental and paramount law of the nation, and consequently, the theory of every such government must be, that an act of the legislature, repugnant to the constitution, is void.
>
> This theory is essentially attached to a written constitution, and is, consequently, to be considered, by this court, as one of the fundamental principles of our society. It is not therefore to be lost sight of in the further consideration of this subject.[2]

Desnecessário dizer que o efeito imediato dessa concepção foi a submissão das leis e atos do mundo normativo à verificação de sua compatibilidade com a Constituição, no que se incluiriam todos os códigos. Ato subseqüente, o modelo do Estado legalista entra em crise, com a lei perdendo a sua exclusividade enquanto fonte de produção do Direito.

Na concepção positivista, a Constituição será, doravante, fonte do Direito (constitucional) e também conjunto normativo que disciplina as demais fontes do Direito.

---

[2] Retirado do site: <http://www.law.umkc.edu/faculty/projects/ftrials/conlaw/marbury.html>. Acesso em: 24 dez. 2004.

2 A interpretação conforme a Constituição

Como consectário lógico do princípio da supremacia da constituição, tem-se que a interpretação de toda e qualquer norma, ainda que infraconstitucional, haverá de ter como parâmetro a Constituição. Nesse sentido, Celso Bastos, ao discorrer acerca da inicialidade fundante das normas constitucionais:

> De evidentes implicações a fundamentar o caráter distintivo da interpretação constitucional é o fato de ser a Constituição o fundamento de validade último de todas as demais normas do ordenamento jurídico. Assim, mesmo que se trate de aferir o sentido de uma norma da legislação ordinária, proceder-se-á buscando elementos na Constituição. (BASTOS, 1999, p. 52-53).

Em outras palavras, a Constituição apresentaria um papel de *standard interpretativo*. É nesse sentido que muitos doutrinadores, apressadamente, apresentam a *interpretação conforme* como um método peculiar de interpretação constitucional (cf. BASTOS, 1999, p. 171), inserindo-a dentre as modernas técnicas de interpretação constitucional.

Tal raciocínio apresenta uma dupla falha: a primeira, logo abaixo examinada, residiria em considerar a denominada *interpretação conforme* como um caso puro de interpretação; a outra, analisada mais adiante, está no fato de se associar a *interpretação conforme* à idéia clássica de supremacia constitucional.

3 Onde a interpretação na "interpretação conforme a Constituição"?

A interpretação conforme a Constituição haveria de ser melhor entendida como um método de trabalho desenvolvido dentro da atividade de controle de constitucionalidade, do que como, propriamente, uma mera fórmula interpretativa (cf. TAVARES, 2003, p. 234). Isto porque a sua *ratio* de utilização se dá no Tribunal Constitucional (no caso de controle concentrado) e, até, nos diversos tribunais e instâncias existentes no seio do Poder Judiciário (na hipótese de controle difuso), quando da verificação de eventual (in)constitucionalidade de determinado ato normativo, vale dizer, quando do exercício do que se pode chamar de vertente formal da Justiça Constitucional (TAVARES, 2005). É, assim, uma técnica de decisão da Justiça Constitucional.

Pela *interpretação conforme a Constituição* enfatiza-se a supremacia desta, mas, de outra parte, reconhecem-se a legitimidade das leis e a relevância democrática de sua origem, de forma que sua anulação só venha a materializar-se quando única solução viável, vale dizer, como *medida* impositiva, última *ratio*. Portanto, a decisão que se utilizar desta técnica resultará, formalmente falando, na declaração de constitucionalidade (no Brasil) ou na declaração de não-inconstitucionalidade (como ocorre nos demais países).

Mas como deve ocorrer a utilização desta preciosa técnica?

Primeiramente, há de se dizer que sua utilização parte de um pressuposto kelseniano, qual seja, de que cada enunciado normativo apresenta diversos significados (moldura, cf. KELSEN, 1995, p. 388), e não, apenas, um único, que imporia uma apreciação maniqueísta de sua constitucionalidade, pois não se pode falar, como já observava Savigny (p. 85), que só se demanda interpretação quando houver obscuridade.

Com efeito, cabe ao intérprete (no caso, ao Judiciário) verificar quais significados se encontram inseridos dentro da moldura, que é estipulada pela norma constitucional, e quais se situam fora desta moldura. Desnecessário dizer que há, aí, uma dupla tarefa, qual seja, a de estipular o significado da própria norma constitucional e, posteriormente, o de estipular os diversos significados da norma ordinária.

Ademais das próprias dificuldades que tal tarefa propicia, uma vez que a própria norma constitucional tem como tônica a indeterminação, o que é suficiente para engendrar, portanto, diversas significações, há de se respeitar, quando da realização desta atividade, limites tão ou mais obscuros que os significados resultantes da própria atividade interpretativa. Não há como negar que a tarefa interpretativa, contrariando a idéia constante do positivismo formalista, não é meramente mecânica. Em outras palavras, a interpretação não se afigura, simplesmente, como um ato de conhecimento, mas sim como um irresistível ato de vontade do próprio exegeta. Pela importância que assume a lição nas palavras de um autor como Kelsen, vale a referência:

> A idéia, subjacente à teoria tradicional da interpretação, de que a determinação do ato jurídico a pôr, não realizada pela norma jurídica aplicanda, poderia ser obtida através de qualquer espécie de conhecimento do direito preexistente, é uma auto-ilusão contraditória, pois vai contra o pressuposto da possibilidade de uma interpretação. (KELSEN, 1995, p. 393).

Sem embargo, não se pode admitir um ato de vontade absoluto, desenfreado, ilimitado. Fazê-lo seria trilhar as veredas da mais extremada subjetividade e, conseqüentemente, da insegurança. Nesse sentido, afigura-se essencial estabelecer determinados limites, conforme já dito alhures:

> A técnica, contudo, encontra limites, derivados tanto do âmbito literal da norma quanto da vontade (objetiva) do legislador ao aprovar a lei. Existem, também, limites lógicos ao uso da interpretação conforme a Constituição, não se admitindo que o julgador se substitua ao legislador, fugindo da literalidade da lei. [...] deve-se afastar a utilização desse recurso "quando, em lugar do resultado querido pelo legislador, se obtém uma regulação nova e distinta". (TAVARES, 2003, p. 237).

Em outras palavras, não se pode pretender a inovação plena, quando da atividade exegética, distorcendo, de forma descompromissada e repudiável, o que consta do enunciado normativo escrito. Esta é a lição clássica de Savigny (p. 105), ao afastar os intentos de corrigir o próprio pensamento da lei, por meio da justificativa não-aceitável do valor intrínseco do conteúdo resultante dessa interpretação, que consistiria, como lembra o autor, numa tentativa de corrigir o próprio pensamento do legislador.[3]

No âmbito específico da *interpretação conforme*, valem as ponderações elaboradas por Carlos Ayres Britto, quando de seu voto na ADPF 54, no sentido de que a *interpretação conforme* comporta duas etapas.

Na primeira fase, alcunhada como *pressuposto de admissibilidade*, deve-se promover, única e exclusivamente, a interpretação da lei, justamente para não forçar um conteúdo legal contra o próprio texto da lei.

O desencadear da segunda etapa ou fase processual da *interpretação conforme* está, por sua vez, condicionado ao resultado da fase prévia. O cotejo do texto normativo infraconstitucional com a Constituição, que compõe a etapa derradeira da *interpretação conforme*, somente será cabível se, da atividade exegética da lei (fase inicial), aferir-se, ao menos, duas compreensões dúplices ou plúrimas, não redutíveis a uma e única interpretação. Em outras palavras, na decorrência de um entendimento único ou, até, de entendimentos semelhantes, dever-se-á descartar *interpretação conforme*, em sua fase própria.

Evidentemente que a fragmentação intelectual completa dessa operação é inalcançável, mas a idéia é valida no sentido de alertar para que não se sucumba ao intento de tomar o lugar do legislador, fazendo-o com pretenso suporte na Constituição, o que não é de ser admitido.

---

[3] Consigna-se, aqui, que a idéia de pensamento de Savigny ancora-se naquilo que se chama de interpretação histórica, em que se pretende verificar a intenção do legislador. Sobre esta necessidade, MENDES (1999, p. 282) bem apontou que "A prática demonstra que o Tribunal não confere maior significado à chamada *intenção do legislador*, ou evita investigá-la, se a interpretação conforme a Constituição se mostra possível dentro dos limites da expressão literal do texto".

É nesse sentido que se torna preciso o jogral semântico realizado pelo próprio Ministro, ao entender que a interpretação conforme não foi feita para *conformar* um dispositivo infraconstitucional à norma fundamental, mas, sim, para eliminar uma interpretação que lhe é desconforme.

Deixando de lado os limites a serem observados quando da utilização desta peculiar técnica de decisão, frise-se que a sua realizabilidade tem como fundamento precípuo assegurar a mantença e eficácia do ato normativo dentro do ordenamento jurídico, na medida em que se tem como assente a idéia de que a declaração de inconstitucionalidade, embora seja um profícuo remédio, apresenta-se, porém, repleto de nefastos efeitos colaterais, dentre os quais se poderia, aqui, pinçar o problema do vazio normativo decorrente da expulsão de um ato normativo do sistema, o qual pode ser mais danoso do que a sua própria manutenção, embora eivada de inconstitucionalidade.[4] Assim, a falta de alternativas pode, em muitas situações, compelir o STF a deixar de reconhecer a inconstitucionalidade, como quando a falta da lei (pela declaração de sua nulidade) criaria um vazio normativo insuportável e insuperável (TAVARES, 2003, p. 230).

Por fim, há que se consignar, aqui, que esta técnica, originariamente, foi uma construção jurisprudencial-doutrinária. A "chancela" de legalidade, no Brasil, ocorreu com o advento da Lei nº 9.868, de 10.11.1999, a qual, em seu art. 28, §1º, dispôs expressamente que:

> Art 28. Dentro do prazo de dez dias após o trânsito em julgado da decisão, o Supremo Tribunal Federal fará publicar em seção especial do *Diário da Justiça* e do *Diário Oficial da União* a parte dispositiva do acórdão.

---

[4] É nesse sentido que STRECK (2004, p. 572) bem a alcunha de "mecanismo 'corretivo' da atividade legislativa".

Parágrafo único. A declaração de constitucionalidade ou de inconstitucionalidade, inclusive a *interpretação conforme a Constituição* e a *declaração parcial de inconstitucionalidade sem redução de texto*, têm eficácia contra todos e efeito vinculante em relação aos órgãos do Poder Judiciário e à Administração Pública federal, estadual e municipal.

Há de se atentar para o fato de que o dispositivo em questão menciona dois instrumentos: (i) interpretação conforme a Constituição, e; (ii) declaração parcial de inconstitucionalidade sem redução de texto. Embora ambos apresentem efeitos semelhantes, não se pode considerá-los como sinonímias, como se procura demonstrar.

3.1.1 A interpretação conforme e declaração de inconstitucionalidade sem redução de texto: elementos de distinção

Poder-se-ia considerar, na *interpretação conforme*, embutida outra modalidade, a declaração parcial de inconstitucionalidade, sem redução do texto da norma impugnada. É que na primeira modalidade, conforme foi visto, eliminam-se as interpretações possíveis da norma objeto da ação que sejam incompatíveis com o sentido constitucional, o que a aproximaria, enquanto técnica, da declaração parcial de inconstitucionalidade sem redução de texto. Ademais, ambas produzem eficácia *erga omnes* e efeito vinculante,[5] como se verificou.

Sem embargo, há diferenças entre elas, e a mais importante está na caracterização e nos efeitos da declaração que cada uma dessas modalidades engendra. A interpretação conforme a

---

[5] Que não sofreu um efeito revogatório implícito (como pretende STRECK, 2005, p. 121-122) da EC 45/04. Essas técnicas são próprias da Justiça Constitucional. Se o efeito vinculante está, doravante, constitucionalizado, pelo menos para a ADI e para a ADC (com o esquecimento da ADPF), maiores são os motivos para a incidência do mencionado art. 28, parágrafo único, da Lei nº 9.868/99. Não se pode descurar, especificamente para essa técnica, da *interpretação conforme*, de sua inclinação democrática.

Constituição, embora afaste as interpretações que se situam fora da "moldura" constitucional, não finda por declarar a inconstitucionalidade destas, mas, apenas, por considerar constitucional aqueles sentidos alocados dentro do liame constitucional. Em outras palavras, a resultante desta técnica é a declaração da constitucionalidade do ato normativo.

Na declaração parcial de inconstitucionalidade com nulidade, sem redução do texto, ocorre o contrário. As significações inconstitucionais decorrentes do enunciado normativo são terminantemente afastadas, por inconstitucionalidade. Isto é, declara-se a inconstitucionalidade, sem que, contudo, o enunciado normativo sofra qualquer alteração formal, exógena.

Em outros termos, a interpretação conforme a Constituição tem em sua mira as leituras possíveis do enunciado textual, afastando aquelas consideradas incompatíveis com a Constituição (esta, da mesma forma e previamente, interpretada). Daí que a decisão da Justiça Constitucional tenha de ser a de manter referido enunciado. Na declaração parcial de inconstitucionalidade sem redução de texto, ao contrário, trata-se da incompatibilidade com a Constituição de uma hipótese de aplicação (*Anwendungsfälle*) contida no texto (não em sua interpretação). É dizer, há uma referibilidade expressa do texto que padece de inconstitucionalidade. Daí que o afastamento não seja de uma interpretação, mas sim de um dos casos hipotéticos referidos pelo texto, o que demanda a declaração de inconstitucionalidade, e não de constitucionalidade (cf., nesse sentido: MENDES, 2000, p. 54-55).

A diferença, certamente, é sutil. Em termos práticos, a diferença residiria no resultado do controle de inconstitucionalidade. Em uma eventual ação direita de inconstitucionalidade, se se adotasse a interpretação conforme a Constituição, ter-se-ia a declaração de sua improcedência. Já, no caso da declaração parcial de inconstitucionalidade sem redução de texto, ter-se-ia a procedência parcial da ação direta de inconstitucionalidade.

Nada obstante, a debilidade da diferença faz-se sentir nas decisões do STF, nas quais, por vezes, se aglutinam ambos os instrumentos. A título exemplificativo, veja-se a ADIn nº 2.652:

> Ação Direta de Inconstitucionalidade julgada procedente para, sem redução de texto, dar interpretação ao parágrafo único do artigo 14 do Código de Processo Civil conforme a Constituição e declarar que a ressalva contida na parte inicial deste artigo alcança todos os advogados, com esse título atuando em juízo, independentemente de estarem sujeitos também a outros regimes jurídicos.[6]

4 A correlação entre supremacia da Constituição e a interpretação conforme: ponderações contemporâneas

A idéia da supremacia da Constituição, não apenas em sua formalidade, mas também enquanto uma carta norteadora dos valores do Estado ("neoconstitucionalismo"), apresenta como contraparte a existência de um guardião, de um órgão responsável pela realização do controle de constitucionalidade (o *judicial review* norte-americano ou o defensor da Constituição nos moldes austríacos).

A decantada natureza rígida de um texto não é suficiente, por si só, para assegurar a uma mera folha de papel o seu trono normativo autoprometido. Demanda-se, salutarmente, a existência de um órgão que seja capaz de reforçar a idéia de supremacia, atuando como um preciso fármaco contra corpos indesejáveis do sistema normativo.

É nesse sentido que se pode falar em uma consubstancialidade entre supremacia da constituição e controle de constitucionalidade. Apartado um do outro, tornam-se, isoladamente, corpos desfigurados, estéreis. No máximo, meras elucubrações teóricas a servir para uma especulação confusa e imprópria.

---

[6] Ministro Relator Maurício Correa, *DJ* de 08.05.2003.

O devir histórico, porém, trouxe questionamentos a este binômio *supremacia-controle*. A violência com que se dá o extirpamento de um corpo legal eivado de inconstitucionalidade do sistema jurídico, por vezes, é tão ou mais nefasta à saúde jurídica do que a sua manutenção.

Se não bastasse esta constatação, hodiernamente, há um levante acadêmico, quiçá ocidental, contra o exercício do controle de constitucionalidade e, por conseguinte, à idéia de supremacia da Constituição.

A bem da verdade, este levante, em via de regra, dirige-se contra os "heréticos" Tribunais Constitucionais, cuja atuação, forma de composição, em muito destoam da sistemática democrática (Cf. TUSHNET, 1999, p. 194).[7]

Contudo, não se pode desconsiderar uma crítica recorrente à própria idéia de Constituição e sua rigidez, a qual constrangeria as gerações futuras à vontade das passadas, responsáveis (estas) pela elaboração da Constituição (Cf. PAINE, s.d., p. 42).[8] Autores há que conclamam pela volta da *dignidade da legislação*, ainda que esta seja circunstancial, como Jeremy Waldron (2003, p. 5):

---

[7] "Some think that the Supreme Court's elaboration of constitutional law has given us a rich vocabulary of practical political philosophy. It has not. It may have given the Supreme Court and some constitutional lawyers such a vocabulary. The populist constitutionalist believes that the public generally should participate in shaping constitutional law more directly and openly. The Declaration of Independence and the Preamble to the Constitution give all of us that opportunity. As Lincoln said, the Constitution belongs to the people. Perhaps it is time for us to reclaim it from the courts."

[8] "The vanity and presumption of governing beyond the grave, is the most ridiculous and insolent of all tyrannies. Man has no property in man; neither has any generation a property in the generations which are to follow. The parliament or the people of 1688, or of any other period, has no more right to dispose of the people of the present day, or to bind or to control them *in any shape whatever*, than the parliament or the people of the present day have to dispose of, bind or control those who are to live a hundred or a thousand years hence. Every generation is, and must be, competent to all the purposes which its occasions require. It is the living, and not the dead, that are to be accommodated. When man ceases to be, his power and his want cease with him; and having no longer any participation in the concerns of this world, he has no longer any authority in directing who shall be its governors, or how its government shall be organized, or how administered."

O pensamento parece ser que os tribunais, com suas perucas e cerimônias, seus volumes encadernados em couro e seu relativo isolamento ante a política partidária, sejam um local mais adequado para solucionar questões desse caráter.

Não estou convencido disso; mas não é minha intenção argumentar aqui contra a revisão judicial da legislação. Penso que é imperativo, porém, que tal reforma não seja empreendida sem uma percepção clara do que é valioso e importante na idéia de uma legislatura e da dignidade e autoridade que a legislação pode angariar.

Evidentemente que a assunção de uma teoria que afaste por completo os tribunais constitucionais deverá passar pela construção, necessária, de uma nova teoria da Constituição, que ofereça respostas satisfatórias aos princípios constitucionais (valores sociais básicos), à inércia legislativa e, sobretudo, às minorias.

No bojo desta panela de pressão, surgem, então, as modernas técnicas de decisão no controle de constitucionalidade, dentre as quais se apresenta como a de maior importância, a interpretação conforme a Constituição. Sua função é, propriamente, a de um mediador, permitindo uma convivência entre a Constituição e a legislação. Entre o elemento supostamente[9] rígido e o inovador.

Supera-se, aqui, portanto, uma idéia deveras leviana de que as modernas formas, quer sejam de interpretação quer sejam de decisão, nada mais seriam do que singelas saliências do controle de constitucionalidade. Em outras palavras, decorrências naturais deste processo de revisão judicial, que assim carregariam todas as mazelas a este processo atribuídas.

Muito pelo contrário. Trata-se de um elemento equacionador das novéis pressões produzidas pela sociedade jurídica, insatisfeita com as sendas que a clássica teoria da Constituição

---

[9] Utiliza-se, aqui, *supostamente*, porquanto a natureza das normas constitucionais, em tese, é aberta, mutável (trata-se da idéia de *living Constitution* ou Constituição viva).

e do controle de constitucionalidade trilharam. Daí o termo moderno, que não guarda relação com um critério cronológico, mas sim com uma mudança paradigmática.

Nesse sentido, a *interpretação conforme* atua como um arrimo da idéia de supremacia da Constituição, pois, se não agrada, plenamente, aos oposicionistas, é capaz de manter uma sobrevida à idéia da supremacia da Constituição.

5 Conclusões na esteira da constitucionalização (informal) do Direito

Como já foi mencionado, a *interpretação conforme* apresenta uma função mediadora, pois permite que a concepção da supremacia constitucional conviva harmoniosamente com a legislação democraticamente forjada.

Verifica-se que a técnica da interpretação conforme a Constituição promove, parcialmente, o fenômeno da constitucionalização do Direito. Evidentemente que não em sua versão "formal", de incorporação das mais variadas regras jurídicas ao corpo físico da Constituição. O que ocorre é a versão indireta dessa constitucionalização, pela qual o STF "emprega" orientações constitucionais para fazer vigentes e eficazes os atos normativos editados pelo legislador.

Com isso a Constituição, longe de passar impune, fica também comprometida com o significado atribuído ao ato normativo. Surge (é firmada) no conjunto normativo constitucional uma orientação específica para o ato normativo infraconstitucional. Esse fenômeno, portanto, está a demandar uma atenção maior por parte da doutrina. Parte do pressuposto de que qualquer operação de controle de constitucionalidade passa previamente pelo controle da Constituição (desenvolvimento de seu significado). Em outras palavras, a interpretação conforme a Constituição é uma "via de mão dupla", que acaba por compromissar e comprometer sentidos e significados possíveis de uma Constituição, numa tarefa que, aparentemente, seria relacionada apenas à legislação infraconstitucional. Portanto, não se pode correr o risco de "forçar" uma interpretação da Constituição para adequar a lei (técnica que não seria de salvamento desta, mas de derrocada daquela), sob pena de promover a indesejável interpretação da Constituição conforme a lei.

Bibliografia

BASTOS, Celso Ribeiro. *Hermenêutica e interpretação constitucional*. 2. ed. São Paulo: Celso Bastos Editor, 1999.

BODENHEIMER, Edgar. *Teoria del derecho*. 2. ed. México: FCE, 1994.

FASSÓ, Guido. Jusnaturalismo. In: BOBBIO, Norberto et al. *Dicionário de política*. Trad. Carmen C. Varriale, Gaetano Lo Mônaco, João Ferreira e Luís Pinto Caçais. 5. ed. Brasília: UNB, 1986.

FERRAZ JÚNIOR, Tércio Sampaio. *Introdução ao estudo do direito*. 3. ed. São Paulo: Atlas, 2001.

GILISSEN, John. *Introdução histórica ao direito*. 3. ed. Lisboa: Fundação Calouste Gulbenkian, 2001.

GOEBEL JUNIOR, Julius. *History of the Supreme Court of the United States*: antecedents and beginnings to 1801. New York: Macmillan Company, 1971. v. 1.

HART, Herbert L. A. *O conceito de direito*. 2. ed. Lisboa: Fundação Calouste Gulbenkian, 1994.

KELSEN, Hans. *Teoria pura do direito*. Trad. A. Ribeiro Mendes. 4. ed. 1. reimp. São Paulo: Martins Fontes, 1995.

KIRCHMANN, Julio Germán Von. El carácter a-científico de la llamada ciencia del derecho. In: SAVIGNY, Friedrich Karl Von et al. *La ciencia del derecho*. Buenos Aires: Editorial Losada, [s.d.]. p. 251-286.

MENDES, Gilmar Ferreira. *Jurisdição constitucional*: controle abstrato de normas no Brasil e na Alemanha. 3. ed. São Paulo: Saraiva, 1999.

MENDES, Gilmar Ferreira. *Moreira Alves e o controle de constitucionalidade no Brasil*. São Paulo: Celso Bastos Editor, 2000.

PADOVER, Saul K. *A Constituição viva dos Estados Unidos*: história, texto, retratos dos segnatários. Trad. A. Della Nina. São Paulo: IBRASA, 1964.

PAINE, Thomas. *Rights of man*: being an answer to Mr. Burke' attack on the french revolution. New York: Penguin Books, [s. d.].

SAVIGNY, Friedrich Karl Von. Interpretación de las leyes. In: SAVIGNY, Friedrich Karl Von et al. *La ciencia del derecho*. Buenos Aires: Editorial Losada, [s.d.]. p. 77-105.

STRECK, Lênio Luiz. In: AGRA, Walber de Moura et al. (Coord.). *Comentários à reforma do poder judiciário*. Rio de Janeiro: Forense, 2005.

STRECK, Lênio Luiz. *Jurisdição constitucional e hermenêutica*: uma nova crítica ao Estado. 2. ed. Rio de Janeiro: Forense, 2004.

TAVARES, André Ramos. *Curso de direito constitucional*. 5. ed. São Paulo: Saraiva, 2007.

TAVARES, André Ramos. *Reforma do judiciário no Brasil pós-88*: (des)estruturando a justiça: comentários completos à emenda constitucional n. 45/04. São Paulo: Saraiva, 2005.

TAVARES, André Ramos. *Teoria da justiça constitucional*. São Paulo: Saraiva, 2005.

TUSHNET, Mark. *Taking the Constitution away from the Courts*. Princeton: Princeton University Press, 1999.

WALDRON, Jeremy. *A dignidade da Legislação*. Trad. Luís Carlos Borges São Paulo: Martins Fontes, 2003.

Informação bibliográfica deste texto, conforme a NBR 6023:2002 da Associação Brasileira de Normas Técnicas (ABNT):

TAVARES, André Ramos. A Constituição como suporte interpretativo das leis e códigos: o caso da interpretação conforme a Constituição. In: BORGES, Roxana Cardoso Brasileiro; CASTRO, Celso Luiz Braga de; AGRA, Walber de Moura (Coord.). *Novas perspectivas do Direito Privado*. Belo Horizonte: Fórum, 2008. p. 81-95. ISBN 978-85-7700-181-1.

Os novos contornos do instituto proprietário. A função social dos direitos autorais. (In)acesso *versus* funcionalização

Jane Piñeiro G. de Azevedo

Sumário: **1** Breve intróito - **2** A propriedade intelectual - **2.1** Os direitos autorais - **3** Função social e propriedade - **3.1** Constitucionalização do Direito Civil – breves considerações - **3.2** A função social e a pluralidade de propriedades - **3.3** A função social e os direitos autorais - **4** Conclusão - Referências

1 Breve intróito

O ânimo de propriedade, na acepção de delimitar os espaços de sobrevivência e reprodução da espécie, esteve presente nas sociedades desde os tempos mais remotos, ganhando espaço com o decurso do processo civilizatório, à medida que surgiam organizações sociais mais complexas. Ao decorrer da história e do desenvolvimento econômico e social, a propriedade assumiu os mais variados aspectos, desde os mais primitivos, nos quais abarcava somente os bens materiais, até os mais complexos, passando a incorporar tantos os bens materiais, quanto aqueles despidos de existência material.

Dessa forma, embora a concepção clássica de propriedade — decorrente do entendimento econômico de uma época pré-industrial — admita como objeto de apropriação tão somente aqueles bens possuidores de existência física, com todo o desenvolvimento decorrente da revolução industrial, na qual foram desenvolvidas e dominadas sofisticadas técnicas de produção, mormente com a incorporação da ciência nesse processo criativo, fizeram-se necessárias regulamentações específicas que possibilitassem a disciplina jurídica desses bens imateriais, novos integrantes do conceito de propriedade.

Nesse panorama, o direito de propriedade assume sua forma efetivamente moderna, adequada ao novo mundo — formado por anseios capitalistas — assegurando o domínio sobre todas as possibilidades de criação valoráveis economicamente. Assim, após os avanços da telecomunicação e da informática vivenciados pela sociedade mundial, quando a transmissão de conhecimentos tornou-se cada vez mais rápida, as bases mundiais modificaram-se, de modo ao conhecimento se tornar o valor mais importante da sociedade contemporânea.

Vive-se, atualmente, a chamada "Era da Informação" ou do "Conhecimento", que revolucionou as estruturas, criando novos padrões sociais e redirecionando a economia que deixou de ter seu foco centrado na propriedade material, passando-se à valorização do produto do intelecto humano.

Diante desse caráter multifacetário assumido pelo conceito de propriedade, pode-se identificar a (propriedade) intelectual, enquanto modalidade proprietária específica, gerada pelo contexto capitalista de desenvolvimento econômico-social, tendo como espécies a propriedade autoral e a propriedade industrial.

O direito autoral, como espécie do gênero propriedade intelectual, nasceu como forma de proteção às criações do intelecto humano, existindo em razão de ser o criador intelectual proprietário das obras que produz. A tutela dos direitos do autor refere-se a dois distintos aspectos: os direitos morais do autor, consistentes no aspecto intelectual e espiritual, que emana da personalidade psíquica do autor, e os direitos patrimoniais, relativos à utilização econômica da criação, verificável mediante sua publicação, difusão, tradução e reprodução.

Em sua face filosófica, a propriedade é ampla, irrestrita e incondicional, contudo o seu real exercício está condicionado à prévia regulamentação estatal, de modo a sofrer limitações através das manifestações do Estado, visando condicionar as diversas situações relativas não só ao seu exercício, mas também à sua destinação e utilização. Assim é que a própria Constituição Federal que, em seu art. 5º, inciso XXII, assegura o direito de propriedade, estabeleceu no inciso XXIII, do supracitado artigo, o condicionamento desse direito à sua função social.

Nessa esteira, o escopo deste artigo é demonstrar que o direito autoral, enquanto manifestação proprietária, está necessariamente sujeito aos limites traçados pela Carta Magna, de modo ao seu exercício ficar inexoravelmente ligado a uma função social, apresentando-se descabidos e inconstitucionais os excessos obstacularizadores ao acesso à cultura vivenciados pelo atual corpo social.

Far-se-á, destarte, um estudo que perpassa pela demonstração do caráter multifacetário da propriedade, bem como da definição da função social como o próprio conteúdo da propriedade e não como seu limite.

2 A propriedade intelectual

Ao longo do processo de desenvolvimento econômico-social, a propriedade assumiu as feições mais variadas, desde a sua manifestação nas fases mais primitivas, com a apropriação de bens ligados à terra, até as formas mais complexas nas quais são apropriáveis, inclusive, bens e valores despidos de existência tangível.

Com a aceleração do processo informacional e o desenvolvimento da economia capitalista industrial, mostrou-se imperiosa a criação de novas modalidades proprietárias, dentre as quais destaca-se a propriedade intelectual. Tal necessidade se operou principalmente a partir da Revolução industrial, quando a evolução tecnológica permitiu a reprodução em série de produtos comercializáveis.

Note-se, contudo, que apesar da propriedade imaterial ter adquirido destaque a partir de 1850 — com a Revolução Industrial —, essa instituição enquanto produto do intelecto do homem, não tem sua origem ligada aos tempos mais próximos, advindo em realidade desde primórdios da humanidade e manifestando-se, à época, através da modificação da natureza pelo homem, de modo a atender suas necessidades.

A esse respeito, Patrícia Aurélia Del Nero[1] enfatiza que, desde a ação do primeiro machado aos computadores de terceira geração e às naves-sonda interplanetárias, verifica-se o mesmo e único fenômeno de subjugação da natureza pelo homem, compondo todos o universo de instrumentos que o homem colocou à sua disposição em decorrência da aplicação de sua capacidade criativa ao campo da técnica.

Paralelamente à descoberta de técnicas ligadas à necessidade de sobrevivência, tem-se o desenvolvimento do chamado senso estético, o qual se traduziu na arte e exteriorização da capacidade criativa, ressaltando-se neste contexto de atividade artística as pinturas rupestres — linguagem materializada através de desenhos nas cavernas. Surge, assim, a propriedade intelectual

---

[1] DEL NERO. *Propriedade intelectual*: a tutela jurídica da biotecnologia, p. 36.

que pode ser entendida como produto do intelecto do homem, seja através da técnica, originando a propriedade industrial, seja por meio do senso estético, dando vazão à propriedade autoral.

Contudo, em que pese sua origem remota, foi no seio da sociedade capitalista que tal modelo proprietário ganhou força.[2] Assim, a propriedade intelectual (imaterial) é o gênero do qual são espécies a propriedade industrial e os direitos autorais.

Tem-se, portanto, que duas são as modalidades de propriedade intelectual: a propriedade industrial e os direitos autorais. Enquanto esta se volta ao mundo interior, da subjetividade humana (senso estético), aquela se direciona ao mundo exterior, das coisas (técnica).

Nesse sentido, a propriedade intelectual pode ser entendida como produto do intelecto do homem, seja através da técnica, originando a propriedade industrial, seja por meio do senso estético, dando vazão à propriedade autoral.

Ressalta-se que em razão do tema a ser tratado neste artigo, apenas a propriedade autoral será analisada a partir deste momento, mostrando-se desnecessária a abordagem acerca da propriedade industrial.

2.1 Os direitos autorais

Passando-se à analise do direito autoral, este existe em razão de ser o criador intelectual proprietário das obras que produz.

---

[2] A esse respeito, Patrícia Aurélia Del Nero assevera que com os avanços tecnológicos, sobretudo na sociedade capitalista moderna, com a Revolução Industrial, o advento do fordismo e do taylorismo e outros movimentos, que revolucionaram o processo de divisão e especialização do trabalho e da administração, e com a produção de bens em escala industrial, padronizados e elaborados em velocidade acelerada, o direito de propriedade é desafiado a abarcar um novo conjunto e contexto de relações econômicas e sociais. Torna-se, portanto, necessária a implementação de regras que abarquem esse novo contexto e que visem à proteção aos diferentes processos produtivos nesse mercado competitivo e cada vez mais globalizado. Surge assim, a necessidade de proteção de uma nova categoria de bens econômicos: os bens de natureza imaterial ou incorpórea, passíveis de apropriação por parte da empresa.

Embora a crítica de muitos autores, hostilizando a inserção da matéria no universo proprietário, não se pode negar a valorização econômica incidente sobre as manifestações do intelecto.

Atualmente não mais é admissível a noção do direito autoral como um instituto puramente proprietário. Hoje, se sabe que tal direito, além de um cunho patrimonial de há muito reconhecido, perpassa por um aspecto diretamente ligado à personalidade humana, residindo nesse tocante os seus direitos morais.

Assim, o autor, que, de acordo com o art. 11 da Lei nº 9.610/98, é toda pessoa física criadora de obra literária, artística e científica, possui tanto direitos patrimoniais quanto morais em relação ao produto do seu intelecto.

No que se refere aos direitos morais, Carlos Alberto Bittar[3] os qualifica como sendo a expressão do espírito criador da pessoa, como emanação da personalidade do homem na condição de autor de obra intelectual estética.

Dessa forma, percebe-se que a faceta moral dos direitos autorais é utilizada para designar o aspecto pessoal que liga o autor à sua criação — direito da personalidade. Em sendo a obra intelectual fruto do intelecto do homem, do seu pensamento, nada mais justo que lhe sejam concedidas prerrogativas para a defesa daquilo que produziu.

Rumando para a compreensão dos direitos patrimoniais do autor, pode-se afirmar serem os mesmos referentes à utilização econômica da criação, advindo de quaisquer meios e/ou processos de aproveitamento da obra.[4]

---

[3] BITTAR. *contornos atuais do direito do autor*, p. 33-35.

[4] Nessa esteira, Arnaldo Rizzardo esclarece que os direitos patrimoniais do autor são aqueles que dizem respeito aos resultados econômicos da obra, assegurados ao autor. Advêm eles da reprodução e da comunicação do trabalho intelectual ao público. Com isso, possibilita-se ao criador auferir os proventos econômicos compensatórios de seu esforço.

Em relação a estes, a Constituição da República Federativa do Brasil, no seu art. 5º, XXVII e XXVIII,[5] assegurou aos autores o controle e proveito da exteriorização da sua produção intelectual, estabelecendo um monopólio sob o aspecto patrimonial desses bens, de modo a nesse aspecto residir o conteúdo proprietário dos direitos autorais.

Apesar disso, ainda não é unânime a doutrina na defesa do caráter patrimonial desse direito.

Dessa forma, enquanto alguns autores[6] se posicionam contra a natureza de propriedade dos direitos patrimoniais do autor, a maioria entende pela compatibilidade do direito de propriedade com aquele, o que inclusive foi reforçado pela Lei nº 9.610, que no seu artigo 28[7] traz para o campo autoral as prerrogativas do direito de propriedade. Nesse sentido encontram-se Allan

---

[5] Art. 5º. [...]:
XXVII – aos autores pertence o direito exclusivo de utilização, publicação ou reprodução de suas obras, transmissível aos herdeiros pelo tempo que a lei fixar;
XXVIII – são assegurados, nos termos da lei:
a) a proteção às participações individuais em obras coletivas e à reprodução da imagem e da voz humanas, inclusive nas atividades desportivas;
b) o direito de fiscalização do aproveitamento econômico das obras que criarem ou se que participarem aos criadores, aos intérpretes e às respectivas representações sindicais e associativas.

[6] Carlos Fernando Mathias de Souza traz posicionamento de Milton Fernandes, o qual afirma que o criador da obra de engenho se põe diante dela da mesma maneira como o proprietário de coisa material. [...] A relação entre sujeito e objeto é idêntica nas duas situações. Entretanto, a diferença entre o direito do autor e a propriedade se inicial pelos modos de aquisição. Aquele só se alcança pela criação da obra originariamente, os modos derivados de aquisição, como os contratos fé edição, de utilização pública e a desapropriação, igualmente diferem. Outra e talvez a maior objeção à teoria em estudo é que não implica o direito moral, que permanece com o autor, mesmo depois de cedido o direito de reprodução da obra. Quem tem a propriedade da coisa material a subtrai ao gozo comum. O titular do direito do autor nada retira à comunidade, antes, oferece-lhe novo meio de entretenimento, a ser usado com as ressalvas legais. A propriedade comum é perpétua, enquanto o direito do autor tem duração limitada.

[7] Art. 28. Cabe ao autor o direito exclusivo de utilizar, fruir e dispor da obra literária, artística ou científica.

Rocha de Souza[8] e Arnaldo Rizzardo,[9] que defendem os direitos patrimoniais do autor como propriedade.

Ainda na defesa da compreensão dos direitos patrimoniais do autor como um verdadeiro direito da propriedade, veja-se a lição de Denis Borges Barbosa:[10]

> As características econômicas da propriedade serão, assim, o controle sobre o bem (inclusive o bem-serviço ou o bem-oportunidade), e a possibilidade de excluir a utilização por outrem. Mas a tradição tem reservado a palavra "propriedade" ao controle sobre coisas, ou bens tangíveis; por uma extensão relativamente moderna, admite-se falar de propriedade intelectual, propriedade industrial, propriedade comercial, etc., para descrever direitos exercidos com relação a certos bens intangíveis.

Nota-se que essa abordagem se coaduna com o caráter plúrimo assumido pela propriedade, abarcando uma gama de bens cada vez mais ampla — tanto materiais quanto aquelas despidas de existência tangível, não havendo mais que se ter dúvida acerca dos direitos patrimoniais do autor se constituírem uma modalidade proprietária.

3 Função social e propriedade

3.1 Constitucionalização do Direito Civil – breves considerações

Antes de realmente adentrar no cerne da função social das propriedades, cumpre chamar atenção para o processo de

---

[8] Em razão do conteúdo proprietário destes direitos, a proteção autoral patrimonial é reiterada pelo inciso XXII. Artigo 5º, que estabelece que "é garantido o direito de propriedade", Quando trata de garantir um direito reitera a posição estabelecida no caput deste mesmo artigo 5º, que afirma a inviolabilidade da propriedade. O alcance desta proteção alcança "o conjunto de toda patrimonialidade", pois o "direito de propriedade é todo e qualquer direito patrimonial, sendo irrelevante o fato de incidir — ou não incidir — sobre bem corpóreo, incorpóreo, direito real". Neste caso, não há como deixar de recepcionar este inciso constitucional como incidente sobre os aspectos patrimoniais dos direitos autorais.

[9] Como se nota, afirmado se encontra o direito de propriedade por um e outro diploma legal.

[10] BARBOSA. *Uma introdução à propriedade*, p. 19.

constitucionalização do Direito Civil, o qual subverteu toda a ótica oitocentista, antes predominante, culminando na perda de centralidade pelo Código Civil, e assunção pela Constituição Federal do vértice axiológico de todo o ordenamento jurídico.

É que, com os movimentos sociais e o processo de industrialização crescentes do século XIX, aliados às vicissitudes mercadológicas e à agitação popular, intensificados pela Primeira Grande Guerra, o quadro desenhado pelo individualismo oitocentista começa a ser redefinido na Europa no começo do Século XX, chegando ao Brasil a partir da década de 30, através da limitação à autonomia privada pela ingerência estatal.

Diante do surgimento de novas demandas sociais, não tratadas no corpo do Código Civil de 1916, o Estado Legislador, percebendo a instabilidade social, começa a operar o que culminou na elaboração de leis extracodificadas.

Tal situação que antes era excepcional, diante do constante surgimento de novos conflitos sociais não dirimidos pelas regras codificadas, começou a ser alterada, de modo que aquelas leis extravagantes, antes eventuais, agora — a partir dos anos 30, no Brasil — passaram a constituir um contingente robusto, afetando a completude monolítica do Código Civil.

Percebe-se assim o surgimento de diversos microssistemas autônomos — Código de Defesa do Consumidor, Estatuto da Criança e do Adolescente, etc. — que direcionados à regulamentação dos novos institutos, surgidos com a evolução econômica, apresentavam característica de especialização, formando um direito especial, paralelo ao direito comum contemplado pelo Código Civil. Ocorria, assim, o fenômeno da descodificação do Direito Civil.

O Código Civil passa, portanto, a ter uma função meramente residual, aplicável apenas em relação às matérias não reguladas pelas leis especiais.

Contudo, não deve se entender que o surgimento dos microssistemas jurídicos implicou na total fragmentação do ordenamento, a ponto de se admitir a existência de universos legislativos isolados, sob a égide de princípios e valores díspares já que, diante da nova realidade constitucional, trazida pela Carta Magna de 1988, todo o tecido civilista deve ser compreendido dentro dessa nova principiologia, deslocando para a tábua axiológica da Constituição o ponto de referência antes localizado no Código Civil.

Assim, mostrou-se imperativa uma nova compreensão do Direito Civil, através dos novos valores e da legalidade constitucional, de modo a estabelecer a Constituição Federal como a nova tábua axiológica, informando com princípios e normas as relações privadas e reunificando o sistema civilista através das suas vigas de sustentação.

A supremacia da norma constitucional, portanto, é inquestionável. A hierarquia das fontes não responde apenas a uma expressão de certeza formal do ordenamento para resolver os conflitos entre as normas emanadas por diversas fontes; é inspirada, sobretudo, em uma lógica substancial, isto é, nos valores e na conformidade com a filosofia de vida presente no modelo constitucional.[11]

Frise-se que entender de forma diversa, assegurando ao Código Civil a centralização do ordenamento, implicaria em verdadeira subversão hermenêutica.

Dessa forma, com a determinação constitucional de que o direito, a partir de então, fosse pautado nos princípios trazidos pela Carta Magna, o Direito Civil precisou necessariamente ser repersonalizado já que seus valores individuais e patrimonialistas não mais sobreviviam diante do cunho transindividual e antropocêntrico adotado pela Constituição.

---

[11] PERLINGIERI. *Perfis do direito civil*: introdução ao direito civil constitucional, p. 9.

Com a despatrimonialização do Direito Civil, institutos como a propriedade e o contrato foram perdendo espaço nessa nova ordem social instaurada e pautada na procura da Justiça social, na dignidade e bem-estar do homem.

Não se deve, contudo, entender que houve a retirada de tais institutos do ordenamento, mas sim que, diante dessa última visão constitucional, eles passaram a desempenhar um papel mediador, sempre de acordo com a função social, estabelecida pela ideologia antropocêntrica, e respeitando a dignidade do ser humano, a solidariedade e a justiça social.

Assim, com a centralização jurídica em torno da constituição que, como tábua axiológica do sistema passou a condicionar toda legislação infraconstitucional e, portanto, o Código Civil, mostrou-se necessário a criação de um novo código, tendo em vista a total discrepância valorativa do então vigente — Código Civil de 1916 — com os ditames constitucionais.

É que não mais era compatível com a sociedade pós-constituição de 1988 o individualismo dominante no Código de Beviláqua, que demonstrava toda a lógica proprietária regente das relações privadas advindas do Código Napoleônico.

Diante desse panorama, em 11 de janeiro de 2002, foi promulgado o "novo" Código Civil, que apenas entrou em vigor um ano após a sua promulgação, em 11 de janeiro de 2003, estando esta codificação impregnada dos princípios da Constituição Cidadã, tendo como pilares fundamentais a eticidade, a socialidade e a operabilidade.

3.2 A função social e a pluralidade de propriedades

Ante o projeto socionormativo consubstanciado na dignidade da pessoa humana, todos os elementos do sistema jurídico foram direcionados para persecução dos fins sociais. A propriedade, enquanto integrante do mundo jurídico, também foi obrigada a adequar-se, o que foi operacionalizado pela função social.

Como conseqüência desse processo, no atual modelo em que diversas são as manifestações proprietárias, não há como defender a existência de uma função social da propriedade, mas sim, funções sociais de diversas propriedades, visto que, com a evolução do direito proprietário para abarcar tudo aquilo que detenha valor econômico, a incidência da função social não encontra justificativa fático-jurídica apenas sob alguns bens, devendo recair sobre qualquer propriedade, variando apenas em dimensão, conforme a sua utilidade.[12]

Levando em consideração essa assertiva, foi que a Constituição Federal, ao estabelecer que a propriedade atenderá a sua função social — art. 5º, XXIII — não delimitou a sua abrangência, de modo que deverá ser aplicada, nessa realidade, a regra de hermenêutica, segundo a qual, onde o legislador não distinguiu, não cabe ao intérprete fazê-lo. Logo, toda e qualquer propriedade estará condicionada ao cumprimento da sua função social.

Aqui, cabe lembrar que a função social foi inserida no corpo normativo como uma cláusula geral, sendo a sua redação propositadamente lacunosa e vaga, isto é, com grande abertura semântica, o que possibilita o seu ajuste ao influxo contínuo dos valores sociais e, conseqüentemente, a sua constante atualização.

Se a função social foi assim instituída — como um princípio geral direcionado à persecução dos anseios sociais — a sua não-aplicação, aos mais variados modelos proprietários, significaria retirar a finalidade que o legislador lhe procurou conferir, porquanto não se afigura compatível com o princípio da dignidade do ser humano a idéia de certos bens precisarem cumprir uma função social, enquanto outros continuariam sendo

---

[12] Nessa linha de raciocínio, Cristiano Chaves de Farias e Nelson Rosenvald comentam que se no estado fluido da pós-modernidade a propriedade é ampliada em diversas propriedades, a função social também se avoluma, ultrapassando o estágio primário do direito das coisas, incidindo atualmente em toda e qualquer relação jurídica patrimonial.

utilizados exclusivamente de acordo com o arbítrio do seu titular, contrariando, inclusive, a noção de unidade da ordem jurídica.

Dessas constatações, percebe-se que a função social deve ser entendida como núcleo duro, constante em toda e qualquer propriedade, representando, assim, o elo de unidade das propriedades.

Através dessa ótica, a propriedade não mais pode ser entendida como um direito absoluto, sendo este o posicionamento adotado pelos Tribunais pátrios.[13]

Por esse aporte, enquanto a função social apresenta-se como elemento inflexível da propriedade, as faculdades atinentes à sua estrutura — direito de usar, gozar, dispor e de reavê-la do poder de quem quer que injustamente a detenha — são passíveis de mitigação através de normas que estabeleçam o direito de vizinhança, possibilidade de desapropriação pelo poder público, vedação ao abuso de direito e o direito a usucapião.

Uma coisa, contudo — função social —, não se confunde com a outra — limitação ao direito de propriedade — já que, enquanto esta pode ser estabelecida através de atos de vontade, disposições legais e até mesmo por inércia do titular, como acontece com a usucapião, aquela função social, não pode ser afastada nem mesmo por lei já que, como princípio, sua aplicabilidade é imediata.[14]

---

[13] EMENTA: CONSTITUCIONAL, ADMINISTRATIVO E AMBIENTAL. AÇÃO CIVIL PÚBLICA. LIMITAÇÕES CONSTITUCIONAIS AO DIREITO DE PROPRIEDADE. MEIO AMBIENTE. PROTEÇÃO. O direito de propriedade, conquanto consagrado como direito fundamental no art. 5°, *caput*, da Constituição Federal, não é absoluto. Só será legitimado pela ordem jurídica se estiver em harmonia com as limitações constitucionais (*função social da propriedade*, proteção ao meio ambiente, direito à saúde e política de desenvolvimento urbano). AGRAVO PROVIDO. (Agravo de Instrumento n° 70016021024, Vigésima Segunda Câmara Cível, Tribunal de Justiça do RS, Relator: Mara Larsen Chechi, Julgado em 26.10.2006).

[14] EMENTA: APELAÇÃO. PEDIDO DE CANCELAMENTO DE GRAVAMES. CLÁUSULAS DE INALIENABILIDADE, IMPENHORABILIDADE E INCOMUNICABILIDADE. LOCAL DO IMÓVEL LEGADO DISTANTE DO DOMICÍLIO DOS DONATÁRIOS. AUSÊNCIA DE JUSTIFICATIVA NO ATO. CC ART. 1848. Admite-se o cancelamento dos gravames de

É dessa inafastabilidade que se conclui ser a função social o elemento de união das variadas modalidades proprietárias, sendo dirigida a todos os bens, sejam eles móveis, imóveis, corpóreos ou incorpóreos, de produção ou de consumo.

Por esse diapasão, Gustavo Tepedino[15] indica que a função social da propriedade terá necessariamente uma configuração flexível, modificando-se de estatuto para estatuto, sempre em conformidade com os preceitos constitucionais e com a concreta regulamentação dos interesses em jogo.

Isso significa que a função social variará conforme o objeto proprietário incidente e de acordo com as utilidades que o mesmo possa proporcionar à coletividade, sendo sempre preservadas as determinações constitucionais, como a proteção ao meio ambiente, o direito à educação e cultura, dentre outros.

Veja-se que, em que pese a função social apresentar-se como conteúdo de todas as propriedades, em algumas, todavia, em razão da pouca aptidão para a satisfação dos interesses coletivos, a sua presença é menos percebida, o que leva muitos pensadores a optarem pela inexistência dessa função naqueles bens.

Grande é a controvérsia existente na doutrina acerca do campo de incidência da função social da propriedade, defendendo

---

impenhorabilidade, inalienabilidade e incomunicabilidade, dispostos sobre imóvel em testamento, mesmo na vigência da lei antiga, a fim de possibilitar a plena fruição do bem legado pelos donatários, assim como em respeito ao princípio constitucional da *função social da propriedade*. Ademais, não ocorreu, no ato da doação e instituição das cláusulas questionadas, a justificativa hoje exigida na lei civil. Art. 1848 do CC. APELAÇÃO DESPROVIDA. (Apelação Cível nº 70009761180, Décima Oitava Câmara Cível, Tribunal de Justiça do RS, Relator: André Luiz Planella Villarinho, Julgado em 27.10.2005).

EMENTA: AÇÃO DECLARATÓRIA DE NULIDADE. As cláusulas de impenhorabilidade, inalienabilidade e incomunicabilidade devem ser afastadas sempre que representarem obstáculo à aplicação do princípio constitucional que consagra a *função social da propriedade*. DERAM PROVIMENTO (Apelação Cível nº 70011497997, Décima Nona Câmara Cível, Tribunal de Justiça do RS, Relator: Heleno Tregnago Saraiva, Julgado em 28.06.2005).

[15] TEPEDINO. *Temas de direito civil*, p. 318.

alguns juristas a sua aplicabilidade irrestrita, enquanto outros a restringem através de critérios econômicos, ao situarem a função social apenas nos bens produtivos.

Filiado a esta última corrente, Orlando Gomes[16] entende que "só os bens produtivos são idôneos à satisfação de interesses econômicos e coletivos que constituem o pressuposto de fato da função social".

Nesse mesmo sentido, Eros Roberto Grau[17] defende a existência de bens com função individual e outros com função social, agrupando entre esses últimos apenas os bens de produção já que apenas neles se tem verificado o conflito entre trabalho e propriedade.

Sem dispensar a devida reverência aos supracitados doutrinadores, entende-se que não se pode limitar a existência de função social apenas aos bens de produção, de modo a restringir a sua incidência sob os bens de consumo, já que essa, enquanto princípio constitucional, não se justifica apenas em razão da destinação econômica do bem, existindo sempre, porquanto seu conteúdo.

Com efeito, não é o fato de um bem ser destinado à subsistência individual que lhe retira a sua função social. Note-se que se o proprietário de uma fazenda emprega mão-de-obra que retira daquele pedaço de terra o suficiente para a sua subsistência familiar, sem, contudo, produzir insumos para a venda, tal propriedade, mesmo não se destinando à auferição de lucros — destinação econômica — estará cumprindo sua função social.

Entretanto, se a mesma propriedade for mantida inutilizada pelo proprietário, que não permite seu cultivo, deixando-a inativa e, conseqüentemente, agravando, com a sua desídia, os problemas de moradia e alimentação vivenciados pela população

---

[16] GOMES. *Direitos reais*, p. 108.
[17] GRAU. *A ordem econômica na Constituição de 1988*: (interpretação e crítica), p. 212.

brasileira, esta propriedade não estará cumprindo a função social estabelecida pelo legislador constituinte e, portanto, não será merecedora de tutela legal. A esse respeito, os Tribunais vêm repetidas vezes entendendo como anti-social a conduta dos proprietários que deixam seus bens inativos, agravando os problemas sociais, como o de moradia, por exemplo.[18]

Desse modo, pode-se abstrair que, não é o fato de o bem gerar benefícios diretos apenas para seu titular que lhe retira a função social. A propriedade, quando exercida conforme a sua natureza, não gerando prejuízos ou danos descabidos a terceiros, estará cumprindo sua função social. Infelizmente, em tais situações, a constatação do cumprimento do preceito constitucional torna-se mais complicada já que as proporções sociais advindas daquela utilização são infinitamente menores que aquelas obtidas através de bens economicamente aptos a produzi-las.[19] [20]

---

[18] **EMENTA:** AÇÃO REIVINDICATÓRIA. Perecimento do direito de domínio e improcedência da ação reivindicatória. Favela consolidada sobre terreno urbano loteado. Função social da propriedade. Prevalência da Constituição Federal sobre o direito comum (Apelação Cível Nº 21272618, Tribunal de Justiça de SP, Relator: José Osório).

[19] Acerca do tema, André Osório Gondinho que assevera que O fato de um bem ser utilizado para subsistência individual não lhe exclui do campo de incidência do princípio da função social. Isso porque a função social da propriedade não se justifica apenas pela destinação econômica de determinado bem. Assim, se determinado bem, dada a sua natureza, de destina apenas a utilização individual ou familiar, mas é efetivamente assim utilizado, este bem não representa um desperdício de potencialidade para a sociedade. Desta forma, esse bem cumpre a sua função social, pois torna a sociedade mais rica, apesar de, quantitativamente, a sua contribuição para a riqueza nacional ser pequena ou mesmo insignificante.

[20] Sobre o tema, esclarecedoras são as palavras de Pietro Perlingieri: A afirmação pela qual somente os produtivos têm uma função social é desmentida pela própria letra da disposição constitucional que não prevê exceções á regra da função social da propriedade privada. A afirmação generalizada de que a propriedade privada tem função social não consente discriminações e obriga o intérprete a individuá-la em relação à particular ordem de interesses juridicamente relevantes. Assim, tem função social não somente a propriedade de empresa, mas também a da casa de habitação e dos bens móveis que ela contém, a da oficina de artesã e da propriedade do pequeno produtor (*diretta coltivatrice*), a dos utensílios profissionais e dos animais e dos instrumentos de trabalho da empresa. Cada uma com sua diversa intensidade

Diante dos dados esposados, com os quais o presente trabalho se compatibiliza, pode-se afirmar que a função social sempre estará presente nas propriedades. Contudo, a sua percepção é fortalecida quanto maior for a capacidade possuída pelo bem de produzir efeitos socialmente positivos, sem que isso signifique que a maior ou menor intensidade das obrigações do proprietário, em relação à coletividade, levará à perda do conteúdo mínimo e essencial do direito de propriedade.

Não há que se falar, portanto, em propriedade quando esta não atenda à função social, de modo que, caso um proprietário desobedeça à imposição constitucional, além de sofrer as conseqüências previstas pela legislação, como a desapropriação, este só será titular do domínio sobre o bem, posto que a propriedade, como relação jurídica complexa, não estará formada.

3.3 A função social e os direitos autorais

Inicialmente, cumpre esclarecer que, apesar de os direitos autorais apresentarem-se sob dois aspectos, um moral e outro patrimonial, a função social só restará analisada sob o segundo prisma já que o primeiro, enquanto manifestação dos direitos da personalidade, não está sujeito a qualquer debate derredor da função social, por total incompatibilidade jurídica entre os institutos.

Junte-se a isso que os direitos patrimoniais do autor sempre estiveram apoiados na idéia de que aquele que cria uma obra deve receber um retorno sobre seu esforço e dedicação, como incentivo para novas criações e manutenção do desenvolvimento intelectual. Em contrapartida, apesar da coerência em ser assegurado, ao criador da obra, a percepção de vantagens econômicas

---

de utilidade geral e individual, sem que entre elas devam encontrar-se lacerantes contrastes, com a consciência de que se pode realizar a função social, como em todas as hipóteses de propriedades ditas pessoais, ao satisfazer exigências merecedoras de tutela, não necessariamente e exclusivamente do mercado e da produção, mas também somente pessoais e existenciais individuais ou comunitárias.

através da sua utilização, deve-se atentar para a concomitante existência do interesse de que o conhecimento produzido, ou melhor, a obra criada, atinja o maior número de pessoas possíveis, garantindo, assim, a educação, informação e atualização da cultura social.

Atento à bipolaridade de interesses envolvidos quando da criação de determinada obra, o legislador constituinte assegurou não só a proteção dos direitos autorais, mas também a atenção à função social das propriedades — art. 5º da CF/88.

Em apresentando-se os direitos autorais como uma das muitas modalidades proprietárias, salienta-se que estes, como relação jurídica complexa, proporcionam não só o direito de que o criador obtenha vantagens da sua criação, o que deverá ser por todos observado, mas também o dever de que o mesmo, em atenção aos direitos da coletividade — parte contrária da relação jurídica formada —, conceda função social à sua propriedade autoral.

Junte-se a isso o fato de a Constituição expressamente assegurar a função social da propriedade, bem como o direito à educação, informação e cultura, como direitos sociais a serem assegurados a todos cidadãos — art. 5º, XIV, art. 6ª, art. 205, art. 215 e art. 216, III.

Apesar dessa expressa previsão, os direitos autorais vêm sendo exercidos de forma incompatível às garantias constitucionais, o que ocorre em razão da lei de mercado estabelecida na lógica capitalista, gerando um conflito real entre tais preceitos.

Numa sociedade onde a informação assume papel de destaque tanto para o desenvolvimento econômico como social e cultural, o direito autoral ganha uma importância nunca antes vista, estando em uma escala cada vez mais crescente a proteção dos interesses individuais dos editores ou dos autores, em detrimento dos interesses sociais envolvidos.

Um exemplo claro do conflito real existente entre o monopólio da exploração econômica da obra, conferida ao autor, e o direito à educação dos membros da coletividade reflete-se no problema relativo à (im)possibilidade de fotocópia de obra para fins didáticos — de um lado posicionam-se as editoras, pretendendo acabar com a prática, almejando a venda dos livros; do outro, os alunos e docentes, defendendo uma ferramenta indispensável para o ensino.

Assim, cada vez mais, os interesses individuais, ou melhor, econômicos dos autores e editores têm prevalecido em detrimento dos direitos da coletividade. Essa prevalência inversa de valores morais pode ser observada através da vasta quantidade de dispositivos legais e tratados internacionais que protegem os direitos do autor — note-se que a lei de direitos autorais pouco tutela os interesses coletivos, impondo uma série de benefícios injustificados ao autor, a exemplo do tempo em que a obra leva para ingressar no domínio público — principalmente os patrimoniais, pouco asseverando derredor dos direitos da coletividade sobre essas criações.[21]

Fica evidente, com essa argumentação, que o direito de propriedade autoral, nos moldes em que se encontra atualmente exercido, ao invés propiciar a disseminação de conhecimento, cumprindo sua função social, apresenta-se, ao inverso, como uma barreira ao acesso à cultura e informação.

---

[21] Corrobora essa análise, a seguinte observação de Allan Rocha de Souza: observa-se uma assimetria entre a despatrimonialização do direito civil a partir da segunda metade do século XX, principalmente a partir da sua constitucionalização e, em nosso caso, elevação do princípio se proteção da dignidade humana a uma das finalidades essenciais do Estado e, o que tem acontecido com os movimentos internacionais e nacionais de proteção autoral, onde se nota, principalmente nas três últimas décadas, uma ampliação do processo de privatização de seus usos, restrição dos usos livres legalmente autorizados.Vislumbra-se um processo diverso, e não justificado, do que acontece com as demais áreas do direito civil, processo este que é na verdade assemelhado ao desenvolvimento histórico inicial do direito civil, talvez por seu tardio reconhecimento em comparação com os demais ramos civilísticos, repetindo os direitos autorais agora, com o neo-liberalismo, o período de apogeu da doutrina liberal, em sacrifício dos interesses coletivos que necessariamente o compõem.

Essa realidade não poderá perdurar já que o acesso à educação, cultura e informação é um dos mais importantes direitos assegurados ao cidadão, não podendo encontrar respaldo, em uma ordem jurídica que elegeu a dignidade do ser humano como princípio máximo, as atitudes egoísticas dos autores e seus editores e/ou a legislação apresentar dispositivos que assegurem benefício a uma das partes envolvidas no processo, a custo do desfavorecimento da outra ou "vice-versa". Como é possível falar em vida digna sem informação, cultura e educação?

Não é demais esclarecer que não se está defendendo que se retire dos autores o direito à exploração econômica da sua obra. Não é a obtenção de lucros pelos autores que retira da obra a sua função social, mas sim aquela lucratividade instituída de modo a obstaculizar o acesso coletivo à obra.

Chama-se a atenção para o fato de que, estando a justificativa da proteção aos direitos do autor alicerçada na constituição de estímulo e recompensa pela criação realizada, esses direitos devem ser tão breves quanto se mostrem suficientes para lhe assegurar o retorno pecuniário merecido pela produção despedida, de modo a serem desprovidos de qualquer razão sociojurídica os limites temporais de proteção à obra, bem como os altos preços por ela estabelecidos.

Nesse aspecto, destaca-se que a atuação para conferir um maior acesso coletivo à cultura, informação e educação não é exclusiva do criador intelectual, sendo (devendo ser), em verdade, uma atuação conjunta com o Estado.

Faz-se questão de deixar claro que não se pode conceber a idéia de que são os autores, ou os editores, os únicos responsáveis pelo não-acesso da coletividade aos bens autorais. O Estado, como responsável pela proteção aos direitos e garantias fundamentais deve adotar políticas públicas que permitam a ampliação cultural e educacional da população, como a aquisição de livros para escolas e universidades públicas, bem como a disponibilização dos mesmos em bibliotecas.

Ademais, deve-se atentar, ainda, para o fato de que a redução do preço estabelecido pela obras seria mais facilmente implementada se o Estado conferisse aos particulares, subsídios. Isto poderia ocorrer através da instituição de isenções tributárias para aqueles autores que destinassem parte da sua criação para o uso coletivo, bem como através do alargamento da imunidade conferida no art. 150, VI, d,[22] de modo à mesma se estender não só ao papel, mas também à tinta utilizada na impressão, bem como às demais materialidades indispensáveis para edição da obra.

De mais a mais, juridicamente, para reverter a situação fática apresentada, deve-se lembrar, primeiramente, que o papel central do ordenamento jurídico é exercido pela Constituição Federal, que estabelece expressamente a necessidade de cumprimento de função social pelas propriedades, não fazendo qualquer ressalva sobre a sua não incidência na propriedade autoral.

Esse lastro permite indicar que toda aplicação e interpretação atinente aos direitos autorais, como em qualquer outro instituto, devem atentar-se para o quanto estabelecido na Norma Máxima, sendo, portanto, inadmissível a proteção de uma propriedade autoral destituída de função social.

Tem-se então que a incidência da função social da propriedade não é apresentada com conceito matemático, aplicável sem qualquer ponderação valorativa, sendo, em verdade, um resultado da ponderação de interesses, na qual, deve-se atentar para o núcleo intencionalmente protegido por cada um dos direitos fundamentais em colisão, sendo inegável a existência de uma hierarquia interna entre esses direitos, de modo que

---

[22] Art. 150. Sem prejuízo de outras garantias asseguradas ao contribuinte, é vedado à União, aos Estados, ao Distrito Federal e aos Municípios:
[...]
VI – instituir impostos sobre:
[...]
d) livros, jornais, periódicos e o papel destinado a sua impressão.

os valores relativos à pessoa, consubstanciados na educação, cultura e informação, tenham prevalência sobre os valores de índole material.

Sobre a possibilidade de o Estado afastar o interesse particular, dando prevalência ao direito de acesso à cultura e à educação, destaca-se o julgado da Ação Direta de Inconstitucionalidade nº 1.950-3 na qual foi sustentada a constitucionalidade da Lei nº 7.844/92, que no seu art. 1º[23] assegura o pagamento de meia-entrada a estudantes regularmente matriculados, para ingresso de estabelecimentos de lazer, esporte e cultura.[24]

---

[23] Art. 1º - Fica assegurado aos estudantes regularmente matriculados em estabelecimentos de ensino de primeiro, segundo e terceiro graus, existentes no Estado de São Paulo, o pagamento de meia-entrada do valor efetivamente cobrado para o ingresso em casas de diversão, de espetáculos teatrais, musicais e circenses, em casas de exibição cinematográfica, praças esportivas e similares das áreas de esporte, cultura e lazer do Estado de são Paulo, na conformidade da presente lei.

[24] EMENTA: AÇÃO DIRETA DE INCONSTITUCIONALIDADE. LEI N. 7.844/92, DO ESTADO DE SÃO PAULO. MEIA-ENTRADA ASSEGURADA AOS ESTUDANTES REGULARMENTE MATRICULADOS EM ESTABELECIMENTOS DE ENSINO. INGRESSO EM CASAS DE DIVERSÃO, ESPORTE, CULTURA E LAZER. COMPETÊNCIA CONCORRENTE ENTRE A UNIÃO, ESTADOS-MEMBROS E O DISTRITO FEDERAL PARA LEGISLAR SOBRE DIREITO ECONÔMICO. CONSTITUCIONALIDADE. LIVRE INICIATIVA E ORDEM ECONÔMICA. MERCADO. INTERVENÇÃO DO ESTADO NA ECONOMIA. ARTIGOS 1º, 3º, 170, 205, 208, 215 e 217, §3º, DA CONSTITUIÇÃO DO BRASIL. 1. É certo que a ordem econômica na Constituição de 1.988 define opção por um sistema no qual joga um papel primordial a livre iniciativa. Essa circunstância não legitima, no entanto, a assertiva de que o Estado só intervirá na economia em situações excepcionais. 2. Mais do que simples instrumento de governo, a nossa Constituição enuncia diretrizes, programas e fins a serem realizados pelo Estado e pela sociedade. Postula um plano de ação global normativo para o Estado e para a sociedade, informado pelos preceitos veiculados pelos seus artigos 1º, 3º e 170. 3. A livre iniciativa é expressão de liberdade titulada não apenas pela empresa, mas também pelo trabalho. Por isso a Constituição, ao contemplá-la, cogita também da "iniciativa do Estado"; não a privilegia, portanto, como bem pertinente apenas à empresa. 4. Se de um lado a Constituição assegura a livre iniciativa, de outro determina ao Estado a adoção de todas as providências tendentes a garantir o efetivo exercício do direito à educação, à cultura e ao desporto [artigos 23, inciso V, 205, 208, 215 e 217 §3º, da Constituição]. Na composição entre esses princípios e regras há de ser preservado o interesse da coletividade, interesse público primário. 5. O direito ao acesso à cultura, ao esporte e ao lazer, são meios de complementar a formação dos estudantes. 6. Ação direta de inconstitucionalidade julgada improcedente. (ADI 1950/SP – SÃO PAULO. Relator(a): Min. EROS GRAU. Julgamento: 03.11.2005 Órgão Julgador: Tribunal Pleno).

Assim, a função social da propriedade encontra total e necessária aplicabilidade sobre os direitos patrimoniais do autor, sendo que, sempre que um dos direitos constitucionais assegurados aos cidadãos mostrarem-se violados em virtude de uma má utilização da obra, os interesses particulares dos autores deverão ser mitigados, garantido, assim, a efetividade pretendida através do estabelecimento da função social da propriedade como princípio base na ordem jurídica brasileira.

Nesse sentido, é de extrema importância o desenvolvimento de atividades que busquem galgar a tão sonhada eficácia social, dentre os quais destaca-se o *Creative Commons*,[25] o *Software livre*,[26] e, como não poderia deixar de ser, a atuação dos Poderes Executivo, Legislativo e Judiciário, e do Ministério Público na persecução do fim social almejado pelo princípio da função social.

4 Conclusão

Em vista da realidade normativa traçada pela Constituição Federal, na qual restaram afastados os valores puramente individualistas, outrora reinantes, foram enfatizados os interesses sociais e coletivos, de modo a se demonstrar que são os direitos autorais também constituídos de uma função socialmente configurada, devendo, em razão disso, ser afastado todo e qualquer exercício que resulte numa utilização puramente egoística do bem.

---

[25] O *Creative Commons* (CC) é um movimento que nasceu nos Estados Unidos, criado pelo advogado Lawrence Lessing, com o objetivo de flexibilizar os direitos autorais, de modo a permitir um alcance mais largo às produções intelectuais. É a autorização de uso público e livre, ainda que restrito a apenas alguns direitos, pelo próprio titular, reconhecendo com isso o autor a expressão dos direitos da coletividade sobre a sua obra, permitindo a sua efetivação imediata e possibilitando a satisfação destes pela sociedade.

[26] Permitindo a alteração e adequação do código-fonte às necessidades do usuário e da comunidade, que poderão, após a alteração, concedê-los gratuitamente à coletividade, percebe-se que o *Software* Livre representa um instrumento de efetividade da função social da propriedade já que não limita o alcance dos benefícios trazidos pelo programas de computador àqueles que detêm poder aquisitivo suficiente para obtenção da licença, possibilitando a difusão das informações nele contidas.

Não se pretendeu, contudo, defender uma socialização ou coletivização dos direitos patrimoniais do autor. Este, como direito subjetivo, não pode perder a sua característica marcante de proporcionar vantagens ao seu titular. Mas, tendo-se como funcionalizados os institutos em questão, o aferimento de lucratividade por seus titulares não pode nunca se sobrepor às necessidades sociais de cultura, educação e informação, devendo-se encontrar um ponto de equilíbrio entre os interesses em questão.

Assim, tem-se que o equilíbrio supramencionado poderá ser alcançado através de uma redução dos preços cobrados para aquisição das obras intelectuais, atrelado um necessário respaldo do Poder Público no sentido de conferir incentivos fiscais àqueles que possibilitarem um maior acesso coletivo à sua criação. Desse modo, nem os direitos dos autores restariam prejudicados — já que a diminuição da lucratividade em razão da redução do preço cobrado pela obra seria amenizado pela atenuação dos custos na sua produção — nem os interesses da coletividade de ver assegurado seus direitos constitucionais de acesso à cultura, informação e educação.

Por fim, conjugada a esta possibilidade, mostra-se ainda de suma importância a atuação do Estado, em todas as suas esferas, a fim de conferir o maior alcance possível à função social dos direitos autorais, através da adoção de políticas públicas capazes de diminuir a carência cultural da população, através da edição de leis que possam garantir efetividade aos direitos fundamentais do cidadão, bem como da interpretação sempre favorável ao interesse social.

Referências

ARONNE, Ricardo. *Propriedade e domínio*: reexame sistemático das noções nucleares de direitos reais. Rio de Janeiro: Renovar, 1999.

BARBOSA, Denis Borges. *Uma introdução à propriedade intelectual*. Rio de Janeiro: Lumen Juris, 2003.

BITTAR, Carlos Alberto. *Contornos atuais do direito do autor*. 2. ed. São Paulo: Editora Revista dos Tribunais, 1999.

BITTAR, Carlos Alberto; BITTAR FILHO, Carlos Alberto. *Direito civil constitucional*. 3. ed. São Paulo: Editora Revista dos Tribunais, 2003.

COELHO, Fábio Ulhoa. *Curso de direito comercial*. 7. ed. São Paulo: Saraiva, 2003. v. 1.

CORREA. Rafael. *Creative Commons e direitos autorais*: uma boa convivência. Disponível em: <http://www.imasters.com.br /artigo/4738/direito/ creative_commons_e_direitos_autorais_uma_boa_convivencia/>. Acesso em: 03 nov. 2006.

COSTA, Judith Hofmeister Martins. O direito privado como um "sistema em constrição": as cláusulas gerais no projeto do Código Civil brasileiro. *Jus Navegandi*, Teresina, ano 4, n. 41, maio 2000. Disponível em: <http://jus2.uol.com.br/doutrina/texto. asp?id=513>. Acesso em: 26 set. 2006.

DEL NERO, Patrícia Aurélia. *Propriedade intelectual*: a tutela jurídica da biotecnologia. São Paulo: Revista dos Tribunais, 2004.

DINIZ, Maria Helena. *Curso de direito civil brasileiro*. 20. ed. São Paulo: Saraiva, 2003. v.1.

FACHIN, Luiz Edson. *Teoria crítica do direito civil*. Rio de Janeiro: Renovar, 2003.

FARIAS, Cristiano Chaves; ROSENVALD, Nelson. *Direito civil*: teoria geral. 4. ed. Rio de Janeiro: Lumem Juris, 2006.

FÉRES, Marcelo Andrade. A adoção de softwares livres pelas diversas esferas da administração pública. Alguns aspectos jurídicos de um ambiente de disputas econômicas. *Jus Navigandi*, Teresina, ano 10, n. 853, 3 nov. 2005. Disponível em: <http://jus2.uol.com.br/doutrina/texto. asp?id=7533>. Acesso em: 09 nov. 2006.

FIGUEIREDO, Leandro. L. O advento de um direito civil constitucional. *Revista Eletrônica de Direito da UNIFACS*. Disponível em: < http://web. unifacs.br/revistajuridica>.

GOMES, Orlando. *Introdução ao direito civil*. 18. ed. Rio de Janeiro: Forense, 2002.

GONDINHO, André Osório. Função social da propriedade. In: TEPEDINO, Gustavo (Coord.). *Problemas de direito civil constitucional*. Rio de Janeiro: Renovar, 2000. p. 397-433.

GOULART, Marcelo Pedroso. Ministério Público nos processos que envolvam litígios coletivos pela posse da terra rural. In: STROZAKE. Juvelino José (Org.). *Questões agrárias*: julgados comentados e pareceres. São Paulo: Método, 2002. p. 133-151.

GRAU, Eros Roberto. *A ordem econômica na Constituição de 1988*: (interpretação e crítica). 8. ed. São Paulo: Malheiros, 2003.

KATAOKA, Eduardo Takemi. Declínio do individualismo e propriedade. In: TEPEDINO, Gustavo. *Problemas de direito civil constitucional*. Rio de Janeiro: Renovar, 2000. p. 457-466.

MARTINS-COSTA, Judith; BRANCO, Gerson Luiz Carlos. *Diretrizes teóricas do novo Código Civil brasileiro*. São Paulo: Saraiva, 2002.

MORAES, Alexandre de. *Direito constitucional*. 12. ed. São Paulo: Atlas, 2002.

MUJALLI, Walter Brasil. *A propriedade industrial*: nova Lei de Patentes. São Paulo: Atlas, 2004.

NUNES JUNIOR, Amando Teixeira. A moderna interpretação constitucional. *Jus Navegandi*, Teresina, ano 7, n. 60, nov. 2002. Disponível em: <http://jus2.uol.com.br/doutrina/texto.asp?id=3497>. Acesso em: 03 nov. 2006.

OLIVEIRA, Jaury Nepomuceno de; WILLINGTON, João. *Anotações à Lei do Direito Autoral*: Lei nº 9610/98. Rio de Janeiro: Lumem Juris, 2005.

PEREIRA, Caio Mário da Silva. *Instituições de direito civil*. Rio de Janeiro: Forense, 2004.

PERLINGIERI, Pietro. *Perfis do direito civil*: introdução ao direito civil constitucional. Trad. Maria Cristina de Cicco. Rio de Janeiro: Renovar, 2002.

REALE, Miguel. Visão geral do projeto de Código Civil. *Jus Navigandi*, Teresina, ano 4, n. 40, mar. 2000. Disponível em: <http://jus2.uol.com.br/doutrina/texto.asp?id=509>. Acesso em: 06 nov. 2006.

RIZZARDO, Arnaldo. *Direito das coisas*: Lei nº 10.406 de 10.01.2002. Rio de Janeiro: Forense, 2004.

SARMENTO. Daniel. *A ponderação de interesses na Constituição Federal*. Rio de Janeiro: Lumem Juris, 2003.

SILVEIRA, Newton. *A propriedade intelectual e as novas leis autorais*. São Paulo: Saraiva, 1997.

SOARES, Mário Lúcio Quintão; BARROSO, Lucas Abreu. Os princípios informadores do novo Código Civil e os princípios constitucionais fundamentais. Lineamentos de um conflito hermenêutico no ordenamento jurídico brasileiro. *Jus Navegandi*, Teresina, ano 7, n. 64, abr. 2003. Disponível em: <http://jus2.uol.com.br/doutrina/texto.asp?id=3974>. Acesso em: 10 ago. 2006.

SOUZA, Allan Rocha de. *A função social dos direitos autorais*: uma interpretação civil-constitucional dos limites da proteção jurídica: Brasil: 1988-2005. Campos do Goytacazes: Ed. Faculdade de Direito de Campos, 2006.

SOUZA, Carlos Fernando Mathias de. *Direito autoral*. 2. ed. Brasília: Editora Brasília Jurídica. 2003.

STRECK, Lenio Luiz. A Constituição e o construir da sociedade: a função social da propriedade (e do direito): um acórdão garantista. In: STROZAKE, Juvelino José. *Questões agrárias*: julgados comentados e pareceres. São Paulo: Método, 2002. p. 31-49.

TEPEDINO, Gustavo. *Temas de direito civil*. 4. ed. Rio de Janeiro: Renovar, 2004.

TEPEDINO, Maria Celina M. B. A caminho de um direito civil constitucional. *Revista de Direito Civil, Imobiliário, Agrário e Empresarial*, v. 17, n. 65, p. 21-32, jul./set. 1993.

VARELA, Laura Beck. Das propriedades à propriedade: construção de um direito. In: MARTINS-COSTA, Judith (Org.). *A reconstrução do direito privado*: reflexos dos princípios, diretrizes e direitos fundamentais constitucionais do direito privado. São Paulo: Revista dos Tribunais, 2002. p. 763-788.

VIEIRA TERCEIRO, Juvenal. Tributação na internet: a questão da comercialização dos softwares e dos provedores de acesso. *Jus Navigandi*, Teresina, ano 7, n. 60, nov. 2002. Disponível em: <http://jus2.uol.com.br/doutrina/texto.asp?id=3543>. Acesso em: 09 nov. 2006.

WIKIPEDIA. Creative Commons. Disponível em: <http://pt.wikipedia.org/wiki/Creative_Commons>. Acesso em: 01 nov. 2006.

> Informação bibliográfica deste texto, conforme a NBR 6023:2002 da Associação Brasileira de Normas Técnicas (ABNT):
>
> AZEVEDO, Jane Piñeiro G. de. Os novos contornos do instituto proprietário: a função social dos direitos autorais: (in)acesso *versus* funcionalização. In: BORGES, Roxana Cardoso Brasileiro; CASTRO, Celso Luiz Braga de; AGRA, Walber de Moura (Coord.). *Novas perspectivas do Direito Privado*. Belo Horizonte: Fórum, 2008. p. 97-124. ISBN 978-85-7700-181-1.

Possibilidade constitucional do casamento homoafetivo

Leandro Lopes Pontes Paraense

Sumário: **1** Considerações preambulares - **2** Dimensões da sexualidade humana - **3** Orientação sexual - **4** Origem e panorama atual do casamento - **5** Casamento homoafetivo - **6** Conclusão - Referências

1 Considerações preambulares

Antes de se iniciar a análise dos ditames civis e constitucionais acerca do casamento homossexual e de sua possibilidade ou impossibilidade, é preciso desvelar a aura de preconceito que ainda cerca o tema, como é natural e próprio do Direito. Este, como dimensão cultural que é, apresenta-se como construção coletiva e contextual de comandos normativos dirigidos a um determinado grupo de pessoas, situado num dado espaço, num período de tempo específico.

É imprescindível uma discussão prévia acerca da ideologia presente na técnica jurídica utilizada hodiernamente. Tal necessidade se faz presente em qualquer debate jurídico, e em especial em debates cujo preconceito atua de modo ainda mais duro e inflexível.

Inicialmente, há que se esclarecer dois conceitos aqui utilizados. A técnica a que este trabalho se refere é, numa definição própria do mesmo, o conjunto de procedimentos objetivos e rigorosamente determinados que se constituem em meio idôneo exclusivo para o alcance da verdade, da correição e, mesmo, da justiça. Esta objetividade, conforme a crença atual, supostamente escapa ao controle do ser humano, estabelecendo-se como uma ordem irresistível e até natural.

Quanto à ideologia, adota-se a concepção de Roberto Lyra Filho:[1]

> Ideologia significou, primeiramente, o estudo da origem e funcionamento das idéias em relação aos signos que as representam; mas, logo, passou a designar essas idéias mesmas, o conjunto de idéias duma pessoa ou grupo, a estrutura de suas opiniões, organizada em certo padrão. Todavia, o estudo das idéias e seus conjuntos padronizados começou a destacar as deformações do raciocínio, pelos condicionamentos, fundamentalmente sociais. Por outras palavras, descobriu-se que a linguagem mental não corresponde exatamente à realidade das coisas.

Afirmando a vasta amplitude da ideologia no pensamento e no conhecimento, Lyra Filho chega a afirmar que "ninguém raciocina com absoluta perfeição e há sempre uma boa margem de deformações, a que não escapam as próprias ciências".[2] Tal afirmação, como se verá adiante por meio de outro pensador, estabelece-se como pedra de toque deste trabalho.

Não se admite aqui, contudo, a distinção entre as abordagens da ideologia apresentadas por Lyra Filho,[3] pois a falsa consciência e a instituição se afirmam como crenças.

---

[1] LYRA FILHO. *O que é direito*, p. 13-14.
[2] Idem, ibidem, p. 14.
[3] Idem, ibidem, p. 15.

Ademais, qualquer que seja a imagem que se tenha do Direito deve admitir a sua culturalidade e a construção relativa e contextual de seu objeto. Bem assim, a interpretação que se faz das normas, e da própria realidade, como fruto de um paradigma específico, tem em si uma conotação ideológica inafastável, posto que é elaborada a partir de determinadas estruturas construídas com o propósito expresso de manter um conjunto delimitado de concepções, idéias e visões de mundo.

Embora pareça um tanto óbvia, especialmente para os chamados filósofos ou cientistas culturais, tal afirmação sofre ampla resistência, principalmente no meio jurídico. Hoje em dia, graças em grande medida à globalização, um processo iniciado na modernidade clássica se estendeu e ganhou ares inimagináveis.

Neste sentido, o geógrafo Milton Santos[4] faz uma observação bastante acurada:

> A globalização conseguiu materializar a metafísica, mediante o papel desempenhado pela ciência e pela técnica na produção das coisas. Há uma materialização física e uma realização primitiva, embora sofisticada, da ideologia. Tudo é ideológico. Estamos dentro de um mar de ideologias. Tudo é produzido a partir de uma ideologia, mas as coisas não aparecem como tal.

A *Santa Inquisição* de outrora se converteu na *Racional Inquisição* ou na *Científica Inquisição*. Agora, não mais se persegue ou se exclui com base em conceitos e idéias mítico-divinais, mas com base em critérios de objetividade e pragmatismo, que encontram sua expressão máxima na técnica como procedimento idôneo à produção da verdade e do correto — e, por mais absurdo que pareça, até mesmo do justo. A intolerância dos tempos medievos persevera; mudou-se apenas o teor e o critério de perseguição: antes, Deus; hoje, a razão. Em todo o caso, a exclusão, e mesmo a morte, é o resultado mais visível.

---

[4] SANTOS. *Território e sociedade*: entrevista com Milton Santos, p. 9.

Assim, "somos cercados por coisas que são ideologia, mas que nos dizem ser a realidade. Isso nos constrange, porque forma um sistema muito forte; e qualquer discussão que indique ser aquilo ideológico é desqualificada".[5]

As conseqüências mais graves dessa desqualificação do discurso é a exclusão social, que se inicia no âmbito intelectual e estende-se até a seara profissional, repercutindo, assim, em toda a esfera social do indivíduo enquanto pessoa. O debate sobre a possibilidade do casamento homoafetivo, ou homossexual como se costuma chamar, é mais um exemplo da *Nova Inquisição* que ganha ares de técnica, fazendo-se passar, assim, por verdade absoluta e incontestável.

Há inegavelmente um momento anterior à leitura textual e normativa do comando jurídico por meio de uma pré-compreensão, emoldurada, obviamente, por um senso comum dos juristas. É dizer, há três esferas complementares de interpretação: uma em que o intérprete descobre os signos, comumente gráficos, com os quais trabalhará — ou seja, o texto em si —, outra em que ele delimita os significados possíveis dos símbolos gráficos — como, por exemplo, o que se deve entender por "casamento" ou "família" no seu uso constitucional e civil — e, por fim, a limitação e adequação entre os sentidos possíveis e admissíveis pelo intérprete e os estabelecidos por um senso comum — normalmente, mas não obrigatoriamente, de juristas. Um exemplo claro disto é a adequação do significado de família no mundo jurídico, que já foi exclusivamente a composição afetiva biparental heterossexual, que se tornou monoparental heterossexual e que admite hoje até a composição afetiva homossexual. Contudo, jamais se admitiu pelo senso comum, ou por parte significativa dele, que um cachorro integrasse a família para efeitos jurídicos, apesar da zooafetividade se encontrar cada vez mais presente na sociedade.

---

[5] Idem, ibidem, loc. cit.

Da explanação acima, observa-se a constância de um juízo prévio que avaliará quais os significados possíveis de ser atribuídos a um termo, que serão por sua vez excluídos na medida em que não se compatibilizam com o senso comum dos juristas ou que não tenham obtido sua adesão por meio da argumentação e do convencimento.

No caso em estudo, a homoafetividade ainda se constitui em uma minoria, ao menos em expressão e publicidade, das relações e fenômenos sociais. Isto dificulta a sua aceitação e o processo de normalização. A normalização a que se refere este trabalho é similar a que os negros enfrentaram. O preconceito racial praticado contra os afro-descendentes só foi reduzido, embora nunca tenha desaparecido, com a sua integração às classes sociais mais abrangentes, mesmo estando sempre alijado, de modo geral, das elites. Deste modo, crê-se que a expansão da homossexualidade, ou ao menos a sua divulgação mais natural, destrua algumas barreiras ideológicas e permita pôr a cabo o discurso pseudotécnico que justifica a exclusão desta minoria.

Para prosseguir nesta análise, é necessário o desmonte da ideologia técnica moderna, por meio, inicialmente, da desconstrução do papel absoluto da razão, e, posteriormente, do desnudamento do processo de construção e formulação da técnica. Isto se fará, como se verá adiante, pela adoção em alguns momentos de uma interpretação histórica, e em outros momentos de uma interpretação sistemática que forja uma história presente.

Sabe-se que a técnica, bem como a própria razão instrumental, serve apenas como instrumento ou ferramenta para a realização de algo, não se constituindo como objetivo ou decisão em si. Por mais que a razão informe quais as conseqüências de cada ato, a escolha a ser feita cabe às convicções, vontades, desejos, ideologias, frutos das pessoas; na visão do filósofo

Ernst Tugendhat,[6] das experiências e vivências experimentadas no decorrer de sua vida. Deste modo, as escolhas que fazemos recaem sempre sobre as nossas emoções e sentimentos. Se assim não fosse, sequer faria sentido falar em responsabilidade, uma vez que a razão, universal como se é — ou, num conceito mais relativista, como se pretende —, não geraria decisões diversas e, quando gerasse, seria em função das circunstâncias diversas de cada caso, agindo cada um conforme a necessidade, não podendo, portanto, ser julgado por isso.[7] Mesmo aqueles que adotassem condutas racionalmente impróprias estariam isentos de um julgamento jurídico ou moral que lhe atribuísse qualquer responsabilidade por seus atos, pois que aquele que tomar uma decisão errada, num mundo que admite a razão como fonte indelével e inafastável das escolhas humanas, como pretende a técnica moderna, seria, na pior das hipóteses, inimputável.

Num segundo momento, há que se analisar o papel da ideologia na construção da técnica. A técnica da modernidade se caracteriza, entre outras coisas, no campo das ciências e do conhecimento em geral, na fragmentação para otimização do conhecimento e na especialização para detalhamento da realidade, que assim poderia ser mais bem apreendida.

2 Dimensões da sexualidade humana

Antes de mais nada, é necessário distinguir as diversas esferas de manifestação da sexualidade humana. Ela engloba quatro aspectos, a saber: o gênero, comumente chamado de sexo biológico; a identidade de gênero, ou gênero psíquico; o papel de gênero, ou gênero social; e a orientação sexual, ou identidade sexual, que são as preferências de gênero.

---

[6] Tugendhat sustenta que a moral se caracteriza pela obrigatoriedade, fruto da vontade humana (de se obrigar e de cumprir a obrigação), sendo que a vontade advém diretamente das sensações e experiências vividas por cada pessoa, que determinam sua personalidade e suas preferências. Cf. TUGENDHAT. *Lições sobre ética*.

[7] Cf. SINGER. *Ética prática*.

Corriqueiramente se confundem todos estes fatores, sem que se faça qualquer diferenciação entre eles. Para evitar diversos preconceitos oriundos da falta de esclarecimento, pretende-se aqui sucintamente desnudar o conteúdo destes conceitos.

O sexo biológico hoje já é chamado de gênero. Esta expressão é mais utilizada no senso comum ao se referir à flexão gramatical das palavras em masculino ou feminino. Este uso já indica em que consiste o gênero: características que associam um indivíduo à determinada função na natureza, especialmente no tocante à reprodução. Hodiernamente, o gênero é associado quase exclusivamente à função reprodutiva, cabendo aos machos da espécie humana a tarefa de fornecimento do gameta masculino para fecundação interna na fêmea, que possui como função a recepção deste gameta para união com o seu próprio, além da gestação e formação interna do feto e amamentação do bebê recém-nascido. As demais características tradicionalmente associadas aos gêneros masculino ou feminino já foram bastante relativizadas, em virtude da culturalidade inerente ao ser humano. Isto significa que as diferenças entre homem e mulher, na espécie humana, sofrem grande redução, percebendo-se que quase todas elas são fruto da cultura, ou seja, do papel sociocultural de gênero que um indivíduo assume.

E é precisamente esta a definição de papel de gênero: comportamentos, condutas, características consideradas apropriadas ou meramente associadas a um ou outro gênero biológico por determinada sociedade.[8] No ocidente, as características sensíveis e frágeis da personalidade são atribuídas às mulheres, enquanto as insensíveis e fortes são aos homens. E isto se dá desde cedo, durante a conformação da personalidade do bebê, com a decoração do quarto, a escolha dos brinquedos, os comportamentos dos adultos em relação a si, tudo o que é previamente

---
[8] NUNAN. *Homossexualidade*: do preconceito aos padrões de consumo, p. 17.

estabelecido naquela sociedade. De modo geral, a programação cultural é tão forte que não se vêem rupturas: ainda são exceções os homens com comportamento tipificado como feminino e as mulheres com comportamento tipificado como masculino.

A orientação sexual, também chamada de opção ou determinação sexual, é a preferência sexual e afetiva que um indivíduo tem. Esta preferência se dá em relação a pessoas — do mesmo gênero (homossexualidade), do gênero oposto (heterossexualidade) ou de ambos indistintamente (bissexualidade) —, a objetos (pansexualidade), a vegetais (vegetofilia), a animais (zoofilia), a roupas e comportamentos (travestismo) etc. Maiores comentários sobre a orientação sexual serão tecidos adiante.

A identidade sexual, por seu turno, é a visão que o indivíduo tem acerca de seu gênero, psiquicamente definido. No mais das vezes, nossa mente está em harmonia com nosso corpo, ambos apontando para um mesmo gênero. Contudo, por vezes ocorre a alguns a certeza de terem nascido com deformações físicas que tornaram seu corpo inapropriado para seu sexo, seu gênero. São mulheres presas no corpo de um homem ou vice-versa. Quando tal situação ocorre, de dissociação entre os sexos psíquico e biológico, normalmente a sociedade tem afirmado a existência de um distúrbio de ordem psicológica ou psiquiátrica, jamais admitindo a possibilidade de uma desordem física. Isto se dava em razão de se adotar o critério biológico como determinante para a aferição do gênero. Felizmente, esta concepção vem sendo modificada, o que tem levado à permissão de tratamento dos transexuais (que são os portadores desta patologia) por meio da cirurgia de transgenitalização, uma vez que se identifica neles uma patologia física, e não mais psicológica.

Tal distúrbio enseja a pergunta: qual, afinal, o critério efetivo de determinação sexual humana? O critério psíquico, cujo assentamento ainda é bastante desconhecido, ou o critério biológico, que por sua vez admite uma série de subcritérios que quase nunca se encontram em harmonia? Tal resposta não se pretende elaborar neste trabalho, mas a indagação serve para a explicação dos diversos critérios biológicos possíveis.

O ser humano é definido biologicamente por diversos meios. Fala-se, assim, em sexos ou aspectos genético, endócrino e morfológico. É possível que haja uma dissociação entre eles. Basicamente, a pessoa pode ser classificada como macho ou fêmea de acordo com seu aspecto: genético — cromatínico e cromossômico, sendo macho todo aquele que apresentar o cromossomo Y —, endócrino — gonadal, ou seja, pela presença de testículos ou ovários; e/ou hormonal, vale dizer, a prevalência da manifestação de hormônios masculinos ou femininos, especialmente testosterona e progesterona, respectivamente — ou morfológico — sendo fenotípico, que é a manifestação dos hormônios no corpo, fazendo-o assumir formas tipicamente associadas a um dos gêneros, ou genital.

Como já afirmado anteriormente, a biologia vem sendo o critério utilizado para a determinação do gênero do ser humano, especialmente pelo aspecto endócrino e pelo sexo morfológico genital. Assim, a dissociação ou disforia de gênero, caracterizada pela diferença entre a identidade de gênero e o gênero biológico, é normalmente considerada uma patologia psíquica. Contudo, especialmente em função da evolução da psicologia e o espaço que vem conquistando no meio científico, a disforia passou a ser encarada por muitos como uma patologia biológica, em que o gênero efetivo é o psíquico, tendo havido uma deformação física na gestação do indivíduo. Esta mudança de pensamento afetou não só o transexual, permitindo-lhe a correção de seu problema por meio de cirurgias de transgenitalização, mas também auxiliou no surgimento de uma nova compreensão da sexualidade e das preferências sexuais.

3 Orientação sexual

Diversas são as possíveis orientações sexuais do homem, embora se costume falar em três dela: homossexualidade, heterossexualidade e bissexualidade. Não se deve excluir, contudo, a pansexualidade, que engloba a zoofilia e a vegetofilia, e o travestismo.

Anteriormente já se mencionou a distinção entre tais sexualidades. Cabe agora analisar mais detidamente como se caracterizam. Em primeiro lugar, é necessário distinguir sexualidade, sexualismo e afetividade. As expressões homossexualidade e homossexualismo, bem como bissexualidade e bissexualismo, são sinônimas. Houve uma modificação no sufixo das palavras que expressam a orientação sexual à medida que se passou a compreender que as diversas formas de sexualidade não são patológicas. Por tal razão, jamais se falou em heterossexualismo, e sim em heterossexualidade, posto que esta era a sexualidade comum e considerada normal, em virtude do critério biológico e natural que se utilizava para a aferição do que era normal. Como nem mesmo a Classificação Internacional das Doenças considera mais a homossexualidade como doença, o sufixo "ismo" foi abandonado.

A sexualidade, contudo, divide-se em sexualidade propriamente dita e afetividade. É possível, então, a existência de pessoas homossexuais heteroafetivas, ou vice-versa. A sexualidade refere-se a práticas sexuais, ao erotismo, ao desejo puramente sexual, desvinculado de qualquer laço afetivo. Ela se caracteriza pela predominância de um comportamento ou de certas práticas sobre as demais. Assim, homossexual é aquele que tem prazer na adoção de práticas sexuais com pessoas do mesmo gênero, ainda que eventualmente pratique sexo com pessoas de gênero distinto. Pode, assim, ter prazer com tais práticas, sem ser capaz de desenvolver qualquer vínculo afetivo com esta pessoa de mesmo gênero.

A afetividade é marcada pela existência de sentimento associado às práticas sexuais assumidas pelo sujeito. É, pois, homoafetivo aquele que desenvolva sentimentos de carinho e enlace amoroso com pessoas do mesmo gênero. Embora pareça incomum e absurda tal idéia, ante o preconceito generalizado na sociedade que associa uma única prática sexual, ainda que experimental, a uma determinada orientação sexual, ela é real. Este preconceito é facilmente superado quando analisamos o comportamento dos zoófilos, que fazem sexo com animais, sem serem capazes de desenvolver qualquer sentimento com eles, e sem jamais cogitar a possibilidade de desposar tal animal. Assim, o zoófilo comumente não é zooafetivo, ainda que haja alguns casos registrados de zooafetividade. Do mesmo modo, nem todo homossexual é homoafetivo, nem todo heterossexual é heteroafetivo e nem todo bissexual é biafetivo.

A distinção entre sexualidade e afetividade já foi apresentada em trabalho anterior do autor:[9]

> A prática eventual de atividades eróticas ou afetivas com pessoas do mesmo sexo ou gênero — comportamento sexual homoafetivo ou homoerótico —, por exemplo, não se caracteriza como uma identidade homossexual, na medida em que estes sujeitos assim não se definem ou se sentem caracterizados. O comportamento sexual é tomado em sua individualidade, não caracterizando uma identidade sexual quando tal comportamento não é absolutamente dominante, para não dizer exclusivo. Assim, o preconceito ditou a regra por muito tempo de que experiências ou aventuras eróticas diversas dos padrões comuns assinalam um suposto desvio de sexualidade, assim chamada tanto a homo quanto a bissexualidade. Este preconceito ainda norteia as mentes e o senso comum no sentido de se imputar dada condição àqueles que porventura se valham repetidas vezes de práticas que caracterizem as aventuras mencionadas, mesmo que com eventualidade reduzida.

---

[9] PARAENSE. *Direito à identidade sexual como direito à vida e ao próprio corpo na problemática do transexual*, p. 12.

Já os especialistas, sejam psicólogos, sejam antropólogos, admitem que o contato sexual com pessoas do mesmo gênero só caracteriza a homossexualidade quando se dá constantemente, ainda que não em caráter exclusivo. Ou seja, a identidade sexual homossexual pode conviver com eventuais relações carnais e afetivas com pessoas de gênero distinto, desde que estas se dêem de maneira esporádica, evidenciando tal comportamento uma mera fuga ou escape de rotina, por exemplo. Importa para a caracterização desta identidade uma identificação espontânea do indivíduo e a primazia de um comportamento sexual sobre os demais, além da *coexistência de sentimento*.

Assim, a caracterização de uma identidade sexual não se faz exclusivamente levando-se em conta as posturas puramente sexuais ou carnais, devendo-se atentar para a dimensão afetiva.

À coexistência de sentimento, a esta dimensão afetiva, optou-se agora por chamar de afetividade, distinguindo, portanto, a homossexualidade da homoafetividade, trabalhando-se com este último conceito para a caracterização do casamento entre pessoas do mesmo gênero, razão pela qual se fala em *casamento homoafetivo*.

4 Origem e panorama atual do casamento

O casamento é uma instituição ancestral, instituída com a consolidação da religião nas sociedades humanas. Só há que se falar em casamento quando é possível falar em religião. Isto porque antes da firmação e solidificação dos ritos metafísicos míticos, os seres humanos procriavam independentemente da união formal entre o macho e a fêmea.

A união formal, de caráter eminentemente religioso, entre homem e mulher, com o objetivo de constituir família, procriar e poder cultivar as tradições do Lar é que foi chamada, originalmente, de casamento. Assim, o casamento era uma forma de procriação e criação de filhos, sendo que a procriação tinha como intuito a sobrevivência do próprio genitor. É que antigamente acreditava-se que o homem, ao morrer, habitava o subterrâneo da terra onde era sepultado, necessitando ainda de auxílio e cuidados, ainda que minorados em relação às suas necessidades em vida. Portanto, era função dos descendentes e suas esposas a proteção das sepulturas contra qualquer violação, pois um morto sem sepultura se torna um espírito errante, mal aventurado.[10] Como a sociedade era, e ainda é, essencialmente machista e patriarcal, apenas ao homem era dada a incumbência de conduzir os cultos e fazer o repasto, sendo que a mulher somente podia fazê-lo se for em auxílio de algum homem, fosse seu parente ou seu marido.

Vê-se, então, que a função do casamento era a de procriar e criar os filhos — sempre se almejando filhos homens — e a de angariar auxílio feminino na proteção das sepulturas, na realização do repasto e na manutenção das tradições e dos ritos do culto, já que a mulher que se casa deixa de pertencer ao culto de seus antepassados e passa a cultuar os antepassados do marido. O casamento era, por isto mesmo, um ritual em que a mulher era retirada da proteção e da cultura de seus antepassados e aceita na dos antepassados do marido, mediante consulta a estes. Os institutos da emancipação e adoção também tinham função semelhante quanto à ligação de uma pessoa e um culto a antepassados, o primeiro marcando o desvencilhamento e o segundo marcando a integração.[11]

Obviamente, o instituto do casamento foi sendo modificado no decorrer dos anos. Ainda hoje é visto como a principal forma de constituição de uma família, embora a união estável se estabeleça como uma realidade cada vez mais presente. Identifica-se, porém, a sua modificação com a mudança de finalidade última: a família não é mais instituída para a geração de filhos, mas para

---

[10] COULANGES. *A cidade antiga*, p. 65-77.
[11] COULANGES. *A cidade antiga*, p. 78-80.

a convivência mútua de duas ou mais pessoas — os cônjuges e sua eventual prole. Tanto assim que a infertilidade já não é mais considerada causa que impossibilite o casamento, seja ela decorrente de problemas congênitos ou da idade avançada.

Não sendo mais o objetivo da constituição da família a procriação, não se pode, portanto, exigir a diversidade de gêneros ou sexos[12] na caracterização da base parental familiar. Ou seja, desnecessária a existência de uma figura paterna e uma materna.

Assim é que já se afigura possível e constitucionalmente prevista a família monoparental, fruto esta não só da viuvez, mas também da ocorrência cada vez mais freqüente de gravidezes de mães solteiras, ou de adoção de pais solteiros.

Mudada a família, mudou-se também o casamento. O casamento pode, como principal forma de nascimento da família, assumir aspectos diferentes, assim como esta. Como já dito acima, o casamento hoje se caracteriza não apenas pela procriação, mas como toda e qualquer união formal entre duas pessoas que possuem laços afetivos, mais fortes que os laços comuns de amizade e simplesmente diferentes dos parentais, com o fim de constituir família, a qual prescinde da realização de uma prole comum. Caracterizado deste modo, o casamento prescinde da diversidade de gêneros. Assim, não se entende a razão da exigência desta diversidade por algumas legislações, dentre as quais não está a Constituição Federal do Brasil; muito menos pela doutrina e pela jurisprudência, como será evidenciado adiante.

5 Casamento homoafetivo

Ainda é comum afirmar que o casamento se caracteriza pela diversidade sexual porque isto é natural. Ora, há muito que a

---

[12] Deve-se esclarecer que por sexo entende-se a orientação sexual, porquanto por gênero se entende a diferença entre macho e fêmea. Por esta razão, os casamentos hoje em dia, no Brasil, são todos entre pessoas do mesmo sexo, pois se dão entre heterossexuais.

dimensão cultural humana despreza os critérios naturais. Assim é que não é comum encontrar uniões afetivas entre os animais, e, muito menos, uniões para fins outros que não a procriação. Portanto, se esta é a justificativa para a vedação ao casamento homoafetivo, há que se proibir também o casamento entre pessoas inférteis. Verifica-se, assim, que todo o casamento possui uma condição resolutiva tácita: a geração de filhos comuns, pois se esta for a finalidade da família, e indiretamente do casamento, sendo causa de vedação à união homoafetiva, então os casais que, atingida uma idade limite que, ultrapassada, inviabilize a gestação, não tiverem filhos, devem se desfazer.

Não é possível, como demonstrado, a sustentação de que o casamento homoafetivo é inadmissível em virtude da incapacidade de geração de filhos espontaneamente, já que é amplamente admitida a união entre pessoas inférteis ou que, por qualquer motivo, não desejem procriar.

Também é comum outra alegação de cunho naturalista: a de que a homoafetividade é estranha à natureza. Este preconceito não mais pode vigorar. Com a consolidação da psicologia como ciência, ou ao menos como um conhecimento embasado e criterioso, ainda que não adquira ares científicos, tornou-se inadmissível a afirmação inconteste de que o padrão a ser adotado é o da natureza e o do comportamento animal, em função justamente da complexidade da psique humana, cuja gama de fatores que implicam a determinação de comportamentos tão variados ainda é desconhecida. Mas a psicologia já trouxe um ganho, como anteriormente mostrado: a mente ganha espaço como critério de aferição da identidade de gênero, mais que a própria biologia, o que levou à possibilidade de conversão do sexo morfológico e hormonal do ser humano, para que se conforme ao seu sexo psíquico.

Neste sentido, Freud já assegurava, em seu estudo "Três Ensaios sobre a Sexualidade", que "na verdade, a escolha do nosso objeto sexual e de desejo é um enigma tão complexo quanto o próprio ser humano".[13] Do mesmo modo conclui Sérgio Gomes:[14]

> Nem mesmo o interesse sexual do homem pela mulher ou vice-versa é algo óbvio, e sim, um problema que requer esclarecimentos, conforme pode ser visto nos "Três Ensaios", tornando uma tarefa fútil a pergunta: *"por que alguém é homossexual?"*. A melhor pergunta a ser feita deveria ser: *"o que leva um ser humano a realizar uma escolha de objeto"*, ou dito de outro modo, *"o que leva um sujeito a desejar e amar alguém, seja este hetero ou homossexual?"*.

Por tudo isso, pela leitura que se faz do comportamento social humano e suas causas, pela hodierna compreensão dos conceitos e institutos, com sua relativização, dentre os quais se encontram a família e o casamento, e pelo atual estágio da sociedade, não se crê ser mais possível refutar o casamento homoafetivo como um anseio legítimo dos cidadãos homoafetivos.

A impossibilidade do casamento entre pessoas do mesmo gênero, contudo, é encontrada na legislação, segundo afirmam os detratores desta causa. Assim não é, como se mostrará a seguir.

A Constituição Federal do Brasil trata do casamento sem, contudo, delimitar seu conteúdo. No artigo 225, estabelece a sua gratuidade, os efeitos da sua modalidade religiosa no âmbito civil, a facilitação da conversão da união estável, a igualdade de direitos entre homem e mulher durante o matrimônio e a possibilidade do divórcio. A opção de não delinear claramente o conteúdo do instituto do casamento parece ter como base a atribuição de tal responsabilidade ao costume e à legislação infraconstitucional.

De fato, a legislação infraconstitucional, mais precisamente o Código Civil, informa melhor a substância do instituto em comento, além de, ao que parece, deixar inequívoca a

---

[13] Apud GOMES. *Ensaios homoeróticos III*: Freud e o homoerotismo. Disponível em: <http://www.glssite.net/colunistas/silva/psi13.htm>, p. 5.
[14] Idem, ibidem.

necessidade de diversidade de gêneros para sua celebração. A questão que se coloca, porém, é: não incorre o Código Civil em inconstitucionalidade ao exigir tal diversidade? Muitos afirmam que a Carta Magna estabelece que o casamento só se dá entre homem e mulher. Para sustentar esta afirmação, alguns mencionam o art. 225, §3º. Ele diz expressamente que "para efeito da proteção do Estado, é reconhecida a união estável entre o homem e a mulher como entidade familiar, devendo a lei facilitar a sua conversão em casamento". Ou seja, a união estável reconhecida pelo Estado é apenas a que se dá entre homem e mulher, e somente esta deve ter sua conversão em matrimônio facilitada pela lei. Mediante a aplicação do brocardo jurídico de que "quem não pode o menos, não pode também o mais", evidencia-se a vedação ao casamento entre pessoas do mesmo gênero, pois a união estável é um menos em relação ao casamento, analisados ambos os institutos de acordo com sua importância e valorização na sociedade, sobretudo para a formação da família. Assim, como não é permitida a união estável entre homoafetivos, também não o é o casamento, segundo a lógica jurídica.

Tal lógica, contudo, não pode ser aplicada ao caso em virtude de circunstâncias históricas. Há que se observar que quando da deliberação constituinte, a sociedade ainda não havia evoluído o suficiente para se permitir a assunção pública de casais homoafetivos. Eles já existiam, mas não se revelavam pública e inequivocamente como hoje em dia. Assim, não havia uniões estáveis homoafetivas, segundo a lei. É que o constituinte entendeu que apenas as uniões estáveis propriamente ditas, ou seja, públicas e notórias, poderiam gozar da facilidade proposta, como estímulo à formalização da família por meio do matrimônio. Imagine-se, pois, que tal possibilidade fosse estendida aos homoafetivos. O que aconteceria, decerto, seria uma sucessão infindável de golpes após a morte de alguém, especialmente de alguém homoafetivo.

Lembre-se que mesmo os gays assumidos não gozavam sua relação abertamente, como os casais heteroafetivos, tendo que viver seu romance ou seu vínculo afetivo de maneira marginal. Não se admitia em hipótese alguma dois homens andando de mãos dadas em um cinema, beijando-se como qualquer casal dito comum. Estes certamente seriam colocados para fora do cinema ou do centro de compras chamado de *shopping center*. Ainda hoje há um preconceito enorme, embora já se possa viver a homoafetividade em locais públicos sem se ser importunado, a não ser por olhares preconceituosos e curiosos. Não há dúvida, portanto, que mesmo as celebridades assumidas não revelavam publicamente seus *affaires*. Com isto, diante de sua morte, como comprovar a existência de uma união estável? Ter-se-ia, nestes casos, que abrir mão de um dos requisitos, ainda hoje essencial, da união estável: a publicidade ou notoriedade. Afinal, a união homoafetiva na década de 1980, e até o princípio da década de 1990 no Brasil, não era jamais pública e notória.

Deste modo, não se poderia admitir, à época da elaboração da Constituição, a união estável entre pessoas do mesmo gênero, posto que a publicidade e notoriedade exigida para a configuração da dita união não se verificava nas relações homoafetivas, especialmente em virtude da discriminação e da impossibilidade social de se sair à rua ostentando a sua condição homossexual. Contudo, a celebração de um ato solene, em que tal vontade de constituir família não ficaria à mercê da interpretação dos atos do casal, mas dependeria de expressão inconteste e inequívoca, poderia se realizar. Note-se que a vedação à união estável homoafetiva tinha como escopo único proteger o Estado e a sociedade de fraudes oriundas da impossibilidade de determinação precisa da vontade de constituir família por parte do casal, requisito indispensável para tal união, determinação esta que comumente se dá pelos atos públicos que geram a presunção em favor de tal intenção.

Pelo exposto, não se pode aplicar direta e indiscriminadamente a lógica analógica do "se não pode o menos, não pode o mais", sobretudo a este caso, em que o legislador teve motivos específicos e peculiares para tratar diversamente e proibir o menos sem, contudo, vedar o mais. Assim, da vedação à união estável entre pessoas do mesmo gênero não se pode concluir a proibição ao casamento homoafetivo.

Outro argumento que se utiliza para sustentar que a Carta Magna brasileira veda o casamento homoafetivo é o que dispõe o artigo 225, §5º: "os direitos e deveres referentes à sociedade conjugal são exercidos igualmente pelo homem e pela mulher". Obviamente, o texto não impõe a diversidade sexual, mas reafirma a igualdade entre homens e mulheres, inscrita no inciso I do artigo 5º.

Em primeiro lugar, não há indicação textual da necessidade de tal diversidade. O artigo 5º, I, por exemplo, informa que "homens e mulheres são iguais em direitos e obrigações, nos termos desta Constituição". Da interpretação constitucional não se aduz que a contração de obrigações ou a aquisição de direitos só se dê na relação entre homem e mulher, devendo haver diversidade de gêneros para haver direitos e obrigações jurídicas. Não se entende, portanto, porque quanto ao artigo 225, §5º, tal interpretação é a vigente no meio jurídico.

Novamente os defensores da proibição do casamento gay apelam para um brocardo, o de que a lei não comporta palavras inúteis, quanto mais parágrafos inteiros. Neste caso, não se trata de inutilidade. Primeiro, porque o próprio texto constitucional afirma a existência de outros comandos dentro da própria Lei Fundamental que garantem ou estabelecem a igualdade entre homens e mulheres, conforme está expresso no artigo 5º, I: "homens e mulheres são iguais em direitos e obrigações, *nos termos desta Constituição*". Ademais, a prova inconteste da necessidade da reafirmação exposta no artigo

225, §5º, é a interpretação e a aplicação social do inciso I do artigo 5º durante os anos iniciais de vigência da Carta Magna. A igualdade de direitos e deveres era vista como uma igualdade pública, que não alcançava o lar, espaço privado por excelência, não podendo os ditames constitucionais prevalecer sobre a intimidade doméstica e conjugal. Assim, o homem poderia impor à mulher uma série de condições e desigualdades, em virtude especialmente da estrutura machista e patriarcal da sociedade e da família, mesmo nos dias de hoje. Tanto é assim que até hoje se faz necessária a intervenção legislativa constante, com a edição de leis como a Maria da Penha ou o Estatuto do Idoso para regular as relações íntimas ainda bastante desiguais. Portanto, entendeu o constituinte ser necessária a inclusão de uma determinação expressa da igualdade entre homens e mulheres que alcançasse, também, o seio familiar e conjugal. Por tais razões, não se pode entender que este parágrafo imponha a diversidade de gêneros como requisito do matrimônio, pois serve apenas para reafirmar e reforçar o comando do inciso I do artigo 5º. Também resta óbvio que não haveria sentido em afirmar, para os casos de casamento homoafetivo, que homens e homens ou mulheres e mulheres são iguais em direitos e deveres conjugais, uma vez que a igualdade só precisa de afirmação expressa quando se dá entre seres ou coisas diferentes.

Pelo que foi visto, a Constituição não veda o casamento entre pessoas do mesmo gênero. Sendo omissa, cabe aos costumes e à legislação tratar da matéria. Não poderão, contudo, contrariar os diversos ditames constitucionais, como o faz o Código Civil. Vê-se claramente que a opção do legislador constituinte foi permitir a mutação dos costumes e dos institutos jurídicos, com sua integração aos ditames constitucionais, desde que não conflitem com a Lei Maior, sendo por ela absorvida. Deste modo, não há a delimitação do conteúdo do casamento para que fosse possível a sua conformação aos tempos modernos. Pode-se dizer, assim, que a Constituição também adotou as chamadas cláusulas gerais.

O artigo 1.514 do Código Civil é expresso na exigência da diversidade de gêneros para a ocorrência do matrimônio: "o casamento se realiza no momento em que o homem e a mulher manifestam, perante o juiz, a sua vontade de estabelecer vínculo conjugal, e o juiz os declara casados". Tal exigência, porém, contraria a Constituição, que dispõe que um dos objetivos fundamentais da República Federativa do Brasil é "promover o bem de todos, sem preconceitos de origem, raça, sexo, cor, idade e quaisquer outras formas de discriminação".

A família é a base da sociedade, e não há dúvida de que o homoafetivo compõe uma família, seja qual for a sua constituição. Sendo o casamento a principal forma de constituição da família, sua contração por casais do mesmo gênero não pode ser proibida sem justificativa. O casamento já não é mais o instituto que tem por excelência a união entre pessoas de gêneros distintos. Tal exigência é acessória mesmo no Código Civil, que em seu artigo 1.511 caracteriza o casamento como "a comunhão plena de vida, com base na igualdade de direitos e deveres dos cônjuges", só posteriormente, no artigo 1.514, estabelecendo o requisito da diversidade de gêneros. Ou seja, o matrimônio é a união de duas pessoas que nutrem um vínculo afetivo especial entre si e desejam constituir família, não sendo necessário para tanto a geração de uma prole comum. Qualquer casamento representa a união de pessoas que se gostam, que nutrem este vínculo afetivo especial, também sexual, e que desejam constituir uma família, sendo aceita perante a sociedade como uma entidade familiar autônoma, podendo ambos gozar do reconhecimento e do estado civil próprio àqueles que são casados, com a eventual adoção do nome por um dos nubentes, ou por ambos. Impedir que duas pessoas que se encontram diante destas circunstâncias contraiam núpcias, casando-se, apenas em virtude de sua sexualidade ser divergente da sexualidade da maioria, constitui uma grave afronta aos princípios da liberdade, da igualdade e da não-discriminação, inscritos na Constituição Federal. Dúvida não resta, portanto, de que a exigência civilista de diversidade sexual é plenamente inconstitucional.

6 Conclusão

É evidente que os valores próprios do intérprete do Direito, seja ele um jurista propriamente dito ou um cidadão, interferem na construção da interpretação, gerando sempre preconceitos, sejam eles justos ou não. Em todo o caso, em questões polêmicas e cuja verificação prática ainda suscita discussões acaloradas, acirradas principalmente por dogmas religiosos, científicos ou mesmo de senso comum, a influência dos valores costuma assumir contornos de defesa de axiomas tradicionais e conservadores, constituindo-se quase sempre em discriminação. O debate sobre o casamento homoafetivo não foge à regra.

A interpretação dominante aponta a vedação constitucional deste casamento, com a expressa proibição por parte do Código Civil. Afirmou-se neste trabalho, porém, que a Constituição não estabelece o conteúdo do casamento, cabendo tal tarefa à legislação infraconstitucional e aos costumes, sendo vedada, contudo, qualquer disposição contrária aos demais ditames magnos. Assim, verificou-se a inconstitucionalidade do artigo 1.514 do Código Civil, por se constituir em clara discriminação aos princípios constitucionais da liberdade, da igualdade e da não-discriminação, especialmente inscritos no artigo 3º, IV da Lei Fundamental.

Uma vez que hoje o casamento é muito mais uma união afetiva com o intuito de constituição de uma entidade familiar do que a união estabelecida para a procriação, sendo que a família também perdeu esta característica essencial, não mais se justifica a proibição do casamento homoafetivo, pois estes casais também desenvolvem uniões afetivas com o intuito de constituição de família, já sendo admitida como entidade familiar genérica aquela composta exclusivamente por homoafetivos. Este entendimento sobre o casamento, esta definição apresentada, encontra-se no próprio Código Civil, em seu artigo 1.511. Ademais, uma lei ordinária não pode ir além da Constituição, proibindo o que a Constituição não proibiu, ainda que não tenha expressamente permitido, quando tal proibição se constitui violação a princípios fundamentais da Carta Magna.

Não vedando expressamente a Lei Fundamental o casamento entre pessoas do mesmo gênero, sendo defesa a discriminação, e diante da atual compreensão do casamento como comunhão de vidas para a criação de uma família, de uma entidade de amor, respeito, carinho e afeto mútuo, não resta outra opção a não ser reconhecer a possibilidade constitucional, e portanto legal, do casamento homoafetivo.

Referências

ARATANGY, Lídia R. *Sexualidade*: a difícil arte do encontro. 3. ed. São Paulo: Ática, 1997.

CANELLA, Paulo Roberto Bastos. Identidade de gênero. *Scientia Sexualis*: Revista do Mestrado em Sexologia da Universidade Gama Filho, Rio de Janeiro, v. 3, n. 2, p. 74-79, dez. 1997.

CHAVES, Antônio. *Direito à vida e ao próprio corpo*: intersexualidade, transexualidade, transplantes. 2. ed. rev. ampl. São Paulo: Revista dos Tribunais, 1994.

COULANGES, Fustel de. *A cidade antiga*. Trad. Aurélio Barroso Rebello e Laura Alves. Rio de Janeiro: Ediouro, 2004.

DIAS, Maria Berenice. *União homossexual*: o preconceito e a justiça. 2. ed. Porto Alegre: Livraria do Advogado, 2001.

DIAS, Maria Berenice. O transexual e o direito de casar. *Salto – Boletim da Associação de Travestis de Aracaju/UNIDAS*, Aracaju, n. 06, p. 01-03, maio/jul. 2002.

DIMENSTEIN, Gilberto. *Meninas da noite*. São Paulo: Ática, 1992.

FRY, Peter; MACRAE, Edward. *O que é homossexualidade*. São Paulo: Brasiliense, 1983. (Coleção Primeiros Passos, v. 81).

GOMES, Sérgio. *Ensaios homoeróticos III*: Freud e o homoerotismo. Disponível em: <http://www.glssite.net/colunistas/silva/psi13.htm>.

LYRA FILHO, Roberto. *O que é direito*. São Paulo: Brasiliense, 1982. (Coleção Primeiros Passos, v. 62).

NUNAN, Adriana. *Homossexualidade*: do preconceito aos padrões de consumo. Rio de Janeiro: Caravansarai, 2003.

OLIVEIRA, Silvério da Costa. *O psicólogo clínico e o problema da transexualidade*. Revista SEFLU, Rio de Janeiro, ano 1, n. 2, dez. 2001. Disponível em: <http://www.sexodrogas.psc.br/transexualismo.htm>.

PARAENSE, Leandro Lopes Pontes. *Direito à identidade sexual como direito à vida e ao próprio corpo na problemática do transexual*. 2005. 89f. Trabalho apresentado como requisito parcial para aprovação na disciplina Bioética, do Curso de Mestrado em Direito Privado e Econômico – Faculdade de Direito, Universidade Federal da Bahia, Salvador, 2005.

PARKER, Richard. *A construção da solidariedade*: AIDS, sexualidade e política no Brasil. Rio de Janeiro: Relume-Dumará, 1994.

PERES, Ana Paula Ariston Barion. *Transexualismo*: o direito a uma nova identidade sexual. Rio de Janeiro: Renovar, 2001.

SAFFIOTI, Heleieth I. B. *O poder do macho*. São Paulo: Moderna, 1993.

SANTOS, Milton. *Território e sociedade*: entrevista com Milton Santos. São Paulo: Perseu Abramo, 2004.

SESSAREGO, Carlos Fernández. El cambio de sexo y su incidencia en las relaciones familiares. *Revista de Direito Civil, Imobiliário, Agrário e Empresarial*, São Paulo, v. 15, n. 56, p. 7-50, abr./jun. 1991.

SINGER, Peter. *Ética prática*. Trad. Jefferson Luiz Camargo. 3. ed. São Paulo: Martins Fontes, 2002.

SUTTER, Matilde Josefina. *Determinação e mudança de sexo*: aspectos médicos- legais. São Paulo: Revista dos Tribunais, 1993.

> Informação bibliográfica deste texto, conforme a NBR 6023:2002 da Associação Brasileira de Normas Técnicas (ABNT):
>
> PARAENSE, Leandro Lopes Pontes. Possibilidade constitucional do casamento homoafetivo. In: BORGES, Roxana Cardoso Brasileiro; CASTRO, Celso Luiz Braga de; AGRA, Walber de Moura (Coord.). *Novas perspectivas do Direito Privado*. Belo Horizonte: Fórum, 2008. p. 125-149. ISBN 978-85-7700-181-1.

Apontamentos sobre os aspectos trabalhistas na nova Lei de Falências e de Recuperação de Empresas

Márcio Souza Guimarães

Sumário: Introdução - **1** Pedido de falência pelo credor trabalhista - **1.1** Requerimento de falência com base na impontualidade - **1.2** Requerimento de falência com base na prática de atos de falência - **2** Efeitos da falência em relação às demandas trabalhistas - **2.1** Processos trabalhistas em curso - **2.2** Pedido de reserva - **3** Verificação e habilitação do crédito trabalhista - **4** Participação do credor trabalhista na falência e na recuperação de empresas - **4.1** Assembléia geral de credores - **4.2** O comitê de credores - **5** Tratamento ao crédito trabalhista - Bibliografia

Introdução

O sistema de insolvência empresarial, representado pelos institutos da falência e da recuperação de empresas, tem por objetivo tutelar a atuação dos empresários e das sociedades empresárias. Quando uma pessoa (natural ou jurídica) deixa de honrar com as suas dívidas ou pratica determinados atos, tais fatos não representam nenhum risco ao cenário econômico e social. Entretanto, se a pessoa devedora ou praticante de alguns atos for um empresário ou uma sociedade empresária, grave risco social se afigurará, por se apresentarem como um dos responsáveis pela engrenagem social da estabilidade financeira e econômica, com conseqüências no crédito público. Esse quadro, perfunctoriamente delineado, é que dá azo à existência de um mecanismo legal para tutelar a insolvência empresarial (falência e recuperação de empresas), ao contrário da insolvência civil.

As relações trabalhistas se inserem no contexto do sistema de insolvência empresarial com perfeição e harmonia, por representarem o "combustível" necessário ao desenvolvimento de toda atividade empresarial,[1] podendo-se dizer que são um dos importantes protagonistas de todo o aparato empresarial.

Com esse escopo será desenvolvido esse estudo, buscando identificar as relações trabalhistas e o novo sistema de insolvência empresarial, não sob o enfoque antagônico, como não raro se vê, mas sim de forma harmônica com o sistema empresarial.[2]

1 Pedido de falência pelo credor trabalhista

O credor trabalhista somente poderá assim ser denominado quando tiver seu crédito definitivamente reconhecido, que, no sistema pátrio legislativo, se dará apenas quando ostentar um título executivo em suas mãos. Assim, tanto a sentença trabalhista, líquida e com trânsito em julgado, como qualquer instrumento que alcance a força de título executivo extrajudicial, servirá para tanto.

---

[1] A Constituição da República protege as relações trabalhistas, sob a égide de cláusula pétrea, determinando o tratamento privilegiado ao credor dessa natureza, exatamente para tutelar aqueles que são os responsáveis pelo desenvolvimento econômico de uma nação.

[2] Sem a atividade empresarial não há trabalho e sem trabalhadores não há atividade empresarial.

A forma de se levar ao conhecimento do Poder Judiciário a presunção de insolvência do empresário ou da sociedade empresária,[3] pelo credor,[4] é o requerimento de falência, que poderá ser engendrado de duas formas: verificação da impontualidade e a prática de atos de falência.

1.1 Requerimento de falência com base na impontualidade

Art. 94. Será decretada a falência do devedor que:

I – sem relevante razão de direito, não paga, no vencimento, obrigação líquida materializada em título ou títulos executivos protestados cuja soma ultrapasse o equivalente a 40 (quarenta) salários-mínimos na data do pedido de falência;

O requerimento de falência, sob o fundamento da *impontualidade*, deve ser instruído com título executivo (seja judicial ou extrajudicial),[5] denotador da inadimplência, cuja comprovação se dá com a realização do regular protesto do título.[6]

---

[3] Serão considerados empresário (pessoa natural) ou sociedade empresária (pessoa jurídica) aqueles que praticarem atos de empresa, na forma inserta no art. 966 do Código Civil de 2002 (interpretação que pode ser alcançada nos enunciados de nºs 193 a 196 da Comissão de Direito de Empresa da III Jornada de Direito Civil, realizada pelo Conselho da Justiça Federal, com o apoio do Superior Tribunal de Justiça, que pode ser acessado no site <www.cjf.gov.br>, publicações).

[4] Devendo sempre o requerente ostentar a qualidade de credor — art. 97 da Lei nº 11.101/05.

[5] O art. 1º do revogado D.L. 7.661/45 assim preconizava, sendo repetido pela nova Lei de Falências e Recuperação de Empresas, em seu art. 94, I.

[6] O Superior Tribunal de Justiça demarca sua jurisprudência na regularidade do protesto (AGREsp nº 299.465/PR; REsp nº 112.931/SC e RESP nº 294.082/PR), sob pena de anulação do decreto de falência. De outro lado, como já chancelado pelo Superior Tribunal de Justiça (REsp nº 50.827/GO; REsp nº 74.847/SP e REsp nº 203.791/MG), o simples protesto cambiário pode instruir o requerimento de falência, sendo equivocado o argumento de que a nova Lei de Falências e Recuperação de Empresas exige *protesto especial para fins de falência* (art. 94, §3º), pelo simples fato de inexistir tal protesto no sistema legal de protesto de títulos e documentos (Lei nº 9.492/97), não se podendo dizer que a redação do p.ú. do art. 23 da Lei nº 9.492/97 traduz tal modalidade de protesto, sendo evidente que se trata de dispositivo legal vão — o Tabelião de Protestos de Títulos e Documentos não tem o poder de julgar quem está ou não submetido à falência. Fundamentada exposição do que ora defendemos é feita por CAMPINHO. *Falência e recuperação de empresa*: o novo regime da insolvência empresarial, p. 237-240.

O credor trabalhista, ao assumir tal *status*, deverá optar por alguma das estratégias para o alcance de seu crédito, dentre elas, podemos citar algumas: negociar o recebimento amigável; encaminhar o título ao cartório de Protesto de Títulos e Documentos[7] ou então se valer da tradicional execução, que, cada vez mais, busca a celeridade,[8] mas que ainda é deveras ineficaz. O requerimento de falência, de forma propositada, não foi por nós elencado como uma das formas de satisfação do crédito trabalhista, pela razão básica de que o processo falimentar não visa à satisfação do crédito, bastando para a comprovação do asseverado a seguinte indagação: o leitor conhece alguma falência em que os créditos foram satisfeitos? Certamente, raríssimas serão as respostas positivas, apesar de ser bem verdade que o crédito trabalhista, ao menos do sistema anterior — D.L. 7.661/45, tinham grande chance de ser aquinhoado.

A utilização do processo falimentar como meio de cobrança sempre foi objeto de intensa discussão jurisprudencial. O Superior Tribunal de Justiça, recentemente, modificou posicionamento pretérito,[9] ao admitir que qualquer credor que ostentar título executivo, em qualquer montante, regularmente protestado, em face de devedor sujeito ao sistema falimentar, tem legitimidade para tanto, não havendo qualquer possibilidade de se vislumbrar

---

[7] A sentença, líquida e com trânsito em julgado, também pode ser objeto de tal medida. Ressalte-se que pouco é utilizado o mecanismo de protesto das sentenças, iniciando-se, de imediato, a execução judicial do julgado, que se denota, em muitas das vezes, como verdadeira *via crucis*. O protesto do título gera coerção legítima ao devedor ao passo que sofrerá restrições ao crédito, vendo seu nome inserido no rol dos maus pagadores (art. 29 da Lei nº 9.492/97). Ainda é muito cômodo para o devedor ser executado judicialmente, apesar da recente modificação ao texto legal do Código de Processo Civil, pela Lei nº 11.232/05; quando suscitado o devedor por qualquer um, a assertiva é imediata e eficaz: o problema está *sub judice*. Assim, o protesto é meio de cobrança que deve ser estimulado.

[8] A Lei nº 11.232/05, que alterou o sistema processual civil de execução, passou a dispor que a execução não se trata mais de um processo autônomo, mas sim de uma fase subseqüente ao processo de conhecimento.

[9] REsp nº 136.565/RS.

falta de interesse de agir,[10] pois esse se materializou com a presença dos requisitos legais exigidos para o requerimento de falência (título executivo, devidamente protestado e ostentando como devedor empresário ou sociedade empresária).

A nova Lei de Falências e Recuperação de Empresas ao enfrentar a questão optou por criar um patamar mínimo para o requerimento de falência, com base na impontualidade,[11] no montante equivalente a 40 (quarenta) salários mínimos.[12] Dessa forma, o credor trabalhista, como qualquer credor, caso opte pelo requerimento de falência deverá ostentar crédito que ultrapasse o montante indicado,[13] devendo instruir o requerimento com o título executivo (em regra, a sentença trabalhista, já liquidada, com trânsito em julgado), devidamente protestado, desde que o devedor se apresente como empresário ou sociedade empresária.[14]

1.2 Requerimento de falência com base na prática de atos de falência

> Art. 94. Será decretada a falência do devedor que:
>
> II – executado por qualquer quantia líquida, não paga, não deposita e não nomeia à penhora bens suficientes dentro do prazo legal;
>
> III – pratica qualquer dos seguintes atos, exceto se fizer parte de plano de recuperação judicial:
>
> a) procede à liquidação precipitada de seus ativos ou lança mão de meio ruinoso ou fraudulento para realizar pagamentos;
>
> b) realiza ou, por atos inequívocos, tenta realizar, com o objetivo de retardar pagamentos ou fraudar credores, negócio simulado

---

[10] REsp nº 515285/SC.
[11] Para o requerimento de falência com base em ato de falência não há montante estabelecido.
[12] Art. 94, I, da Lei nº 11.101/95.
[13] O §1º do art. 94 da Lei nº 11.101/05 dispõe sobre a possibilidade de litisconsórcio ativo entre credores, a fim de, com a soma dos títulos, seja alcançado o montante de 40 (quarenta) salários-mínimos.
[14] Art. 1º da Lei nº 11.101/05.

ou alienação de parte ou da totalidade de seu ativo a terceiro, credor ou não;

c) transfere estabelecimento a terceiro, credor ou não, sem o consentimento de todos os credores e sem ficar com bens suficientes para solver seu passivo;

d) simula a transferência de seu principal estabelecimento com o objetivo de burlar a legislação ou a fiscalização ou para prejudicar credor;

e) dá ou reforça garantia a credor por dívida contraída anteriormente sem ficar com bens livres e desembaraçados suficientes para saldar seu passivo;

f) ausenta-se sem deixar representante habilitado e com recursos suficientes para pagar os credores, abandona estabelecimento ou tenta ocultar-se de seu domicílio, do local de sua sede ou de seu principal estabelecimento;

g) deixa de cumprir, no prazo estabelecido, obrigação assumida no plano de recuperação judicial.

O requerimento de falência com base na prática de atos de falência terá o mesmo condão daquele realizado com base na impontualidade — demonstrar ao Estado que o empresário ou a sociedade empresária estão presumidamente insolventes.[15]

Como a própria terminologia indica — *atos de falência* — terá vez o requerimento de falência quando o empresário ou a sociedade empresária adotarem condutas em desacordo com a normalidade da atividade empresarial, verificando-se, nas regras insertas nos incisos II e III, do art. 94 da LFR, atitudes que denotam violação à conduta esperada dos que praticam atos de empresa, afigurando-se como responsáveis pela estrutura econômica e social.

Os pedidos formulados com base na prática de atos de falência indicam, em grande escala, a presença de credores trabalhistas, sendo necessária, entretanto, a correta formulação, de acordo com o sistema falimentar.

---

[15] Nesse sentido SANTOS, J. A. P.; SANTOS, P. P. In: VALVERDE. *Comentários à Lei de Falências*, v. 1.

Inicialmente, deve ser ressaltado que o início da execução trabalhista terá o condão de afastar o pedido de falência com base na impontualidade,[16] salvo na hipótese de sua desistência; nesse caso, o caminho a ser percorrido é o do item anterior. Outrossim, caso iniciada a execução sem qualquer manifestação do devedor (inércia),[17] configurada restará a hipótese inserta no inciso II do art. 94 da LFR, o que, registre-se, é a mais comum. Aferido tal ato de falência, o credor deverá buscar a obtenção de certidão de inteiro teor,[18] no cartório da vara do trabalho respectiva, descritiva do fato delineado e, após, dirigir-se ao juízo falimentar para ingresso com o pedido de falência, sendo descabida a realização de protesto ou obediência ao montante de 40 (quarenta) salários-mínimos. O mesmo ocorrerá se as hipóteses evidenciadas se amoldarem às disposições do inciso III do art. 94 da LFR, dificilmente evidenciadas, em decorrência da dificultosa demonstração probatória dos atos elencados no dispositivo legal.

2 Efeitos da falência em relação às demandas trabalhistas

A decretação da falência exercerá marcante modificação em todas as relações jurídicas do falido,[19] dentre elas as trabalhistas

---

[16] "FALÊNCIA. SENTENÇA TRABALHISTA. PENHORA. RECUSA DA CREDORA.
Para que se caracterize o pedido de falência com base no art. 2º, I, da Lei de Falências, não basta a simples apresentação de sentença trabalhista com trânsito em julgado. É necessário que o executado não pague, não deposite a importância ou não nomeie bens à penhora. Na espécie, a requerente não se interessou pelos bens da requerida exibidos pelo oficial de justiça, situação que não autoriza o pedido de quebra. Ressaltou-se que tanto o credor comerciante quanto o credor civil podem requerer a falência. Precedente citado: REsp nº 32.571-SP, DJ 6.9.1999."
REsp nº 316.232-SP, Rel. Min. Ruy Rosado, julgado em 11.9.2001. STJ, informativo nº 108.

[17] Como o escopo legal é delinear a desídia daquele que tem por obrigação tutelar seus interesses, defendemos que a apresentação de exceção de pré-executividade não dará azo à configuração de tal ato de falência, por evidente, ter acarretado no afastamento da inércia reprovável.

[18] Nesse sentido ABRÃO; TOLEDO (Coord.). *Comentários à Nova Lei de Recuperação de Empresas e Falências*, p. 230.

[19] Na primeira fase do processo falimentar (do pedido de falência até a sentença de quebra) as relações jurídicas do falido permanecem inalteradas.

— objeto da presente análise. O quadro a ser enfrentado, em termos econômicos, é harmônico, podendo ser vislumbrado o trabalhador e outros credores, assim como o que exerce a atividade empresarial (empresário e sociedade empresária), do mesmo lado — busca de uma solução para resguardar a manutenção da fonte geradora de riquezas, de forma menos gravosa e mais eficaz possível.[20] Apesar de extenso o tema, o objetivo do presente item será a análise dos efeitos jurídicos da sentença de falência em relação aos processos que visam a constituição e a satisfação do crédito trabalhista.

2.1 Processos trabalhistas em curso

> Art.6º. A decretação da falência ou o deferimento do processamento da recuperação judicial suspende o curso da prescrição e de todas as ações e execuções em face do devedor, inclusive aquelas dos credores particulares do sócio solidário"
>
> Art. 76. O juízo da falência é indivisível e competente para conhecer todas as ações sobre bens, interesses e negócios do falido, ressalvadas as causas trabalhistas, fiscais e aquelas não reguladas nesta Lei em que o falido figurar como autor ou litisconsorte ativo.
>
> Parágrafo único. Todas as ações, inclusive as excetuadas no caput deste artigo, terão prosseguimento com o administrador judicial, que deverá ser intimado para representar a massa falida, sob pena de nulidade do processo.

As demandas trabalhistas em curso devem ser identificadas em duas vertentes: a) ações de conhecimento, quando o autor ainda busca a constituição de seu crédito[21] e b) ações de execução

---

[20] Art. 75 da Lei nº 11.101/05 – "A falência, ao promover o afastamento do devedor de suas atividades, visa a preservar e otimizar a utilização produtiva dos bens, ativos e recursos produtivos, inclusive os intangíveis, da empresa.
Parágrafo único. O processo de falência atenderá aos princípios da celeridade e da economia processual".

[21] No linguajar cotidiano é a "reclamação trabalhista sem sentença que tenha transitado em julgado".

trabalhista, quando o autor já tem o seu crédito reconhecido judicialmente, com trânsito e julgado e de forma líquida. As ações trabalhistas de conhecimento iniciadas, tanto antes quanto depois do decreto falimentar, terão curso normal na Justiça do Trabalho. A competência trabalhista tem sede constitucional, da mesma forma que a competência falimentar.[22] O diploma falimentar anterior não explicitava a solução para os processos trabalhistas em curso, sendo necessária a definição jurisprudencial.[23] A nova legislação, ao traduzir a regra inserta no art. 6º, asserta que não só as execuções ficariam suspensas, mas também as ações, indicando, desde já, incongruência técnica, eis que a execução é notadamente uma ação. Entretanto, logo adiante, no parágrafo seguinte, imprecisão técnica se torna mais evidente: "Terá prosseguimento no juízo no qual estiver se processando a ação que demandar quantia ilíquida" (art. 6º, §1º) — o termo *quantia ilíquida* foi utilizado para identificação das ações de conhecimento. A conclusão deve ser, na esteira da correta definição jurisprudencial[24] sobre o tema, que o decreto

---

[22] Artigo 109, I da CRFB — "Aos juízes federais compete processar e julgar:
I - as causas em que a União, entidade autárquica ou empresa pública federal forem interessadas na condição de autoras, rés, assistentes ou oponentes, exceto as de falência, as de acidentes de trabalho e as sujeitas à Justiça Eleitoral e à Justiça do Trabalho";

[23] "FALÊNCIA. PRAÇA NEGATIVA. JT.
Decretada a quebra, os litígios entre empregados e empregador serão julgados na Justiça do Trabalho, mas os atos de alienação judicial dos bens constritos em execução de reclamatória trabalhista se efetuarão no juízo falimentar. Caso os bens já se encontrem em praça, com dia definitivo para arrematação, fixado por editais, far-se-á esta, revertendo o produto para a massa. Se, negativas as praças, houver o credor solicitado a adjudicação do bem imóvel praceado em período anterior à decretação da quebra, deve a Justiça do Trabalho sobre ela decidir."
CC 33.877-GO, Rel. Min. Nancy Andrighi, julgado em 24.4.2002. STJ — INFO 131 — 2ª Seção.

[24] AgRg nº CC 46.928/SP, da 2ª Seção do Superior Tribunal de Justiça:
"AGRAVO INTERNO. COMPETÊNCIA. CONFLITO POSITIVO. JUSTIÇA TRABALHISTA E JUÍZO FALIMENTAR. EXECUÇÃO DE CRÉDITO TRABALHISTA. FALÊNCIA SUPERVENIENTE. JUÍZO UNIVERSAL.
Decretada a quebra, as reclamatórias trabalhistas prosseguirão na Justiça do Trabalho, mas os atos de execução dos seus julgados iniciar-se-ão ou terão seguimento no juízo

falimentar somente suspende o curso das ações de execução, com fundamento no fato de que a execução só existe pela presença de um credor, o que não pode ter cabimento quando o executado (devedor) estiver submetido ao sistema falimentar, que tem como uma das principais conseqüências a atração de todos os credores para a classificação de cada um no quadro geral de credores, atendendo, assim, ao princípio da *par conditio creditorum*.

Com a decretação da falência o administrador judicial deverá providenciar o levantamento de todas as demandas existentes em face da massa falida, promovendo o pedido de suspensão das execuções em curso,[25] em que figurar como executada, e a retificação do pólo passivo, nas ações de conhecimento, para a inserção do termo *massa falida*, ficando a seu cargo a responsabilidade pela representação judicial da massa falida.[26]

O antigo diploma legal[27] dispunha sobre regra excepcional em relação ao destino do montante alcançado na execução, de acordo com o momento em que a hasta pública tivesse sido realizada e o decreto falimentar encetado. O novo diploma legal não reproduziu tal regra. A regra inserta no art. 52, III, da nova Lei de Falências e de Recuperação de Empresas, indica que o

---

falimentar, ainda que já efetuada a penhora, sob pena de se romperem os princípios da indivisibilidade e da universalidade do juízo da falência, com manifesto prejuízo para os credores.
Agravo a que se nega provimento".

[25] Não há possibilidade da execução ter prosseguimento no juízo trabalhista. Nesse sentido: Rcl nº 1.870/SC (STJ).

[26] Art. 22 da Lei nº 11.101/05 – "Ao administrador judicial compete, sob a fiscalização do juiz e do Comitê, além de outros deveres que esta Lei lhe impõe:
III – na falência:
c) relacionar os processos e assumir a representação judicial da massa falida;
n) representar a massa falida em juízo, contratando, se necessário, advogado, cujos honorários serão previamente ajustados e aprovados pelo Comitê de Credores;".

[27] Art. 24, §1º, do D.L. 7.661/45 – "Achando-se os bens já em praça, com dia definitivo para arrematação, fixado por editais, far-se-á esta, entrando o produto para a massa. Se, porém, os bens já tiverem sido arrematados ao tempo da declaração da falência, somente entrará para a massa a sobra, depois de pago o exeqüente".

deferimento do processamento do pedido de recuperação judicial não acarreta em suspensão das execuções trabalhistas.

2.2 Pedido de reserva

Art. 6°, §3° - O juiz competente para as ações referidas nos §§1° e 2° deste artigo poderá determinar a reserva da importância que estimar devida na recuperação judicial ou na falência, e, uma vez reconhecido líquido o direito, será o crédito incluído na classe própria.

Com a decretação da falência, como já evidenciado acima, os processos de execução serão suspensos, devendo o credor se submeter ao quadro geral de credores. Já em relação aos processos de conhecimento, não terão seu curso interrompido, devendo prosseguir até o alcance definitivo do reconhecimento do crédito trabalhista (sentença condenatória, com trânsito em julgado), sendo certo que haverá o risco de que quando o crédito for definido judicialmente, no juízo trabalhista, e o credor se dirigir ao processo falimentar para classificação no quadro geral de credores, não mais existir numerário disponível para o adimplemento da obrigação. Nesse contexto é que se verifica o instituto do *pedido de reserva*.

O pedido de reserva tem por fundamento os preceitos que circundam a natureza cautelar de qualquer decisão. Assim, presentes deverão estar o *fumus boni iuris* e o *periculum in mora*, devendo o primeiro ser analisado com base nos argumentos trazidos e notadamente com a cópia da documentação adunada ao pleito; e o segundo, de forma marcante, estará sempre presente, pois de difícil identificação será o momento em que o pagamento das obrigações arroladas no quadro geral de credores da falência será realizado em contrapartida ao desfecho dos inúmeros processos de conhecimento em curso, em todo o País.

A redação inserta no dispositivo legal em comento (art. 6°, §3°) pode dar margem a uma interpretação literal que acarretará em violação à Constituição da República. O juízo trabalhista que for competente para processar e julgar os processos trabalhistas de conhecimento tem por competência constitucional a análise de todas as questões trabalhistas, todavia, não poderá *determinar* a reserva da quantia devida, proferindo ordem em processo que não é de sua competência, notadamente o processo falimentar. A solução para o problema deve se dar com base em interpretação sistemática, concluindo-se que a determinação inserta na redação da lei traduz a ordem que deve ser proferida pelo juízo trabalhista, no sentido de que seja informado ao juízo falimentar sobre a existência de processo trabalhista de conhecimento em curso, cujo pedido se refere a determinada quantia, oportunidade em que serão analisados os requisitos ensejadores do deferimento da decisão cautelar (*reserva de quantia*), pelo próprio juízo falimentar, com a determinação da reserva de quantia.[28] A diferença do atual dispositivo legal para o anterior reside na possibilidade do pedido de reserva ser encaminhado pelo juízo trabalhista, o que antes não era admitido pela lei,[29] apesar da prática, por vezes, admitir. Entretanto, não há óbice para que o requerimento de reserva seja engendrado pelo próprio credor, com fundamento no preceito constitucional de ampla defesa de seus interesses.[30]

3 Verificação e habilitação do crédito trabalhista

A força atrativa exercida pelo juízo falimentar, com fundamento no princípio da paridade entre os credores (*par conditio creditorum*), fará com que todos os credores se reúnam no quadro

---

[28] Nesse sentido FERREIRA NETO; CAVALCANTE. *Direito do trabalho*, p. 667. No mesmo sentido: BEZERRA FILHO. *Nova Lei de Recuperação e Falências comentada*, p. 62.
[29] Art. 130 do D.L. 7.661/45 – "O juiz, a requerimento dos interessados, ordenará a reserva, em favor destes, até que sejam decididas as suas reclamações ou ações, das importâncias dos créditos por cuja preferência pugnarem, ou dos rateios que lhes possam caber".
[30] Nesse sentido TOLEDO. Op. cit., p. 37.

geral de credores, de acordo com a classificação da cada um, para que, com a realização do ativo apurado, possa ser saldado o passivo. Nesse contexto, o credor trabalhista, apesar, como já disposto, de estar excepcionado do juízo falimentar para a aferição de seu crédito, não estará dispensado da classificação no quadro geral de credores.

A nova Lei de Falências e de Recuperação de Empresas traduz importante modificação, marcada pela celeridade, no sistema de verificação e habilitação dos créditos. A primeira identificação dos créditos da massa falida será realizada pelo administrador judicial, fazendo publicar edital com o rol dos credores previamente selecionados, mediante a análise da documentação encontrada na contabilidade da falida — *fase de verificação de crédito*. O credor preterido nesse rol poderá promover a sua habilitação ou apresentar a sua divergência, as quais serão objeto de análise pelo próprio administrador.[31] Em quinze dias, a contar da publicação do edital preliminar pelo administrador, reunidas todas as habilitações verificadas e as divergências apresentadas, o administrador as analisará e, em quarenta e cinco dias, publicará edital de créditos com a relação dos credores, consolidando aqueles já contemplados no edital prévio e os demais admitidos, em decorrência das habilitações e divergências. Ressalte-se, nesse passo, que a nova Lei de Falências e Recuperação de Empresas imprimiu regime mais célere, dando azo a que vários créditos "incontroversos"[32] fossem contemplados, dispensando a necessidade de um processo para cada qual. Assim, caso a análise prévia geradora da publicação do edital preliminar não indicar determinado credor em seu bojo, este poderá se valer da habilitação ou apresentação de divergência,

---

[31] Art. 7º e §1º da Lei nº 11.101/05.
[32] GUIMARÃES. O Ministério Público no novo sistema de insolvência empresarial: a habilitação e a impugnação de créditos. In: SANTOS, P. P. (Coord.). *A nova Lei de Falências e de Recuperação de Empresas*: Lei nº 11.101/05, p. 31.

quando novo exame será encetado, podendo acarretar a inclusão ou correção contemplada no edital de credores. A partir de então, novo prazo começará a fluir, de dez dias, para que os credores contemplados e os ausentes, bem como os demais interessados — sócios, devedor e Ministério Público[33] —, possam analisar a necessidade de oferecimento de impugnação do edital de créditos com fundamento na ausência, legitimidade, importância ou classificação.

O procedimento de aferição dos créditos, até então, foi engendrado pelo administrador judicial, que será pessoa assessorada por contadores e economistas, não sendo vislumbrada a participação do Juízo da falência ou da recuperação e do Ministério Público, não se apresentando como anomalia, devendo este ser o trâmite normal, pois o desenvolvimento do procedimento dará margem à análise do trabalho do administrador no momento oportuno — habilitação, divergência e impugnação.

Não havendo impugnações, será homologado o edital de credores, que fará as vezes de quadro geral de credores, sendo possível sua modificação posterior mediante a propositura de ação rescisória no juízo falimentar.[34]

Todavia, na hipótese de apresentação de impugnação, será autuada em apartado, intimado o credor, caso não tenha sido o autor da impugnação, para contestação, em cinco dias, com posterior manifestação do devedor e do comitê de credores, se houver, remessa ao administrador judicial, em cinco dias, para juntar parecer acompanhado de laudo contábil, cotejando as informações dispostas nos livros contábeis e demais documentos existentes. Por fim, deverá ser feita a remessa dos autos ao Ministério Público para elaboração de parecer final e posterior

---

[33] Nesse sentido TOLEDO. Op. cit., p. 33.
[34] Art. 19 da Lei nº 11.101/05.

remessa ao Juízo para a prolação de sentença. Diante das decisões proferidas e dos demais créditos "incontroversos" o administrador elaborará o quadro geral de credores.

O crédito trabalhista não escapa ao procedimento até aqui esposado, com a ressalva de que o seu objeto não poderá ser enfrentado no juízo falimentar, sob pena de violação da competência da justiça do trabalho.[35] A análise residirá nos requisitos formais da verificação e habilitação do crédito. Na esteira da jurisprudência já exposta, resta consolidado o entendimento de que a existência de divergência sobre a existência, validade e eficácia do crédito trabalhista deve ser verificada no juízo trabalhista, *v.g.*, verificando o administrador, o Ministério Público ou qualquer credor, com base em provas contundentes, que um credor trabalhista, munido de sentença com trânsito em julgado, proferida pela justiça do trabalho, jamais trabalhou para a massa falida, apenas um caminho poderá ser percorrido: a suspensão da habilitação até a solução do problema no juízo trabalhista, patrocinada a demanda pelo administrador.

O credor retardatário[36] trabalhista, assim compreendido aquele que perdeu o prazo fixado pela lei para a habilitação de seu crédito, apenas sofrerá como conseqüência a eventual perda do direito de participar dos rateios já realizados; a fim de evitar tal fundado receio recomendável será o manejo do pedido de reserva, tratado no item 2.1. Nova regra que penaliza o retardatário com a perda do direito de voto nas assembléias gerais de credores não tem aplicação ao credor trabalhista.[37]

---

[35] Nesse sentido: REsp 299.407/MG, do Superior Tribunal de Justiça:
"FALÊNCIA - CRÉDITOS TRABALHISTAS - HABILITAÇÃO - NECESSIDADE.
- Crédito trabalhista, mesmo em não sendo impugnado, submete-se à habilitação na falência".
[36] Art. 10 da Lei nº 11.101/05.
[37] Art. 10, §1º da Lei nº 11.101/05.

4 Participação do credor trabalhista na falência e na recuperação de empresas

O novo sistema de insolvência empresarial além de buscar a celeridade, já evidenciada acima, imprimiu novo modelo de direção do processo. Ao contrário do sistema passado, em que o juízo falimentar, em conjunto com o síndico e o Ministério Público, era o responsável pela indicação dos rumos do processo, a legislação atual dá enfoque bastante incisivo à participação de todos os credores nas tomadas de decisão sobre o rumo das falências e recuperações de empresa. Trata-se de uma nova filosofia, na qual reside o fundamento de que todos os envolvidos no processo devem ter a perfeita noção de que a eficaz extinção da fonte produtiva (falência) ou sua manutenção (recuperação de empresas) dependem de todos, caso contrário, o prejuízo será por todos amargado. Nesse contexto, o credor trabalhista se insere com peculiaridades que darão ensejo a alguns privilégios a essa classe de credores.

Os mecanismos de participação dos credores, inclusive o trabalhista, no processo de falência ou de recuperação de empresas, são verificados em dois institutos: assembléia geral de credores e comitê de credores. Ressalte-se, entretanto, que nada impede, inclusive é até aconselhável, a participação dos credores na fiscalização dos atos engendrados pelo administrador judicial.

4.1 Assembléia geral de credores

A *assembléia geral de credores* será o órgão máximo de deliberação, com atribuição para *decidir* sobre os principais pontos do processo falimentar ou de recuperação,[38] cabendo ao juízo, com a oitiva do Ministério Publico,[39] homologar o resultado, salvo verificada a existência de fraude, abuso de poder ou

---

[38] Art. 35 da Lei nº 11.101/05.
[39] GUIMARÃES. Op. cit., p. 31.

qualquer outra modalidade de ato que macule a validade dos negócios jurídicos. A reflexão que se põe aos que integram o sistema econômico nacional é se o nível de maturidade esperado pela lei será alcançado pelos envolvidos no sistema empresarial, notadamente o credor trabalhista.[40] O maior processo de recuperação de empresas do Brasil, em curso, é o da companhia aérea Varig, contando com aproximadamente 15.000 funcionários, R$6.000.000.000,00 em dívidas, basicamente fracionadas entre poucos grandes credores. Caso os credores trabalhistas, reunidos através de um grupo denominado de TGV (Trabalhadores do Grupo Varig), e os demais credores não tivessem noção da situação econômica e financeira da companhia aérea, desconhecendo as peculiaridades do negócio que envolve as companhias aéreas, jamais teriam aprovado o plano de recuperação apresentado, na assembléia geral, ocorrida aos 19 de dezembro de 2005. Analisemos, perfunctoriamente, a situação identificada: a rejeição ao plano de recuperação daria ensejo imediato à decretação da falência,[41] devendo o ativo ser arrecadado para que com a sua alienação fosse buscado o pagamento do passivo. A questão era a seguinte: qual é o ativo da Varig? As aeronaves são de propriedade de terceiros (contratos de arrendamento mercantil — *leasing*); os imóveis em que as lojas estão situadas nos aeroportos, são de propriedade da Infraero (contrato de locação); o *know-how* dos funcionários não é objeto

---

[40] Indica Jorge Lobo, op. cit., p. 84, *verbis*: "A assembléia geral de credores sempre foi um órgão contestado, em virtude de: a) da inconcussa autotutela, inspirada no Direito Romano, dos próprios direitos e interesses; b) das dificuldades práticas de reunir expressivo número de credores, sobretudo, quando têm domicílio e sede fora do juízo da falência e da concordata; c) da indiferença da maioria dos credores, o que leva a um absenteísmo crônico; d) da incapacidade dos credores de exercer uma eficiente verificação dos atos dos administradores da falida e da concordatária e até mesmo do cumprimento, pelo síndico e pelo comissário, de suas relevantes funções e atribuições; e) das vultosas despesas de convocação, instalação e realização; f) dos pífios resultados dos conclaves etc".
[41] Art. 56, §4º da Lei nº 11.101/05.

de arrecadação e os contratos públicos de concessão das linhas aéreas seriam rescindidos imediatamente com a decretação da falência.[42] A aprovação do plano de recuperação deu azo à manutenção de todos os "ativos" que acabamos de, rapidamente, elencar, direcionando os rumos da companhia para a manutenção da fonte de riquezas, visando a solução da grave crise econômica e financeira amargada. Assim, concluímos que cada atividade empresarial tem um perfil próprio que deve ser compreendido pelos credores na condução do processo decisório, quando forem traçados os rumos das falências e das recuperações de empresas, sempre com base no enfoque financeiro, econômico e social.

O credor trabalhista, como já visto no item 3, mesmo que proceda a sua habilitação fora do prazo fixado pela lei, não perderá o direito ao voto na assembléia geral de credores, ao contrário dos demais credores que assim agirem.[43] Tal medida é de extrema relevância, pois, como cediço, a constituição do crédito trabalhista terá sede na justiça especializada (Justiça do Trabalho), que não tem canal de comunicação com a Justiça Estadual, a qual é a responsável pela condução do processo de falência e de recuperação de empresas, sendo, portanto, extremamente possível a existência de credores trabalhistas retardatários em decorrência da constituição do seu crédito em momento ulterior.[44] Ademais, o credor trabalhista votará na assembléia geral que delibere sobre a aprovação ou rejeição do plano de recuperação judicial, independentemente do valor de seu crédito, ao contrário dos demais credores, podendo-se dizer que o voto será "por cabeça".[45]

---

[42] Art. 195. A decretação da falência das concessionárias de serviços públicos implica extinção da concessão, na forma da lei.

[43] Art. 10, §1º e §2º da Lei nº 11.101/05.

[44] Recomendada, sempre, a realização de reserva de quantia para o autor de ação trabalhista, ainda não trânsita em julgada e liquidada.

[45] Nesse sentido SADDI. O comitê e a assembléia de credores na nova lei falimentar. In: PAIVA (Coord.). *Direito falimentar e a nova Lei de Falências e Recuperação de Empresas*, p. 217.

4.2 O comitê de credores

O outro instituto garantidor da participação dos credores no sistema de insolvência empresarial é o *comitê de credores*. A nova Lei de Falências e Recuperação de Empresas dispõe, em primeiro lugar, sobre o comitê de credores para, após, tratar da assembléia geral de credores, o que não nos parece mais técnico, tendo em vista que o comitê somente existirá em decorrência da assembléia geral de credores. A razão de ser do comitê de credores consiste na necessidade de unificar os diversos posicionamentos dos inúmeros credores, cada qual em sua classe. A composição do comitê de credores se fará em três classes:[46] (a) classe dos trabalhistas; (b) classe dos que têm garantia real ou privilégios especiais e (c) classe dos quirografários e com privilégios gerais. Os credores, reunidos em assembléia geral de credores, poderão[47] deliberar pela criação do comitê de credores, devendo cada classe proceder a votação conclusiva sobre o nome do indicado.[48] Podemos afirmar que, nesse ponto do novo sistema de insolvência empresarial, o credor trabalhista foi destinatário de regra extremamente protetiva, deferindo-lhe o direito de indicar um membro para a composição do comitê de credores, ao passo que os demais credores vislumbrados no quadro geral de credores[49] somente indicarão os outros dois dos integrantes.

O comitê de credores, ao contrário da assembléia geral de credores, não terá poder decisório, mas apenas consultivo, como se depreende do rol de suas atribuições insertos no art. 27

---

[46] Art. 26 da Lei nº 11.101/05.
[47] A existência de comitê de credores não é obrigatória, como também, não é necessário o preenchimento dos três integrantes (um de cada classe) para o seu funcionamento (art. 26 e §§1º e 2º e art. 28 da Lei nº 11.101/05).
[48] Composição do comitê de credores defendida por TOLEDO. Op. cit., p. 68.
[49] O rol de credores no quadro geral de credores, na falência, dispõe sobre a presença de 8 (oito) classes de credores (artigo 83 da Lei nº 11.101/05).

da nova Lei de Falências e Recuperação de Empresas, recaindo a obrigação pela remuneração de seus membros ao devedor ou à massa falida.[50]

A existência do comitê de credores, apesar de dispensável, é extremamente recomendável para as falências e recuperações de empresas em que for verificado um grande número de credores.

5 Tratamento ao crédito trabalhista

Nesse item será enfrentado o crédito trabalhista, na acepção da palavra, i.e., quando a sua constituição estiver definitivamente chancelada, ressaltando que as conseqüências sobre as demandas trabalhistas em curso, quando da decretação da falência e a existência do processo de recuperação judicial, foi objeto de análise no item 2.

O tratamento do crédito trabalhista, no novo sistema de insolvência empresarial, sofreu modificação expressiva, devendo ser dividido em 3 (três) vertentes: (a) salários não pagos, nos últimos 3 meses que antecedem a falência ou a recuperação judicial; (b) créditos trabalhistas pelo labor empregado antes da decretação da falência e da existência do processo de recuperação judicial e (c) créditos trabalhistas pelo trabalho empreendido no curso da falência ou do processo de recuperação judicial.

A *primeira vertente* do crédito trabalhista tem sede na nova disposição legal, de cunho político[51] e extremamente razoável, visando tutelar o trabalhador que esteja sem receber o salário que lhe é devido, nos últimos três meses de trabalho, com a limitação de cinco salários mínimos.[52] Enfrentemos a nova norma que, sem dúvida, muita discussão suscitará na seara trabalhista. A lei, ao

---

[50] Art. 29 da Lei nº 11.101/05.
[51] Assim dispõe BEZERRA FILHO. Op. cit., p. 331.
[52] Art. 151 da Lei nº 11.101/05.

dispor que os créditos são *estritamente salariais*, dá margem ao raciocínio de que apenas a verba *especificamente salarial* deve ser aí compreendida, interpretação que parece mais consentânea com a norma encetada com o escopo de tutelar o *cunho alimentar de urgência*. Outro ponto de relevância é o eventual vencimento, nesse período, de créditos trabalhistas oriundos de acordos judiciais ou extrajudiciais cujo objeto seja labor pretérito aos três meses. Também não nos parece estar englobado tal montante, por refugir ao *cunho alimentar de urgência*, devendo o credor verificar a sua habilitação no quadro geral de credores. Ademais, o pagamento de tal montante (5 salários mínimos) deve ser realizado tão logo haja caixa para tanto, nos termos da redação do dispositivo legal; sendo assim, podemos concluir que antes mesmo das quantias que eventualmente devam ser devolvidas a título de restituição,[53] até mesmo quando se tratar de antecipação de contrato de câmbio.[54]

A *segunda vertente* do crédito trabalhista se refere aos créditos pelo labor empregado antes da decretação da falência e da existência do processo de recuperação judicial. Em relação à *falência*, a classificação do credor trabalhista como sendo o primeiro a receber no quadro geral de credores, sofre limitação de 150 salários mínimos,[55] devendo, o que exceder, ser classificado como quirografário.[56] A restrição imposta pela lei tem como fundamento,

---

[53] O pedido de restituição tem sede no art. 85 e ss da Lei nº 11.101/05, com cabimento para as hipóteses em que bem de terceiros forem indevidamente arrecadados pela massa falida.

[54] Nesse sentido: BEZERRA FILHO. Op. cit., p. 332.

[55] Art. 83, I da Lei 11.101/05. No montante estará incluída multa:
Processo civil. Recurso especial. Falência. Habilitação de crédito trabalhista. Multa prevista no art. 477, §8º da CLT. "Inclusão. Possibilidade. Juros moratórios. Incidência. - A multa estabelecida no art. 477, §8º da CLT deve ser incluída na habilitação de crédito trabalhista em processo falimentar, em razão de sua natureza preponderantemente indenizatória" (STJ, REsp nº 702.940/SP).

[56] Art. 83, VI, c, da Lei nº 11.101/05. No montante de 150 salários mínimos devem ser computadas todas as tradicionais verbas trabalhistas. Asserta Sérgio Campinho, op.cit.,

disposto na exposição de motivos da lei, o afastamento da proliferação das fraudes perpetradas na constituição de créditos trabalhistas na justiça laboral,[57] o que merece repúdio, pois se violações existem, devem ser expurgadas na origem (Justiça do Trabalho) e não com métodos paleativos.[58]

A limitação em 150 salários mínimos foi por ação direta de inconstitucionalidade,[59] ainda pendente de julgamento no Supremo Tribunal Federal, com base na tese de inconstitucionalidade por violação do princípio da igualdade, da proporcionalidade, do valor social do trabalho, do trabalho como direito social e do direito dos trabalhadores referente à proteção do salário.

Ainda na presente vertente, questão que se apresenta relevante é a seguinte: o montante pago em obediência ao cunho alimentar de urgência (art. 151 da Lei nº 11.101/05) — três meses de salário até o limite de cinco salários mínimos — deverá ser descontado do valor que o credor trabalhista tem a receber, na sua classe do quadro geral de credores? Nos parece que sim,[60] eis que não há nenhuma diferença legal para o valor total devido a título de verba trabalhista (150 salários mínimos), caracterizando-se tal pagamento prévio (até 5 salários mínimos) como adiantamento para evitar prejuízo maior àquele que precisa do montante para prover a sua subsistência. Já em relação à *recuperação de empresas*, os créditos trabalhistas não sofrem qualquer limitação legal

---

p. 394, que, *verbis*: "Os denominados créditos derivados da legislação do trabalho compreendem os créditos trabalhistas de qualquer natureza, tais como saldos de salários, horas extras, aviso prévio, férias não gozadas, décimo-terceiro salário etc.".

[57] Nesse sentido ABRÃO. Op. cit., p. 207.

[58] Nesse mesmo sentido CAMPINHO. Op. cit., p. 395, *verbis*: "Há, para nós, um equívoco. A fraude não se presume. Deve ser comprovada. São os probos punidos porque o legislador constrói um sistema defensive, que inverte conceitos. Parte da presunção de que quem aufere um bom salário não deve ser com preferência atendido, porque o fato poderia revelar manobra capaz de subtrair recursos da massa, destinados ao pagamento de outros credores. Isso nos parece um absurdo".

[59] ADIN 3.424, proposta pela Confederação Nacional das Profissões Liberais.

[60] No mesmo sentido CAMPINHO. Op. cit., p. 395.

ao recebimento, verificando-se apenas regra que determina o pagamento do passivo trabalhista, na forma disposta no plano de recuperação,[61] no prazo máximo de um ano.[62]

Os honorários advocatícios, pelo estatuto da Ordem dos Advogados do Brasil, têm natureza privilegiada,[63] sem indicar qual a natureza de tal privilégio; a jurisprudência chancelou o posicionamento de que devem ser interpretados como privilégio próprio do credor trabalhista, tendo em vista seu caráter alimentar.[64]

---

[61] O plano de recuperação, apresentado pelo devedor, para análise dos credores, poderá listar apenas alguns dos seus credores, inclusive o trabalhista, sendo certo que o credor ausente do plano não sofrerá qualquer conseqüência nele prevista.
[62] Art. 54 da Lei nº 11.101/05.
[63] Art. 24 da Lei nº 8.906/94 – "A decisão judicial que fixar ou arbitrar honorários e o contrato escrito que os estipular são títulos executivos e constituem crédito privilegiado na falência, concordata, concurso de credores, insolvência civil e liquidação extrajudicial".
[64] "HONORÁRIOS ADVOCATÍCIOS. NATUREZA ALIMENTAR.
A matéria consiste em saber se os honorários advocatícios podem ou não ser considerados verbas de natureza alimentar e, em caso positivo, se tal característica seria suficiente para equipará-los aos créditos trabalhistas, que são dotados de preferência absoluta no pagamento dos débitos em processo falimentar (art. 102, caput, DL nº 7.661/1945). A análise dessas questões deve ser feita tendo em vista o disposto no art. 100, §1º-A, da CF/1988; art. 24 do Estatuto da OAB (Lei nº 8.909/1994) e do referido artigo e incisos da Lei de Falências (DL nº 7.661/1945). A leitura dos dispositivos legais deixa claro que os honorários são dotados de privilégios no juízo falimentar. É necessário definir, todavia, se sua alegada natureza alimentar teria o condão de deslocar essa verba da previsão contida no item III – privilégios gerais – para o caput do art. 102 da mencionada lei, conferindo ao advogado o direito de recebê-la antes de qualquer outro credor da massa. Conquanto a jurisprudência deste Superior Tribunal já se pacificara a respeito da natureza alimentícia dos honorários advocatícios, em julgados mais recentes, tanto a Primeira como a Segunda Turma deste Tribunal já se manifestaram no sentido de não conferir tal natureza a essas verbas. Porém, no caso, honorários contratados por valor fixo, ainda vigora o entendimento de que deve ser-lhes conferida natureza alimentar. O privilégio conferido pela Lei de Falências aos salários deve ser estendido também aos honorários. O caput do art. 103 dessa lei, de maneira extensiva, atribui-lhes o significado amplo de remuneração. Assim, a verba honorária pertence ao advogado, ainda que organizado em torno de uma pessoa jurídica. É sua fonte de sustento e tem, em qualquer caso, natureza alimentar. A Turma, ao prosseguir o julgamento conheceu e deu provimento ao recurso para revogar a decisão que determinou a devolução, pelos recorrentes, do valor por eles levantados nos autos de falência da sociedade. Precedentes citados do STF: RE 146.318-SP, DJ 4.4.1997; do STJ: RMS 12.059-RS, DJ 9.12.2002; RMS 1.392-SP, DJ 8.5.1995, e REsp 653.864-SP, DJ 13.12.2004."
REsp 566.190/SC, Rel. Min. Nancy Andrighi, julgado em 14/6/2005. (Informativo nº 251). (3ª Turma).

A *terceira e última vertente* se pauta nos créditos trabalhistas pelo trabalho empreendido no curso do processo de falência ou de recuperação judicial. A legislação anterior não continha tratamento específico para tais créditos em prol daqueles que prestavam serviços à massa falida ou à concordata. A jurisprudência fixou entendimento no sentido de que deveriam ser classificados na classe dos trabalhistas,[65] todavia, não raro era realizado o pagamento antes do momento próprio para a satisfação dos créditos. Diante desse quadro consolidado, no cotidiano das Varas Empresariais e Promotorias de Massas Falidas, o novo sistema de insolvência empresarial houve por bem inserir no texto legal a possibilidade de classificação dos créditos daqueles que prestam serviço à massa falida (falência) para recebimento na qualidade de credor extraconcursal,[66] classificação esta que antecede ao quadro geral de credores. Para a recuperação de empresas tal disposição é despicienda, pois a atividade empresarial não se encerra, devendo os salários dos empregados serem pagos normalmente.

Por derradeiro, na seara ora vislumbrada — comportamento dos créditos trabalhistas no novo sistema de insolvência empresarial —, impõe-se a análise de inovação da maior relevância e gravidade: com o trespasse (alienação) do estabelecimento empresarial no bojo do processo falimentar ou em decorrência do plano de recuperação de empresas afastada será a sucessão trabalhista[67] e fiscal.[68] Argumentos vários podem identificar a propensão à fraude com a alienação da "parte boa", deixando a "parte ruim" (débitos trabalhistas) para trás.

---

[65] Enunciado 219 da Súmula da Jurisprudência Predominante do Superior Tribunal de Justiça: "Os créditos decorrentes de serviços prestados à massa falida, inclusive a remuneração do síndico, gozam dos privilégios próprios dos trabalhistas".
[66] Art. 84, I, da Lei nº 11.101/05.
[67] Art. 141, II, da Lei nº 11.101/05.
[68] Art. 133, §1º do CTN (alteração introduzida pela LC 118/05).

Entretanto, importante relembrar que a tomada de decisão sobre a prática de tal ato, disposta no item 4 supra, conta com participação incisiva dos trabalhadores, cujo raciocínio deve estar pautado na situação empresarial da falida ou recuperanda. O trespasse do estabelecimento pode se afigurar como a única alternativa viável para a reestruturação empresarial ou realização do ativo, sendo certo que, no cotidiano, cada vez mais, o ativo não é composto de itens materializados (imóveis são alugados, automóveis são objeto de contrato de *leasing*, capital humano não é passível de alienação, não obstante seja passível de mensuração financeira etc.), apresentando-se o estabelecimento como o bem móvel[69] aglutinador de valores que gerem a idéia de conjunto com preço agregado. O escopo da nova regra foi apenas o de proporcionar atrativo para aquisição do estabelecimento, sem a sucessão trabalhista ou fiscal; caso contrário, com certeza, tais óbices praticamente impedirão o trespasse, gerando prejuízo ao sistema de insolvência empresarial.

Bibliografia

BEZERRA FILHO, Manoel Justino. *Nova Lei de Recuperação e Falências comentada*. 3. ed. São Paulo: Revista dos Tribunais, 2005.

CAMPINHO, Sérgio. *Falência e recuperação de empresa*: o novo regime da insolvência empresarial. Rio de Janeiro: Renovar, 2006.

FERREIRA NETO, Francisco; CAVALCANTE, Jouberto de Quadros Pessoa. *Direito do trabalho*. 3. ed. Rio de Janeiro: Lumen Juris, 2005.

GUIMARÃES, Márcio Souza. O Ministério Público no novo sistema de insolvência empresarial: a habilitação e a impugnação de créditos. In: SANTOS, Paulo Penalva (Coord.). *A nova Lei de Falências e de Recuperação de Empresas*: Lei n° 11.101/05. Rio de Janeiro: Forense, 2006.

---

[69] Art. 1.142 do CC – "Considera-se estabelecimento todo complexo de bens organizado, para exercício da empresa, por empresário, ou por sociedade empresária".
Art. 1.143 do CC – "Pode o estabelecimento ser objeto unitário de direitos e de negócios jurídicos, translativos ou constitutivos, que sejam compatíveis com a sua natureza".

NEGRÃO, Ricardo. *Aspectos objetivos da Lei de Recuperação de Empresas e de Falências*. São Paulo: Saraiva, 2005.

SADDI, Jairo. O comitê e a assembléia de credores na nova lei falimentar. In: PAIVA, Luiz Fernando Valente de (Coord.). *Direito falimentar e a nova Lei de Falências e Recuperação de Empresas*. São Paulo: Quartier Latin, 2005.

SANTOS, J. A. Penalva; SANTOS, Paulo Penalva. In: VALVERDE, Trajano de Miranda. *Comentários à Lei de Falências*. Rio de Janeiro: Forense, 1999.

TOLEDO, F. C. Salles; ABRÃO, Carlos Henrique (Coord.). *Comentários à Nova Lei de Recuperação de Empresas e Falências*. São Paulo: Saraiva, 2005.

> Informação bibliográfica deste texto, conforme a NBR 6023:2002 da Associação Brasileira de Normas Técnicas (ABNT):
>
> GUIMARÃES, Márcio Souza. Apontamentos sobre os aspectos trabalhistas na nova Lei de Falências e de Recuperação de Empresas. In: BORGES, Roxana Cardoso Brasileiro; CASTRO, Celso Luiz Braga de; AGRA, Walber de Moura (Coord.). *Novas perspectivas do Direito Privado*. Belo Horizonte: Fórum, 2008. p. 151-176. ISBN 978-85-7700-181-1.

A propriedade industrial e o sistema da marca comunitária

Maria Antonieta Lynch

Sumário: **1** A propriedade industrial e o desenvolvimento econômico - **2** Marca comunitária – nova modalidade marcária - **3** O Instituto de Harmonização do Mercado Interno (IHMI) - **4** Bases Legais - **5** Conceito de marca comunitária - **6** Marca comunitária ou nacional? - **7** Titular das marcas - **8** Direitos e obrigações do titular - **9** Validade e extinção do direito - **10** Pedido de registro - **11** Conclusão - Bibliografia

1 A propriedade industrial e o desenvolvimento econômico

A expansão dos mercados e o desenvolvimento da propriedade industrial não é um episódio isolado.

Nas últimas décadas a evolução dos direitos da propriedade industrial percebe-se extremamente ligada à economia, onde esta figura como motor de propulsão. O ambiente econômico no mundo muda radicalmente com a recepção da democracia política e econômica. Como resultado dessas transformações temos a permeabilização das fronteiras, a formação de uniões continentais, a tendência à globalização da economia e a integração dos mercados.

Diante desse novo ambiente empresarial, de concorrência acirrada, as empresas precisam proteger suas marcas — potencialmente seu patrimônio mais valioso, pelo que consideramos que, na atualidade, a propriedade industrial deixa de ser considerada como uma faculdade, assumindo a condição de necessidade primordial.

Facilmente percebemos que o assunto não se limita às fronteiras geográficas dos Estados soberanos, mas abrange toda a comunidade internacional e aos poucos os blocos econômicos estruturam regras regionalizadas ou comunitárias para proteger de formas diferentes os bens industriais, entre outros.

O direito comunitário na União Européia é exemplo dessa tentativa de melhoria na operacionalização da proteção e da promoção do desenvolvimento harmônico das atividades econômicas. E a marca comunitária é um exemplo desses esforços.

Não obstante autores considerem a propriedade industrial como um propulsor econômico, há quem argumente que ela pode ser considerada um entrave à livre iniciativa e à livre concorrência, posição com a qual não concordamos.

Relevante é frisar que os princípios constitucionais[1] que norteiam as atividades econômicas não são absolutos e é na sua relativização[2] que vamos encontrar a harmonia deles.

---

[1] Art. 170 da CF. "A ordem econômica, fundada na valorização do trabalho humano e na livre iniciativa, tem por fim assegurar a todos existência digna, conforme os ditames da justiça social, observados os seguintes princípios: I - soberania nacional; II - *propriedade privada*; III - função social da propriedade; IV - livre concorrência; V - defesa do consumidor; VI - defesa do meio ambiente, inclusive mediante tratamento diferenciado conforme o impacto ambiental dos produtos e serviços e de seus processos de elaboração e prestação; VII - redução das desigualdades regionais e sociais; VIII - busca do pleno emprego; IX - tratamento favorecido para as empresas de pequeno porte constituídas sob as leis brasileiras e que tenham sua sede e administração no País. Parágrafo único. É assegurado a todos o livre exercício de qualquer atividade econômica, independentemente de autorização de órgãos públicos, salvo nos casos previstos em lei" (grifo nosso).

[2] O mais importante parece ser a tônica de "relatividade" que o regime constitucional imprime a todos os tipos de propriedade, pelo fato de, ao lado da garantia, impor-

Assim, em matéria de marcas, o monopólio renovável que a caracteriza é atenuado pelos princípios da especialidade e da territorialidade, relativizando, portanto, o caráter absoluto inerente à propriedade.

Em matéria de patentes também há a relativização do direito de propriedade que é dado ao inventor, o que vem previsto no próprio artigo constitucional que impõe o caráter social à propriedade.[3]

Importante é ressaltar que permanentemente se procura através das diversas normativas o equilíbrio entre a propriedade e o domínio público, de forma que, os direitos da propriedade industrial devem necessariamente conciliar com as regras de circulação de mercadorias.

2 Marca comunitária – nova modalidade marcária

Há muito que a proteção das marcas tornou-se importante, em decorrência da relevância que as mesmas representam para o empresário e para o consumidor. Para aquele, revela-se como elemento patrimonial expressivo tendo como escopo a formação e conservação da clientela e, para o consumidor, significa uma garantia de identificação e qualidade dos produtos ou serviços.

A criação de uma marca comunitária atende a necessidade das empresas de adaptar suas atividades a novos mercados, no caso específico, às dimensões do Mercado Comum Europeu garantindo a identificação dos seus produtos e serviços de modo idêntico em todo o território da União Européia (EU).[4]

---

lhes limitações dimensionais negativas e obrigações de agir positivas, como as que se encontram no art. 182 e seus parágrafos. VAZ. *Direito econômico das propriedades*, p. 332.

[3] MORAES. *Considerações acerca da disciplina da concorrência desleal e o direito patenteário*, p. 43-50.

[4] Alemanha, Áustria, Bélgica, Chipre, Dinamarca, Eslováquia, Eslovênia, Espanha, Estónia, Finlândia, França, Grécia, Hungria, Irlanda, Itália, Letônia, Lituânia, Luxemburgo, Malta, Países Baixos, Polônia, Portugal, Reino Unido, República Checa e Suécia.

É nesse mesmo sentido que o regulamento instituidor da marca coletiva dispõe:

> Considerando que debe promoverse un desarrollo armonioso de las actividades económicas en el conjunto de la Comunidad y una expansión continua y equilibrada mediante la plena realización y el buen funcionamiento de un mercado interior que ofrezca condiciones análogas a las existentes en un mercado nacional; que la realización de tal mercado y el fortalecimiento de su unidad implican no sólo la eliminación de los obstáculos a la libre circulación de mercancías y a la libre prestación de servicios, así como el establecimiento de un régimen que garantice que no se falsee la competencia, sino también la creación de condiciones jurídicas que permitan a las empresas adaptar de entrada sus actividades de fabricación y de distribución de bienes o de prestación de servicios a las dimensiones de la Comunidad; que entre los instrumentos jurídicos que deberían disponer las empresas para estos fines, son particularmente apropiadas las marcas que les permitan identificar sus productos o sus servicios de manera idéntica en toda la Comunidad, sin consideración de fronteras.

A marca comunitária é um sinal distintivo que, assim como todas as marcas, tem o condão de identificar e diferenciar produtos e/ou serviços, assumindo características peculiares principalmente pela sua abrangência territorial e não pelas suas funções.[5]

3 O Instituto de Harmonização do Mercado Interno (IHMI)

O Instituto de Harmonizaçao do Mercado Interno, localizado em Alicante na Espanha, é uma entidade comunitária com personalidade jurídica, autonomia administrativa, financeira e jurídica, cuja atribuição é a gestão e concessão do direito de marca comunitária, tendo iniciado suas atividades em 1º de abril de 1996.[6]

---

[5] A marca possui três funções essenciais: distinguir os produtos e serviços de outros semelhantes, fidelizar a clientela e servir de vetor de propaganda.
[6] Aceitando, porém, pedidos com data retroativa a 1º de janeiro daquele ano.

Nas palavras do seu presidente Wubbo de Boer[7] esta nova entidade visa contribuir no desenvolvimento harmônico das atividades econômicas no conjunto da União Européia, fazendo a gestão de um sistema que permite às empresas — européias ou não — adquirir os direitos de utilização exclusiva dos sinais identificadores de seus produtos e/ou serviços no território comunitário.

Em todos os Estados-Membros, o Instituto possui a mais ampla capacidade jurídica reconhecida às pessoas coletivas pelas legislações nacionais.

4 Bases legais

Os ancestrais legais do sistema marcário datam de 1883 com a Convenção da União de Paris (CUP) para a proteção da Propriedade Industrial, cujo texto vigente entre nós é o da Revisão de Estocolmo de 1967, mercê do Dec. 635, de 21.08.1992, que institui regras básicas para o tratamento das marcas, as quais devem ser observadas pelos países signatários. O texto convencional orienta as legislações pátrias de cada país signatário.

Em relação à marca comunitária, a CUP nada dispõe de forma específica, o que é justificável posto que se trata de um novo sinal, mas os princípios gerais que norteiam a matéria, e que estão previstos na convenção, foram observados quando de sua criação.

Assim, foi através do Regulamento (CE) nº 40/94[8] do Conselho, de 20 de dezembro de 1993, que se criou a marca comunitária,

---

[7] OAMI. Oficina de Armonizacion del Mercado Interior. Disponível em: <http://oami.europa.eu>.

[8] Ressalte-se que o regulamento foi alterado pelos seguintes atos comunitários: Reglamento (CE) nº 422/2004 del Consejo de 19 de febrero de 2004 por el que se modifica el Reglamento (CE) nº 40/94 sobre la marca comunitaria; Reglamento (CE) nº 1.992/2003 del Consejo de 27 de octubre de 2003 por el que se modifica el Reglamento (CE) nº 40/94 sobre la marca comunitaria, con objeto de llevar a efecto la adhesión de la Comunidad Europea al Protocolo concerniente al Arreglo de Madrid relativo al registro internacional de marcas adoptado en Madrid el 27 de junio de 1989; Reglamento (CE)

ou seja, se instituiu um sistema que permite a sua concessão pelo Instituto de Harmonização no Mercado Interno (IHMI).

5 Conceito de marca comunitária

Podem constituir-se como marcas comunitárias todos[9] os sinais suscetíveis de representação gráfica (nomeadamente palavras, desenhos, letras, algarismos, a forma do produto ou do seu acondicionamento) desde que capazes de distinguir os produtos ou serviços de uma empresa dos de outras.[10]

Por conseguinte, as marcas de produtos ou de serviços registradas sob as condições, e segundo as disposições estabelecidas no Regulamento (CE) n° 40/94,[11] se denominarão marcas comunitárias.

---

nº 1.653/2003 del Consejo de 18 de junio de 2003 por el que se modifica el Reglamento (CE) nº 40/94 sobre la marca comunitaria (artículo 118 bis) (artículo 136), en vigor desde el 1 de octubre de 2003; Incorporación del artículo 142 bis al Reglamento (CE) nº 40/94 sobre la marca comunitaria según el Anexo II (4. Derecho de sociedades – C. Derechos de propiedad industrial) del Acta de adhesión a la Unión Europea, entrada en vigor prevista con la adhesión (1 de mayo de 2004); Reglamento (CE) nº 807/2003 del Consejo, de 14 de abril de 2003, por el que se adaptan a la Decisión 1.999/468/CE las disposiciones relativas a los comités que colaboran con la Comisión en el ejercicio de sus competencias de ejecución previstas en los actos del Consejo adoptados con arreglo al procedimiento de consulta (unanimidad) — modificación del artículo 141 del Reglamento (CE) nº 40/94 sobre la marca comunitaria, en vigor desde el 5 de junio de 2003; Reglamento (CE) nº 3.288/94 del Consejo de 22 de diciembre de 1994 por el que se modifica el Reglamento (CE) nº 40/94 sobre la marca comunitaria en aplicación de los acuerdos celebrados en el marco de la Ronda Uruguay, en vigor desde el 1 de enero de 1995.

[9] Diferentemente da legislação pátria o regulamento comunitário prevê a existência de marcas olfativas e sonoras.

[10] Artículo 7. Podrán constituir marcas comunitarias todos los signos que puedan ser objeto de una representación gráfica, en particular las palabras, incluidos los nombres de personas, los dibujos, las letras, las cifras, la forma del producto o de su presentación, con la condición de que tales signos sean apropiados para distinguir los productos o los servicios de una empresa de los de otras empresas.

[11] Artículo 1. Las marcas de productos o de servicios registradas en las condiciones y según las disposiciones establecidas en el presente Reglamento se denominarán marcas comunitarias.

Em síntese, a marca comunitária nada mais é do que uma marca de produto ou serviço como tal definida pela lei pátria,[12] que tem seu pedido de registro efetuado no órgão comunitário encarregado de tal atribuição e terá uma abrangência territorial diferenciada.

A marca comunitária pode, portanto, ser qualquer sinal distintivo, excetuados aqueles que a lei proíbe. Assim, será recusado o registro de: (a) Sinais que não sejam suscetíveis de constituir marcas comunitárias; (b) Marcas desprovidas de caráter distintivo; (c) Marcas constituídas por sinais ou indicações que se tenham tornado habituais na linguagem corrente ou nas práticas comerciais; (d) Marcas contrárias à ordem pública ou aos bons costumes; (e) Marcas suscetíveis de enganar o público.[13]

6 Marca comunitária ou nacional?

A necessidade de optar pelo registro de uma marca nacional ou comunitária surge com a internacionalização dos mercados. Assim, o empresário que se interessa na busca de novos consumidores em países que integram a União Européia, deve pensar na proteção de sua marca. Para tanto, poderá escolher entre efetuar o registro de uma marca nacional em alguns dos países membros da comunidade, ou fazer o registro comunitário, restando-lhe, também, a possibilidade de efetuar ambos.

Escolhendo o registro nacional da marca, o pedido deve ser dirigido ao órgão competente do país escolhido e a proteção será no território daquele Estado. Em fazendo o pedido no IHMI, o âmbito territorial de proteção vai abranger os 27 membros da

---

[12] Art. 123 da Lei nº 9.279/96. "Considera-se marca de produto ou serviço aquela usada para distinguir produto ou serviço de outro idêntico, semelhante ou afim, de origem diversa".

[13] Por exemplo, sobre a natureza, a qualidade ou a proveniência geográfica dos produtos ou serviços.

Comunidade, o que pode parecer mais interessante dependendo da estratégia de mercado do empresário.

Evidentemente há vantagens e desvantagens que devem ser analisadas em cada situação. Economicamente, à primeira vista, comparando os custos de um pedido nacional e de um comunitário, verificaremos que este é mais oneroso, o que *a priori* coloca em vantagem a opção pela proteção nacional. Ocorre, contudo, que, se existe o benefício econômico quando o pedido é feito em apenas um único país, a situação não permanece favorável quando o empresário tem interesse em fazer o registro em outros países da comunidade. Assim, ao multiplicar os custos do pedido nacional por 27 — que é o número de membros da Comunidade Européia —, teremos um valor várias vezes superior ao valor da marca comunitária. Isso tudo sem contar a necessidade da contratação de advogados ou agentes da propriedade industrial para cada pedido.

No que diz respeito ao processo de registro, a situação se inverte. O processo comunitário reveste-se de mais riscos do que no processo nacional, na medida em que o universo de obstáculos para a concessão do direito é maior. Logo, enquanto no processo de marca nacional, a verificação de anterioridades ocorre apenas no país escolhido, no processo comunitário a verificação alcançará cada um dos vinte e sete estados e o pedido só será aceito se não existir nenhuma marca ou direito anterior, igual ou confundível em cada um dos países.

Do exposto, é possível constatar que apesar de ser mais fácil obter uma marca nacional do que uma comunitária, esta última não é inviável.

Assim, em virtude das peculiaridades de cada situação, se o empresário visa à internacionalização de suas atividades, a estratégia menos arriscada que poderia utilizar seria efetuar pedidos concomitantes de uma ou mais de uma marca nacional simultaneamente com a marca comunitária, posto que, sendo indeferida a marca comunitária, ele ainda teria a marca nacional.

Numa situação diferente, pode ocorrer que o empresário já seja titular de uma marca nacional anterior em um dos estados da comunidade, o que permitirá que possa, caso deseje, registrar o sinal como marca comunitária, invocando para tanto a anterioridade[14] de referida marca nacional.

O fato é que o sistema da marca comunitária não afeta os sistemas nacionais, pois não há prevalência de um sobre o outro. Não se pode pensar que o direito comunitário de marcas substitui o direito nacional de cada Estado. As marcas nacionais continuam sendo necessárias para aqueles que não desejam a proteção que não em um país.

Os empresários são, portanto, livres para apresentar pedidos de registro de marca nacional, comunitárias ou ambas.

7 Titular das marcas

Podem ser titulares de marcas comunitárias as pessoas físicas ou jurídicas, incluindo entidades públicas,[15] que sejam:
- Nacionais dos Estados-Membros da União Européia;
- Nacionais de outros Estados que sejam signatários na Convenção de Paris para a Proteção da Propriedade Industrial.
- Nacionais de Estados que não sejam signatários na Convenção de Paris mas que tenham a sede ou um de seus estabelecimentos empresariais no território da Comunidade ou de um Estado parte na Convenção de Paris.
- Nacionais de qualquer outro Estado que conceda aos nacionais dos Estados-Membros a mesma proteção que aos seus nacionais, ou seja, que reconheçam e apliquem o princípio da reciprocidade.

---

[14] Princípio convencional da anterioridade.
[15] Artículo 5. Podrán ser titulares de marcas comunitarias las personas físicas o jurídicas, incluidas las entidades de derecho público.

8 Direitos e obrigações do titular

A concessão do registro de uma marca comunitária confere ao seu titular um direito de propriedade sobre o sinal distintivo.

É um direito exclusivo e temporário que faculta ao titular o uso, gozo e disposição do bem.

O principal direito do titular é o uso do sinal, que se torna obrigatório sob pena de perda do direito. Contudo, não é necessária sua utilização em toda a comunidade, podendo o uso da marca comunitária ocorrer em um único país, fato que será suficiente para justificar a manutenção do registro. Desta feita, concluímos que o titular da marca, embora a utilize efetivamente em apenas um país da comunidade, estará legitimado a impedir que terceiros a utilizem, a imitem ou a reproduzam em outro Estado.

Imbuído de outras prerrogativas inerentes à propriedade, o titular[16] fica habilitado a proibir que terceiros, sem sua autorização, façam a utilização para fins comerciais:

a) de qualquer sinal idêntico à marca comunitária para produtos ou serviços idênticos àqueles para os quais esta foi registrada;

b) de qualquer sinal que, por idêntico ou similar à marca comunitária e pelos produtos ou serviços protegidos pela

---

[16] Artículo 9. 1. La marca comunitaria confiere a su titular un derecho exclusivo. El titular está habilitado para prohibir a cualquier tercero, sin su consentimiento, el uso en el tráfico económico: a) de cualquier signo idéntico a la marca comunitaria, para productos o servicios idénticos a aquéllos para los que la marca esté registrada; b) de cualquier signo que, por ser idéntico o similar a la marca comunitaria y por ser los productos o servicios protegidos por la marca comunitaria y por el signo idénticos o similares, implique un riesgo de confusión por parte del público; el riesgo de confusión incluye el riesgo de asociación entre el signo y la marca; c) de cualquier signo idéntico o similar a la marca comunitaria, para productos o servicios que no sean similares a aquellos para los cuales esté registrada la marca comunitaria, si ésta fuera notoriamente conocida en la Comunidad y si el uso sin justa causa del signo se aprovechara indebidamente del carácter distintivo o de la notoriedad de la marca comunitaria o fuere perjudicial para los mismos.

marca ou pelo sinal idêntico ou similar, implique o risco de confusão para o público, com a marca;

c) de qualquer sinal idêntico ou similar à marca comunitária, para produtos ou serviços que não sejam similares àqueles para os quais a marca comunitária foi registrada, sempre que o uso do sinal tire partido do caráter distintivo ou do prestígio da marca.

Além de impedir que terceiros utilizem o sinal sem sua autorização, a marca pode ser cedida, ou licenciada.[17] Ambos negócios jurídicos podem ser efetuados independentemente de alienação dos estabelecimentos empresariais, uma vez que o ativo marca pode ser objeto unitário tanto da cessão como do licenciamento. A cessão pode ser parcial ou total e ainda pode estar limitada a determinados produtos ou serviços ou a determinados países membros da União Européia.

Ressalte-se que o titular também tem a obrigação de utilizar o sinal sob pena de extinção do direito — caducidade. Logo, durante cinco anos a contar do respectivo registro, a marca comunitária deve ter utilização efetiva na Comunidade para os produtos e os serviços para os quais estiver registrada.

9 Validade e extinção do direito

A vigência do registro da marca comunitária se inicia a partir da apresentação do depósito do pedido no IHMI. Esse direito de propriedade *sui generis*, diferentemente da propriedade em geral, não é perpétuo, tendo sua limitação estabelecida temporalmente. O regulamento comunitário[18] determina um

---

[17] "Articulo 22. La marca comunitaria podrá ser objeto de licencias para la totalidad o para una parte de los productos o de los servicios para los cuales esté registrada y para la totalidad o parte de la Comunidad. Las licencias podrán ser exclusivas o no exclusivas".

[18] Artículo 46. La vigencia del registro de la marca comunitaria será de diez años a partir de la fecha de la presentación de la solicitud. El registro podrá renovarse, conforme al artículo 47, por períodos de diez años.

prazo de 10 anos que poderá, contudo, ser renovado por períodos iguais e sucessivos de forma ilimitada.

Em relação à vigência territorial, a marca comunitária tem proteção em toda a comunidade. É o chamado caráter unitário. O pedido e o registro se estendem automaticamente aos 27 Estados da UE de forma indivisível, não sendo possível limitar o alcance geográfico da proteção a determinados Estados.

Porém, caso o empresário[19] deseje registrar a marca em cada Estado, de forma individualizada, poderá fazê-lo através das marcas nacionais.

A marca comunitária pode ser objeto de renúncia em relação à totalidade ou parte dos produtos ou serviços para quais foi registrada.

Mediante pedido apresentado ao Instituto e após exame, o titular de uma marca comunitária pode ser declarado destituído[20] dos seus direitos se:

---

[19] Pode ocorrer também a situação na qual o pedido de marca comunitária seja denegado, tendo como justificativa anterioridade em algum dos países membros. Nesse caso o empresário poderá solicitar a marca nacional nos outros países, com grandes probabilidades de êxito na sua obtenção.

[20] Artículo 50. 1. Se declarará que los derechos del titular de la marca comunitaria han caducado, mediante solicitud presentada ante la Oficina o mediante una demanda de reconvención en una acción por violación de marca: a) si, dentro de un período ininterrumpido de cinco años, la marca no ha sido objeto de un uso efectivo en la Comunidad para los productos o los servicios para los cuales esté registrada, y no existan causas justificativas de la falta de uso; sin embargo, nadie podrá invocar la caducidad de una marca comunitaria si, en el intervalo entre la expiración del período señalado y la presentación de la solicitud o de la demanda de reconvención, se hubiera iniciado o reanudado un uso efectivo de la marca; no obstante, el comienzo o la reanudación del uso en un plazo de tres meses anterior a la presentación de la solicitud o demanda de reconvención, plazo que empezará en fecha no anterior a la de expiración del período ininterrumpido de cinco años de falta de uso, no se tomará en cuenta si los preparativos para el comienzo o la reanudación del uso se hubieren producido después de haber conocido el titular que podía ser presentada la solicitud o la demanda de reconvención; b) si por la actividad o la inactividad de su titular la marca se ha convertido en la designación usual en el comercio de un producto o de un servicio para el que esté registrada; c) si, a consecuencia del uso que haga de la misma el titular de la marca o que se haga con su consentimiento para los productos o los servicios para los que esté registrada, la marca puede inducir al público a error especialmente acerca de la naturaleza, la calidad o la

- Durante um período de cinco anos a marca não tiver sido objeto de utilização séria na Comunidade e não existir qualquer motivo tangível que o justifique;
- Por motivo de atividade ou inatividade do seu titular, a marca tiver se transformado na designação comercial usual de um produto ou um serviço para que foi registrada;
- A marca puder induzir o público a erro, especialmente em relação à natureza, à qualidade ou à procedência geográfica desses produtos ou serviços.

10 Pedido de registro

O pedido de marca comunitária é depositado, à escolha do requerente, ou junto do IHMI, ou junto do serviço central da propriedade industrial de um Estado-Membro, ou junto do Instituto Benelux de Marcas.[21] O serviço ou o instituto deve então tratar de transmitir o pedido ao IHMI num prazo de duas semanas após o depósito.[22]

Os efeitos do pedido se estendem a todos os estados da União Européia. É o chamado caráter unitário do registro. Em outras palavras, o regime da marca comunitária é o regime do "tudo ou nada", pois é concedida ou recusada para todos os

---

procedencia geográfica de esos productos o de esos servicios; d) [suprimido] 2. Si la causa de caducidad solamente existiera para una parte de los productos o de los servicios para los que esté registrada la marca comunitaria, se declarará la caducidad de los derechos del titular sólo para los productos o los servicios de que se trate.

[21] Artículo 25. 1. La solicitud de marca comunitaria se presentará, a elección del solicitante: a) ante la Oficina, o b) ante el servicio central de la propiedad industrial de un Estado miembro o ante la Oficina de marcas del Benelux. La solicitud así presentada surtirá los mismos efectos que si se hubiera presentado en la misma fecha ante la Oficina.

[22] Artículo 25. 2. Cuando la solicitud se presente ante el servicio central de la propiedad industrial de un Estado miembro o ante la Oficina de marcas del Benelux, dichos organismos adoptarán todas las medidas necesarias para transmitir la solicitud a la Oficina en un plazo de dos semanas a partir de la presentación de la solicitud, pudiendo exigir al solicitante una tasa cuya cuantía no podrá superar la del coste administrativo de recepción y transmisión de la solicitud.

países da comunidade. Assim, havendo fundamento de recusa num país, a marca será recusada para todos os outros.

Os pedidos de marcas comunitárias deverão ser depositados numa das línguas oficiais da Comunidade Européia, devendo o requerente indicar uma segunda língua do Instituto,[23] cuja utilização aceitará como língua eventual do processo.

O pedido deverá vir devidamente instruído, acompanhado de diversos documentos e indicações (nomeadamente, requerimento de registro, elementos que permitam identificar o requerente e a lista dos produtos ou serviços para os quais o registro é pedido) e enseja ao pagamento de uma taxa de depósito e, eventualmente, de uma ou mais taxas de classificação.

Quem tenha depositado uma marca num dos Estados partes na Convenção de Paris goza, para efetuar o depósito de um pedido de marca comunitária para a mesma marca, de um direito de prioridade, durante um prazo de seis meses a contar da data de depósito do primeiro pedido.

O titular de uma marca anterior, registrada num Estado que deposite um pedido de marca idêntica para registro como marca comunitária, pode prevalecer-se da antiguidade da marca nacional anterior.

11 Conclusão

Como ativo imaterial de elevado valor econômico para os empresários, as marcas sempre foram objeto de proteção especial.

A marca comunitária não se afasta das características gerais das marcas nacionais, caracterizando-se de forma peculiar principalmente pela proteção territorial diferenciada que o registro comunitário lhe concede.

---

[23] As línguas do instituto são alemão, espanhol, francês, inglês e italiano.

Pode ser considerado um instituto novo, que segue as tendências da economia globalizada na medida em que ultrapassa as fronteiras geográficas nacionais de um país. Assim sendo, possui um sistema procedimental próprio, o que torna seu regime menos dispendioso que o processo de registro das marcas nacionais, consideradas isolada e unitariamente, mas, em contrapartida, o universo de obstáculos para sua concessão é maior.

Não obstante as peculiaridades que podem parecer grandes óbices à sua utilização, o importante é saber que a marca comunitária é mais uma alternativa na proteção dos sinais distintivos usados na identificação de produtos e serviços.

Bibliografia

DREYFUS, Nathalie; THOMAS, Beatrice. *Marques, dessins & modèles*: protection, défense, valorisation. Paris: Delmas, 2006.

IMPIVA. L'Institut de la Petita i Mitjana Indústria de la Generalitat Valenciana. Disponível em: <http://www.impiva.es>.

MORAES, Maria Antonieta Lynch de. Considerações acerca da disciplina da concorrência desleal e o direito patenteário. *Revista Nacional de Direito e Jurisprudência*, São Paulo, v. 63, n. 06, p. 43-50, 2005.

OAMI. Oficina de Armonizacion del Mercado Interior. Disponível em: <http://oami.europa.eu>.

SCHMIDT-SZALEWSKI, Joanna; PIERRE, Jean-Luc. *Droit de la proprieté industrielle*. Paris: Litec – Groupe LexisNexis, 2003.

VAZ, Isabel. *Direito econômico das propriedades*. Rio de Janeiro: Forense, 1992.

Informação bibliográfica deste texto, conforme a NBR 6023:2002 da Associação Brasileira de Normas Técnicas (ABNT):

LYNCH, Maria Antonieta. A propriedade industrial e o sistema da marca comunitária. In: BORGES, Roxana Cardoso Brasileiro; CASTRO, Celso Luiz Braga de; AGRA, Walber de Moura (Coord.). *Novas perspectivas do Direito Privado*. Belo Horizonte: Fórum, 2008. p. 177-191. ISBN 978-85-7700-181-1.

Terceiro setor – a indústria das utopias: traçando caminhos para o aperfeiçoamento da legislação pertinente

Marilia Martinelli

Sumário: Definindo o terceiro setor - Histórico e evolução da legislação pertinente - Código Civil – classificação das pessoas jurídicas - Constituição Federal – imunidade tributária - Referências

A busca por novos caminhos e soluções que visam diminuir as desigualdades sociais tão latentes na sociedade brasileira, vem fazendo com que o denominado "Terceiro Setor" se expanda de modo acentuado ganhando um vulto até então despercebido, revelando-se, com isso, uma conscientização e organização, cada vez mais presente e expressiva da sociedade civil em promover o bem-estar coletivo, diante da percepção de que o poder público não possui mais condições de ser agente principal neste papel de diminuição das mazelas sociais, traduzindo-se o terceiro setor numa tentativa ou alternativa de superação das desídias praticadas com as camadas menos favorecidas de nossa sociedade.

Porém, isto não significa que, por não ser o único provedor das necessidades básicas da sociedade, o Estado possa torna-se alheio e irresponsável pelas mesmas. Ao contrário, a atuação da sociedade civil na execução dos serviços "eminentemente" estatais, como saúde, educação, assistência social, cultura, dentre outros, deve ser fortalecida com incentivos do governo, bem como regulamentada e fiscalizada por este.

Deste modo, no Brasil, a criação de entidades privadas sem fins lucrativos, voltadas para o interesse público nos "novos moldes", começou a criar corpo a partir dos anos 80,[1] motivo pelo qual o terceiro setor, por encontrar-se em acentuado crescimento,[2] vem fazendo com que a legislação que rege aquelas organizações resulte defasada, uma vez que não vem acompanhando as mudanças das mesmas, bem como a relação destas com o Estado.

Este "recente despertar" da sociedade civil voltada para a promoção do desenvolvimento social, mediante a criação de ONGs de atuação em diversos campos, entre eles, promoção de cidadania, busca de igualdade de direitos das mulheres, raças, inclusão social, desenvolvimento sustentável, preservação do meio ambiente, não se assemelha com o antigo assistencialismo existente até meados do século XX no Brasil.

Isto porque o que se pode afirmar é que entidades sem fins lucrativos, receptoras de recurso público até aquele período, não possuíam uma política efetiva de promoção de desenvolvimento

---

[1] "O setor sem fins lucrativos, ou 'terceiro setor', tem crescido notavelmente em todo o mundo nas três últimas décadas. Também no Brasil, as entidades sem fins lucrativos têm conhecido uma franca expansão: nos anos 1990, só na cidade de São Paulo, registraram-se mais de mil entidades por ano."

[2] "No Brasil, segundo estudos comparativos realizados em 1999 pela *John Hopkins University* e pelo Instituto Superior da Religião (ISER), as organizações do terceiro setor passam de 200 mil entidades e movimentam aproximadamente R$12 bilhões/ano, provenientes da prestação dos serviços, do comércio de produtos e da arrecadação de doações."

social, sendo marcadas, inclusive, pelo mau uso do dinheiro público, gerando a partir daí novos centros de poder econômico e político, favorecidos por uma legislação precária e tendenciosa.

É notório também que no Brasil a prestação dos serviços de saúde, educação e assistência social às camadas desfavorecidas da população teve, além da atuação do Estado, a atuação de inúmeras entidades de filantropia e assistencialismo de propriedade quase que exclusiva da Igreja Católica, "mantidas" com o mandato do próprio Estado.

No Brasil, até meados do século XX, a realização do assistencialismo naquelas áreas através de organizações privadas, teve como quase um monopólio a parceria entre Igreja Católica e Estado. Ou seja, a filantropia e o assistencialismo realizados no Brasil foram marcados até aquele período apenas pela atuação da Igreja.

Tal histórico pode ser constatado a partir da investigação da legislação pertinente, que trará como primeiro registro de concessão de benefícios de ordem pública às entidades particulares sem fins lucrativos o disposto no artigo 154 da Constituição Federal de 1934, que declara a imunidade tributária para estabelecimentos particulares de educação.

Um ano após é criada Lei Federal nº 91/1935 que institui o título de utilidade pública federal, legislação através da qual o Estado cria um título jurídico de reconhecimento de utilidade pública para entidade sem fins lucrativos mediante um processo discricionário de qualificação.

A importância deste título reside na possibilidade de a entidade que o possui receber subvenções sociais, benefícios fiscais do governo, tendo em vista a qualificação de entidade com finalidade de utilidade pública.

Observa-se, portanto, que a legislação referente ao início do processo de regularização das entidades sem fins lucrativos no Brasil, já foi, em sua concepção, batizada com um intuito pouco cristalino e ético, uma vez que tal título é concedido pelo Presidente da República, de forma discricionária, existindo, conseqüentemente, um tratamento privilegiado às entidades de maior influência no cenário político. No ver de Durão e Landim (1997) as relações entre sociedade e Estado no Brasil, são marcadas por vícios históricos, entre eles clientelismo e favorecimento políticos, com a transferência de recursos públicos para usos privados.

A miséria e a má distribuição de riqueza existente no Brasil "[...] só poderão ser enfrentadas com ampla mobilização da sociedade [...]" (ANDRADE, 2002). E é nisso que se traduz o terceiro setor. E as organizações que o compõem são as precursoras desse movimento.

Contudo, esta mobilização da sociedade civil desenvolvida ao longo das três últimas décadas não provocou o mesmo desenvolvimento na legislação pertinente. Ou seja, apesar do avanço da legislação acerca do tema, que, em passos bem lentos, sofreu algumas modificações, inclusive a criação da lei das OSCIP, verifica-se, ainda hoje, que a legislação pertinente possui diversas lacunas, capazes de facilitar a corrupção e o desvirtuamento de dinheiro público para os mal-intencionados.

Na análise de Barbosa e Oliveira (2002), "[...] de fato, a legislação brasileira não tem acompanhado a evolução do chamado 'terceiro setor'".

O que se constata é que a legislação acerca da matéria é ainda muito precária, deficiente e tendenciosa. No entender de Modesto (1999), a fragilidade da lei "[...] facilitou a ocorrência de dois fenômenos conhecidos: (a) a proliferação de entidades inautênticas, quando não de fachada, vinculadas a interesses políticos menores, econômicos ou de grupos restritos; (b) o estímulo a processos de corrupção no setor público".

E continua assinalando que tal situação foi favorecida por inexistir dispositivo legal que distinga entidades de favorecimento mútuo, ou seja, aquelas que promovem benefícios a um grupo restrito, muitas vezes cobrando mensalidades e contribuições em dinheiro de seus associados e das entidades de finalidade pública, ou seja, aquelas que têm como finalidade beneficiar a coletividade, quase sempre de forma gratuita.

O título de utilidade pública, através do qual a entidade poderá usufruir de benefícios, entre eles, subvenções sociais, contratação direta, dispensa de tributos, é conferido aos dois tipos de instituições sem fins lucrativos.

Esta falta de distinção legal, que deixou no mesmo "pacote", ou melhor, no mesmo instituto jurídico, qual seja, entidades sem fins lucrativos de utilidade pública, clubes, escolas privadas pagas, creches, associações de bairro, etc., bem como a falta de fiscalização das entidades beneficiadas pelo poder público, direta ou indiretamente, gerou e ainda gera, inúmeras fraudes, falcatruas e abusos de todos os gêneros.

O exemplo mais conhecido é o escândalo dos "anões do orçamento" que, segundo Modesto (1999), consiste num esquema de má utilização de recursos públicos por um grupo de parlamentares federais de entidades filantrópicas de fachada, de papel, criadas pelos próprios, através de terceiros, e, por sua ação parlamentar, recebiam vultosas montas de dinheiro público sem qualquer compromisso efetivo com atividades relevantes em matéria social ou em benefício da coletividade.

Tais práticas de desvio do dinheiro público, mesmo que indiretamente, geram, muitas vezes, uma desconfiança generalizada por parte da sociedade e do Estado, dificultando a relação destes com as entidades realmente sérias, dispostas a realizar um trabalho social efetivo, restando as mesmas prejudicadas diante da fragilidade da parceria (Estado/sociedade civil/entidades) essencial para o bom desenvolvimento do terceiro setor.

Em suma, pode-se afirmar a respeito do histórico legal que regula as entidades sem fins lucrativos, que é caracterizado pelo favoritismo discricionário, muitas vezes faltando transparência e rigor nos critérios utilizados pelo Estado para conceder incentivos fiscais, sejam eles diretos ou indiretos, facilitando a ocorrência de fraudes e abusos praticados diante das brechas legais, fato que compromete as entidades que realmente realizam trabalho social consubstancial para o desenvolvimento dos direitos básicos da coletividade, que estão comprometidas com o desenvolvimento de trabalho sério e honesto.

Contudo, o terceiro setor encontra-se em estado de formação e a legislação correlata vem passando por transformações, de modo que tentaremos identificar, através do levantamento histórico, o atual "Estado de direito" do mesmo e conseqüentemente da legislação pátria atual, a fim de pontuar os avanços e benefícios da norma vigente, mas, muito mais apontar suas lacunas e pontos obscuros.

Definindo o terceiro setor

Pode-se afirmar que o conceito de terceiro setor praticamente se confunde com a legislação que o rege. Isto porque é através desta que ocorrerá um delineamento das entidades que o compõe. E as organizações que o compõe resultam na sua conceituação ou definição. No entanto, no Brasil esta definição reveste-se de maior complexidade por vários motivos, entre eles, pouca pesquisa acumulada, escassez de dados estatísticos disponíveis, legislação obsoleta.

Contudo, a despeito da inexatidão do conceito de terceiro setor, pode-se afirmar, de um modo geral, que as figuras jurídicas existentes no ordenamento jurídico que o compõem são as fundações e as associações (entidades consideradas como sem fins lucrativos), sendo que aquela poderá desdobrar-se em organizações de interesse mútuo e organizações de interesse público.

O que se pode afirmar ainda é que representa, na maioria das vezes, a união de esforços da sociedade civil organizada, com base na ação voluntária e na criação de entidades sem fins lucrativos que visam o desenvolvimento social.

Este conceito origina-se de uma definição que é amplamente utilizada como referência, inclusive pelo "Manual sobre as Instituições sem Fins Lucrativos no Sistema de Contas Nacionais" recomendado pela ONU, proposta por Salamon e Anheier (1996), trata-se de uma definição "estrutural/operacional" que estabelece que, para ser caracterizada como sem fins lucrativos e integrar, assim, o terceiro setor, a organização ou entidade deve preencher, simultaneamente, cinco critérios, quais sejam: privadas, sem fins lucrativos, institucionalizadas, auto-administradas e voluntárias.

Percebe-se que os critérios propostos são como traços delineadores na tentativa de construção da classificação das entidades que podem compor o terceiro setor na legislação específica de cada país.

Outro senso comum é a classificação segundo a qual a Administração Pública se caracteriza como o "Primeiro Setor". Empresas privadas com finalidade lucrativa representam o "Segundo Setor". Sendo o "Terceiro Setor", uma rede que engloba, necessariamente, entidades privadas sem fins lucrativos que prestam serviços essencialmente de interesse público. Ou seja, entidades que tenham como objetivo central o desenvolvimento social e a cidadania, com ações nas áreas de maior necessidade: saúde, educação, assistência social, arte, meio-ambiente, entre outras.

Assim, o conceito e a definição das entidades que compõe o chamado terceiro setor ainda não está totalmente descriminado na legislação brasileira, até porque é um conceito que vem sendo formado ao longo de décadas, desde que as organizações da sociedade civil vêm se desenvolvendo e reivindicando seu espaço dentro do arcabouço jurídico.

Não é a toa que a caracterização do terceiro setor vem sendo esboçada juntamente com os avanços da legislação, mesmo que ainda insuficiente, mas com promessas de melhoramento.

Histórico e evolução da legislação pertinente
Código Civil – classificação das pessoas jurídicas

O Código Civil é o diploma legal responsável pela classificação das pessoas jurídicas, bem como pela regulamentação geral das mesmas, existindo algumas destas pessoas jurídicas reguladas por lei específica, como é o caso dos partidos políticos.

Deste modo, é a partir do Código Civil que se identificam as pessoas jurídicas, e é aí que deveria estar descriminado quais dessas entidades jurídicas poderiam ter finalidade lucrativa daquelas sem fins de lucro, bem como as entidades de interesse público das entidades de interesse privado.

No entanto, o Código Civil de 1916 classificava as pessoas jurídicas de direito privado da seguinte forma: *I – As sociedades civis, religiosas, pias, morais, científicas ou literárias, as associações de utilidade pública e as fundações; II – As sociedades mercantis; III – os partidos políticos.*

Observa-se que a despeito da distinção das pessoas jurídicas, o Código não definia quais dessas entidades possuíam fim lucrativo ou não, bem como não diferenciava as entidades sem finalidade de lucro de utilidade pública ou de utilidade mútua, construção desenvolvida pela doutrina.

O novo Código Civil de 2002 irá trazer essa diferenciação, contudo ainda pouco nítida, na medida em que não estabelece claramente quais delas são sem finalidade de lucro, dispondo apenas em capítulos separados que as associações são constituídas *pela união de pessoas que se organizem* **para fins não econômicos** e as fundações para serem criadas *o seu instituidor fará, por escritura pública ou testamento, dotação especial de bens livres, especificando o fim a que se destina, e declarando, se quiser, a maneira de administrá-la.*

Portanto, a distinção dentre o rol das pessoas jurídicas de direito privado para determinar quais teriam finalidade lucrativa e quais não teriam, foi tarefa desenvolvida pela doutrina. Se hoje se sabe que as associações e as fundações, pela própria natureza jurídica das mesmas, são pessoas jurídicas que devem ser constituídas sem a finalidade de lucro, não foi por dispositivo de lei, mas sim pela percepção de doutrinadores em estabelecer tal distinção. Segundo Ferraresi (2001), na evolução do histórico da legislação pertinente, quando ainda não havia esta separação, havia a possibilidade até de as entidades com fins de lucro serem consideradas como filantrópicas, inclusive recebendo isenção de impostos.

Constituição Federal – imunidade tributária

Conforme afirmado alhures, o primeiro registro histórico de concessão de benefícios de ordem pública a entidades particulares sem fins lucrativos consta da Constituição Federal de 1934 que declara a imunidade tributária para estabelecimentos particulares de educação, ficando isentos de qualquer tributo desde que prestassem serviço gratuito de escola primária ou profissional e fossem considerados oficialmente idôneos.

A leitura do artigo, de pronto, nos revela uma parcialidade do legislador, soa tendencioso, visto que o critério imposto no artigo para estabelecer a imunidade, qual seja, "idoneidade de um estabelecimento" é de extrema subjetividade.

Ora, a mesma instituição pode ser considerada idônea para alguns e para outros não. Não é por acaso que a imprecisão da palavra "idôneo" trouxe a exigência, em pouco tempo, de novas previsões legais, e segundo Paes (2000, p. 413), "possivelmente, é este adjetivo de idôneo que irá exigir a regulamentação de utilidade pública um ano após". No entanto, o fato relevante e favorecedor do artigo é o requisito imposto de "gratuidade" do serviço prestado, fato que justifica a isenção dos tributos de uma entidade particular diante do benefício coletivo trazido.

Em 1935, por meio da Lei Federal nº 91, foi instituído o título de utilidade pública federal, legislação através da qual o

Estado cria um título jurídico de reconhecimento de utilidade pública para entidades sem fins lucrativos.

Assim, o que se verifica é que a imunidade de impostos para entidades educacionais prevista na Constituição de 1934, diante da prerrogativa "genérica" de que a entidade fosse considerada "oficialmente idônea", trouxe, em conseqüência, a criação do título de utilidade pública federal, instituído em 1935, nos seguintes moldes: *As sociedades civis, as associações e as fundações que fossem constituídas no país com o fim exclusivo de servir desinteressadamente à coletividade poderiam ser declaradas de utilidade publica, desde que comprovassem que possuíam personalidade jurídica; que estivessem em efetivo funcionamento; e que os cargos de diretoria não fossem remunerados.*

Evidente que os requisitos exigidos nesta lei, do mesmo modo que o artigo da Lei Maior de 1934 acima comentado, não serviram para especificar, classificar objetivamente uma entidade de interesse público, fato que trouxe um processo discricionário de qualificação das mesmas, através do qual cabia ao Presidente da República a seleção da entidade que entenderia por bem batizar como sendo de utilidade pública. Vale ressaltar, conforme afirma Ciconello (2004), que no início, o título de utilidade pública tinha apenas um caráter honorífico, mas, com o tempo, as instituições tituladas foram auferindo alguns benefícios, muito embora o artigo 3º da lei proibisse expressamente a percepção de qualquer favor do Estado decorrente da titularidade.

Os requisitos contidos no artigo primeiro da citada lei, definitivamente, não oferecem nenhuma diferenciação específica no reconhecimento de uma entidade que busque o desenvolvimento social daquelas apenas de interesse mútuo, tornando-se evidente que, a concessão do título pelo Presidente da República caracteriza-se por critérios muito mais subjetivos que objetivos, abrindo margem ao favorecimento de seus escolhidos.

Ressalta-se que, com o passar do tempo, o título de utilidade pública passou a ser condição *sine qua non* para o alcance de benefícios públicos, dentre eles, isenção da cota patronal, dedução de imposto de renda sobre doações e patrocínio, recebimento de subvenções, o que demonstra a importância que o mesmo foi adquirindo, a despeito de na sua origem servir apenas como qualificação honorífica.

Para Modesto (1999), o título de utilidade pública federal tem sido um dos principais problemas para o fortalecimento do terceiro setor no país, uma vez que se trata de uma legislação deficiente, lacônica, deixando uma enorme quantidade de temas sem cobertura legal e sob o comando da discrição de autoridades administrativas.

Ressalta-se que tal título é concedido até hoje tanto para entidades com objetivos de interesse público, ou seja, entidades que buscam o desenvolvimento efetivo da sociedade, principalmente das camadas menos favorecidas, prestando serviços, quase sempre, de forma gratuita, tanto para entidades de favorecimento apenas mútuo, ou seja, entidades que visam proporcionar benefícios a um grupo restrito de indivíduos, onde existe ainda, muitas vezes, a cobrança de mensalidades ou contribuições em dinheiro, o que se mostra desproporcional, uma vez que, com a obtenção do título, como já ressaltada, a entidade passa a angariar inúmeros benefícios.

Hoje, apesar da dificuldade burocrática em se alcançar tal título, absurdamente continua em vigor praticamente nos mesmos moldes, cabendo ao ministério da justiça a sua concessão, bem como a cassação em caso de serem constatadas irregularidades.

Dando continuidade ao histórico legal, com a evolução das Cartas Políticas a imunidade concedida em seu primeiro molde na Carta Magna de 1934 foi recebendo modificações e aperfeiçoamento, sendo aumentadas as áreas de atuação sujeitas à imunidade, resultando assim no inciso VI do artigo 150 da Constituição Federal atual.

A Constituição Federal de 1937, por exemplo, irá aumentar o rol das áreas consideradas como de interesse público e praticadas pelas organizações privadas sem fins lucrativos, passando a considerar a arte, a ciência e o ensino como livres à iniciativa individual e a de associações ou pessoas coletivas ou públicas e particulares, devendo o Estado contribuir para o estímulo e desenvolvimento destas entidades. Observa-se a supressão do artigo que declarava imunidade de entidades na constituição federal anterior, porém, foi inserido o subsídio às entidades que fomentavam o ensino, a cultura, a ciência.

A imunidade de impostos volta a ser contemplada na Constituição Federal de 1946, contudo, fazendo um comparativo da previsão da Carta de 1934, percebe-se um alastramento das áreas que receberão imunidade, sendo inicialmente estipulada apenas para as entidades de educação, passando a abarcar as instituições de assistência social, templos de qualquer culto e partidos políticos, chegando próximo à redação atual, contudo com a diferença de que posteriormente os requisitos para alcançar a imunidade aumentarão e serão exigidos por lei, no caso o Código Tributário Nacional. Salienta-se que a única exigência para que estas organizações percebessem o direito de imunidade de impostos era que suas rendas fossem aplicadas integralmente no país para os respectivos fins a que se destinavam.

A redação do artigo analisado anteriormente será modificada apenas pela Constituição Federal de 1967, sendo que os requisitos exigidos para o gozo da imunidade serão aqueles instituídos na lei, ou seja, aqueles previstos no artigo 14 do Código Tributário Nacional.

Prosseguindo, em 1959, a Lei nº 3.577 estabeleceu a isenção de contribuição à previdência social às entidades filantrópicas consideradas de utilidade pública conforme os parâmetros estabelecidos pelos diplomas legais acima citados.

Ou seja, com o advento desta lei as entidades de fins filantrópicos acabam sendo contempladas por duas imunidades, a primeira, aquela referente aos impostos, e a segunda, esta referente à contribuição à seguridade social, desde que possuam o certificado fornecido pelo Ministério da Justiça de entidade de utilidade pública nos moldes da Lei nº 91/35.

Esta previsão acabou gerando, posteriormente, o certificado de fins filantrópicos, criado pelo Decreto-Lei nº 1.117 de 1962.

Tal isenção foi mantida até 1977, quando a Lei nº 1.572 revogou o benefício, preservando os direitos adquiridos das instituições que já possuíam tal título.

Apenas com o advento da Constituição Federal de 1988, houve o retorno da isenção da contribuição previdenciária, conforme será mostrado adiante.

A Lei nº 4.320/64 que estatui normas gerais de Direito Financeiro para elaboração e controle dos orçamentos e balanços da União, dos Estados, dos Municípios e do Distrito Federal, se incumbirá de trazer uma disposição acerca de repasse de recursos públicos por meio de subvenções sociais.

Para efeitos desta lei, as subvenções sociais são aquelas transferências destinadas a cobrir despesas de custeio das instituições públicas ou privadas de caráter assistencial ou cultural, sem finalidade lucrativa.

Apesar dos inúmeros critérios e requisitos legais impostos a uma instituição sem fins lucrativos para que possa receber tais subvenções, segundo Oliveira (1996), estas não são um meio usual para a transferência de fundos públicos em países de ordenamento jurídico mais elaborado.

Isto porque, nunca existirão critérios suficientes para tornar justa a distribuição de dinheiro público, ou seja, do contribuinte, a algumas entidades sem fins lucrativos se inexiste uma contraprestação imposta a estas.

Portanto, as subvenções sociais dão margem a inúmeras críticas, inclusive pelo seu aspecto pouco justo e por se tratar de uma disposição legal que pode abrigar a prática de esquemas de fraudes com malversação do dinheiro público.

Com o advento da Constituição Federal de 1988, o seu artigo 150 manterá a imunidade de imposto prevista na Carta de 1967, contudo a letra "c" incluirá também como imunes, as fundações dos partidos políticos, as entidades sindicais dos trabalhadores, destacando na redação que as entidades deverão ser "sem fins lucrativos".

Observa-se, quanto ao atendimento dos requisitos legais que continuam sendo aqueles previstos no artigo 14 do CTN, porém, com a inclusão de um inciso, que passou a ser o primeiro, com redação dada pela Lei nº 104 de 10.01.2001, que inclui como requisito legal a não distribuição a qualquer título de qualquer parcela do patrimônio ou das rendas das instituições previstas na alínea "c" do artigo acima citado, ou seja, não podem ter finalidade lucrativa. Esta alínea é o primeiro registro *expresso* que encontramos da explicação em que consiste a não finalidade lucrativa, exigindo que as entidades para alcançarem a imunidade, não contraiam lucro. Anteriormente, este papel foi desempenhado apenas pela doutrina.

Já com relação à isenção de contribuições previdenciárias, instituída pela Lei nº 3.577/59 e derrogada em 1977, conforme acima invocado, foi um benefício resgatado pela Carta em comento, passando a ser dispositivo constitucional.

Vale observar que, para o alcance da liberalidade do pagamento das contribuições previdenciárias, a entidade beneficente de assistência social deverá, além de preencher os requisitos do artigo 14 do CTN, atender aos requisitos do inciso II do art. 55 da Lei nº 8.212/91, bem como, o parágrafo 3º do artigo 9º da Lei nº 8.742/93.

A primeira lei versa sobre a organização da Seguridade Social, estabelece, naquele artigo, os requisitos para a obtenção da isenção da contribuição da seguridade social.

A redação do inciso II foi alterada a partir da edição da Medida Provisória 2187-13/2001, em vigor em função do artigo 2º da Emenda Constitucional nº 32 de 2001, sendo que, o certificado hoje denominado de CEBAS (Certificado de Entidade Beneficente de Assistência Social) substituiu o antigo CEFF (Certificado de Entidade de Fins Filantrópicos).

Já a segunda lei dispõe sobre a organização da assistência social (LOAS), "conceitua" assistência social, e estabelece requisitos para que uma entidade alcance o registro no Conselho Nacional de Assistência Social, para obtenção do CEBAS, e, conseqüentemente, a possível isenção da quota patronal perante o INSS.

É importante evidenciar o significado de assistência social para definir, com maior precisão, qual entidade poderá ser agraciada com a imunidade previdenciária. Assim, a difícil definição de assistência social dá margem a discussões e desordens históricas. O parágrafo único do art. 2º da LOAS define que a assistência social visa "à universalização dos direitos", ou seja, incluir os excluídos, promovendo os direitos sociais básicos que propiciem o recondicionamento ou a conservação do indivíduo na sociedade, através de oportunidades de emancipação dos mesmos.

Para Azevedo (1997 a 2007), não basta, para alcançar a imunidade de contribuições previdenciárias, que a entidade promova caridades emergenciais, mas siga os objetivos constitucionais da assistência social. Aliás, a imunidade constitucional do parágrafo 7º, do art. 195, só se justifica se concedida através deste prisma, ou seja, que as entidades só sejam imunes porque já contribuem para a seguridade social, uma vez que exercem o papel de integrar, socialmente, indivíduos excluídos, pois, do contrário, o benefício serviria para estimular irregularidades. E prossegue defendendo que, "[...] a lacônica disciplina do título de utilidade pública não permite aferir-se nada disto".

E afirma que, segundo dados do Ministério da Justiça, em outubro de 2004 existiam 10.750 entidades declaradas de utilidade pública federal. Mas, antes da vinculação do título às imunidades de contribuições previdenciárias, havia apenas 113 entidades declaradas de utilidade pública.

Até hoje a posse do título de utilidade pública continua sendo condição essencial para obtenção do CEBAS, o que gera inúmeras confusões, uma vez que os critérios genéricos do título de UPF levarão à concessão inadequada do certificado.

Ora, exaustivamente já denunciamos neste trabalho a problemática das lacunas da arcaica Lei nº 91/35, mesmo assim, é requisito primeiro para entidade buscar o CEBAS. Ocorre que, pelo vazio de suas exigências e requisitos, torna-se uma barreira inadequada para entidades que realmente promovem a assistência social obtenham tal imunidade, na medida em que o processo acaba resumindo-se na conferência de listas de títulos que, em verdade, não se enquadram no marco legal da assistência social.

A Lei nº 9.637 de 15 de maio de 1998 criou o título de organização social, novo título jurídico de alcance da União, que, por meio de alguns requisitos, confere às organizações sem fins lucrativos a qualificação de "organização social". Portanto, em verdade, esta lei não constitui uma nova forma de pessoa jurídica. Afirma Modesto (1999), que, apenas confere às tradicionais pessoas jurídicas privadas sem fins lucrativos existentes no nosso Código Civil, uma qualificação a mais.

O aspecto diferenciador do título de utilidade pública do título de organização social reside, precipuamente, na tentativa de se separar as entidades de fins comunitários das entidades de fins coletivos, diminuindo, em conseqüência, os benefícios públicos concedidos àquelas sem a devida contraprestação à sociedade.

Tal aspecto pode ser conferido quando se observam algumas exigências da lei, impostas para se obter a qualificação de entidade como organização social e conseqüente recebimento de benefícios, dentre elas, existência de colegiado superior composto por fundadores, personalidade da comunidade, representantes do poder público; auditorias gerenciais e controle de resultados; fomento público condicionado à assinatura de contrato ou acordo de gestão com o poder público, definidor de metas e tarefas a cumprir; responsabilização direta dos dirigentes pela regular utilização dos recursos públicos auferidos por contrato ou acordo de gestão.

Entre outras coisas, este título significa um avanço na legislação acerca das entidades sem fins lucrativos, pois vem revestido da intenção de se distinguir, dentro do mundo das entidades do terceiro setor aquelas que de fato agem em favor da coletividade e que por este motivo mereçam ser privilegiadas com benefícios governamentais.

Contudo, a dita lei não está livre de desvios. Pontos frágeis podem ser facilmente apontados como futuras frestas para abusos e desvirtuamento dos propósitos da lei, entre eles, aponta Modesto (1999), para a falta de tempo mínimo de atuação comprovada da entidade na finalidade desenvolvida, como no caso do título de utilidade pública e o CEBAS; a falta de exigência de um percentual de serviços gratuitos prestados diretamente ao cidadão a fim de justificar os benéficos públicos auferidos pela entidade.

Em menos de um ano da criação da lei em comento, surge a mais recente e com vigência mais forte, lei das OSCIP (Organizações da Sociedade Civil de Interesse Público), criada a partir de rodadas de discussões ocorridas entre representantes da sociedade civil organizada e o Conselho de Comunidade Solidária.

Com a promulgação da nova lei, criada inclusive com a participação da sociedade civil, o marco legal do terceiro setor passou a ter uma nova dimensão, porém, com o formato muito parecido com a lei de organizações sociais.

Constitui, portanto, como último incremento do marco legal do terceiro setor a Lei das OSCIP, que possui alguns traços diferenciados da lei das OS, quais sejam, 1) elenco das entidades que não podem ser classificadas como OSCIP; 2) cumprimento de procedimentos contábeis exigidos pelas Normas Brasileiras de Contabilidade; 3) proibição de participação das entidades portadoras do título em campanhas de caráter político partidário ou eleitorais, entre outros; 4) responsabilização solidária do organismo que, constatando algum tipo de desvio do termo de parceria, não delatou.

Todas essas inovações são de grande valia, o rol negativo das entidades que não podem ser qualificadas como OSCIP, por exemplo, é muito importante, pois, no mundo tão heterogêneo de entidades que compõe o terceiro setor, o método excludente traduz-se mais eficaz. A responsabilidade solidária prevista no artigo 12 propicia uma conscientização generalizada que todos são responsáveis pela boa aplicação dos recursos e bens de origem pública, seja a organização parceira, seja o ente financiador. Afim, ainda, de evitar a discricionariedade presente na concessão do título de utilidade pública, aqui há disposição contendo as hipóteses em que o pedido de qualificação será indeferido.

A entidade gravada como OSCIP poderá estabelecer termo de parceria com o poder público. Aliás, este é o fim maior da lei – financiar projetos e planos que tenham realmente efetividade e tragam, de algum modo, resultados positivos à sociedade.

No entanto, apesar do esforço relevante da lei em definir de forma mais clara as entidades que poderão ser classificadas como de interesse público, bem como introduzir mecanismos de controle mais eficazes na fiscalização do recurso concedido às entidades, cumpre salientar que o diploma legal também possui lacunas e omissões, as quais poderão trazer conseqüências negativas, o que de fato já vem ocorrendo.

Uma dessas lacunas consta da imprevisão quanto à liberação dos recursos públicos aprovados, sem a exigência, ao menos, do cumprimento das etapas do cronograma da contraprestação assumida no termo de parceria pela entidade receptora.

Outra omissão preocupante diz respeito ao elenco do artigo 3º das entidades que podem ser caracterizadas como sendo de interesse público, à exceção do inciso III e IV, não se exige a "gratuidade", ao menos, de uma porcentagem dos serviços prestados ao cidadão.

Vale ressaltar ainda quanto à previsão do parágrafo 1º, art. 11, que dispõe sobre a avaliação do resultado atingido na execução do termo de parceria será realizada por uma comissão de avaliação formada com personagens da entidade e do órgão parceiros. Ora, o mais prudente seria que, em verdade, a comissão julgadora fosse formada por representantes de organismo público da área correspondente ao projeto e por representantes de entidade congêneres à receptora. Com isto, seria dado cumprimento aos princípios que devem ser perseguidos pelo terceiro setor, em especial, transparência, publicidade e eficácia.

Apesar das falhas apontadas, não se pode olvidar o caráter contributivo para o fortalecimento e aperfeiçoamento da legislação que rege o tema, suprindo algumas deficiências existentes no título de utilidade pública, vigente até o presente momento, abrindo, assim, o caminho para futuras discussões e soluções para a legislação do terceiro setor. Esta lei dá início ao processo de incentivo eficaz da parte do terceiro setor que realmente tem por fim a promoção *coletiva* do desenvolvimento social, com uso mais ordenado e eficiente dos recursos públicos auferidos.

Diante de todo o exposto, pode-se concluir, portanto, que o espírito do terceiro setor consiste na união de pessoas com vontade de somar energias para a execução de objetivos, que, ao entender das mesmas, melhoram as condições de vida da coletividade. Neste sentido, é indubitável a relevância do papel do terceiro setor, especialmente no Brasil, um país onde as diferenças sociais são desastrosas e que o poder público já demonstrou sua incapacidade de, individualmente, torná-las menores.

A legislação que permeia as entidades sem fins lucrativos que compõem o terceiro setor no Brasil, conforme verificado no decorrer do presente estudo, é ainda ineficiente e precária. E, em conseqüência disso, a relação Estado e organizações da sociedade civil não é planificada e bem estruturada.

Denunciou-se a vazia e lacônica lei nº 35/91, inexplicavelmente ainda vigente, revestida de parcialidade e discricionariedade, uma vez que confere ao Presidente da República a competência de qualificação das entidades com o título de utilidade pública, concedido de maneira prosaica, sem critérios efetivamente válidos definidores das entidades que realmente prestam contrapartidas para a sociedade, sendo outorgados às entidades de maior influência no cenário político, levando assim ao favoritismo e à troca de interesses políticos e econômicos. Essa facilidade de reconhecimento jurídico traz a formação de entidades de "fachada" que, privilegiadas com benefícios, acabam desviando verbas públicas. Não é difícil encontrar na mídia denúncias neste sentido.

É evidente que não se está generalizando toda uma situação, uma vez que existem entidades idôneas qualificadas com o título de utilidade pública e que contribuem efetivamente com o desenvolvimento social. Contudo, é preciso lançar mão de novos instrumentos legais que regulamentem de forma mais consistente o repasse de benefícios, sejam eles diretos ou indiretos, às entidades "validamente" representantes da "banda boa" das inúmeras facetas do terceiro setor, podando qualquer possibilidade de escoamento do dinheiro público pela sua má aplicação.

A Lei das OSCIP desencadeou um novo marco legal, com um moderado aperfeiçoamento da legislação e que se ajusta bem às necessidades do setor, chegando próximo ao modelo de relação esperada e desejada principalmente pelas instituições que têm algo a fazer, que possuem o intuito construtivo de uma sociedade melhor, mas, infelizmente, a realidade legal/público administrativa revela outro panorama.

Assim, diante da legislação estudada e das considerações pontuadas, passa-se a tecer algumas sugestões que entendemos como possíveis alternativas de incremento para a legislação do terceiro setor e, conseqüentemente, da relação deste com o poder público.

Primeiramente, a necessidade de revogação da Lei nº 91/35 do título de utilidade pública, a nosso ver, é latente. Ora, se a lei das OSCIP regulamenta repasse de dinheiro público às entidades de interesse público, estabelecendo requisitos mais consistentes de determinação e classificação das mesmas, não se pode conceber que outra lei, mais precária e lacônica, vige em paralelo àquela, possibilitando a existência de entidades fantasmas e abusos e desvios de recurso público.

Propõe-se, portanto que as entidades de interesse público sejam regidas pela lei das OSCIP, que poderá ser melhorada, e que seja dada uma nova regulamentação às entidades de interesse mútuo, desconstituindo a Lei nº 91/35.

Com a revogação da lei, o CEBAS passaria a ser concedido sem a exigência do pré-requisito de a entidade portar o título de utilidade pública, restando como competente exclusivo para definir quais entidades prestam efetivamente assistência social o Conselho Nacional de Assistência Social, sem a interferência confusa que o título de utilidade pública traz.

Outra questão importante é que, entes estatais ou municipais possuem poder para criar títulos através de leis, sem a observação da lei federal, uma vez que não se trata de competência legislativa concorrente. Ou seja, Estados e municípios podem, autonomamente, sem interdependência, criar títulos de utilidade pública, utilizando critérios que lhes sejam convenientes.

Ora, diante desta falta de uniformidade das leis, uma entidade pode ser declarada de utilidade pelo Estado, mas, não ser reconhecida com tal característica pela União, ou vice-versa. Vale dizer que poucos são os Estados que possuem legislação neste sentido.

Seguindo no sentido da revogação da lei federal de utilidade pública, sugerimos que a legislação estatal e municipal de qualificação de entidades de interesse coletivo seja uniformizada de acordo com os critérios da lei das OSCIP, criando-se um banco de dados, a nível estadual e municipal das entidades qualificadas como tal. A partir daí, o repasse de recursos e a fiscalização da aplicação dos mesmos passaria a ser acompanhado mais de perto e eficazmente.

Assim, a nosso ver, a melhor forma que a administração pública tem de exercer um papel importante no acompanhamento do incremento do setor será por meio da criação de mecanismos que tragam por um lado um maior conhecimento das instituições das entidades que realizam trabalhos sociais nos diferentes campos carecedores, assim como da efetividade e cumprimento dos mesmos. Bem como, a coordenação e execução, em parceria entre o poder público/entidades do terceiro setor/sociedade civil receptora de planos e projetos específicos separados por áreas e regiões de atuação, com a dotação de recursos para tais fins.

Entende-se que este sistema pode ser viabilizado através da criação de comissões ou conselhos específicos dentro dos organismos públicos, na esfera federal, estadual e municipal, formados por representantes do poder público competente e entidades também qualificadas como de interesse público afins ou congêneres.

Neste sentido, destaca-se o Conselho Nacional de Assistência Social, formado por dezoito membros e respectivos suplentes, cujos nomes são indicados ao órgão da Administração Pública Federal responsável pela coordenação da Política Nacional de Assistência

Social, sendo que nove são representantes governamentais, incluindo um representante dos Estados e um dos Municípios e nove são representantes da sociedade civil, dentre representantes dos usuários ou de organizações de usuários, das entidades e organizações de assistência social e dos trabalhadores do setor, escolhidos em foro próprio sob fiscalização do Ministério Público Federal.

Esta sistemática desencadearia uma qualificação na aplicação dos recursos públicos, sendo que na desejada emancipação do poder público no marco do desenvolvimento do terceiro setor no Brasil a importância reside, sem dúvida, não na quantidade dos recursos, mas, na qualidade de sua aplicação resultando assim numa efetiva concretização das ações que surjam daquela parceria provocando uma co-responsabilidade entre os partícipes, bem como, enriqueceria a formação do setor.

Parece inquestionável a necessidade de descentralização, por Estado, e subseqüentemente, por município, dos organismos públicos atuantes no desenvolvimento do terceiro setor, criando-se, paralelamente, uma rede de interlocução entre os diferentes atores, ou seja, entidades, administração pública e sociedade civil receptora.

Também parece relevante interpretar e delimitar o caráter, por um lado privado e por outro público, do terceiro setor. Privado enquanto a legislação impede a politização ou participação das instituições públicas dentro da formação jurídica das entidades. E, público enquanto finalidade essencial dessas entidades, assim, como para a obtenção de títulos ou certificados que permitam a cada entidade o direito a benefícios fiscais, ou simplesmente subvenções sociais.

Paradoxalmente, no caso das subvenções sociais previstas no art. 16 da Lei nº 4.320/64, cumpre destacar que inexistem exigências legais específicas, objetivas e claras para a obtenção das mesmas por parte das entidades, deixando uma brecha legal para desvio de recursos públicos, uma vez que o seu repasse não é questionado com o mesmo afinco que outros benefícios. Neste caso, precisamente, as exigências e requisitos deveriam ser especialmente mais firmes e visíveis por serem as subvenções sociais de procedência pública de certa forma diretamente dos impostos dos cidadãos, de modo que sugerimos, neste caso, uma revisão do citado artigo.

Um instrumento simples que serviria para administrar de forma mais eficaz a distribuição de subvenções seria a inclusão nos orçamentos das instituições públicas doadoras a relação das quantidades, bem como o tipo de entidade que irá recebê-las. Ou seja, se a organização é de interesse público, mútuo, ou enquadradas em uma das diferentes leis que as regulamentam, por exemplo, OSCIP, OS, ou ainda, aquelas certificadas como de assistência social. Esta iniciativa possibilitaria uma maior transparência, tornando possível o conhecimento por parte da sociedade da sensibilidade dos diferentes setores públicos das carências da comunidade, reforçando o sentido da responsabilidade no momento da escolha das entidades que irão perceber as subvenções, mitigando assim, senão ao menos diminuindo, possíveis irregularidades praticadas na utilização desses fundos públicos.

Claro está que é justificada e necessária a participação e o protagonismo da administração pública, com a colaboração da sociedade civil, na definição e construção deste, hoje, monstro filantrópico chamado terceiro setor.

Referências

ANDRADE, Miriam Gomes Vieira de. *Organizações do terceiro setor*: estratégias para captação de recursos junto às empresas privadas. Dissertação (Mestrado) – Universidade Federal de Santa Catarina, Florianópolis, Santa Catarina. 2002. Disponível em: <http.teses.eps.ufsc.br.defesa>. Acesso em: 05 dez. 2006.

AZEVEDO, Damião Alves de. *O título de Utilidade Pública Federal e sua vinculação à isenção da cota previdenciária patronal*. Disponível em: <www.mj.gov.br>. Acesso em: 17 jan. 2007.

BARBOSA, Maria Nazaré Lins. Identidade do terceiro setor e sua relação com o Estado: agenda para a reforma legal. *Revista do Terceiro Setor – RETS*. Disponível em: <www.setor3.com.br>. Acesso em: 28 fev. 2007.

BARBOSA, Maria Nazaré Lins; OLIVEIRA, Carolina Felippe de Oliveira. *Manual de ONGs*: guia prático de orientação jurídica. 3. ed. atual. Rio de Janeiro: FGV, 2002.

BRASIL. Código Civil. Lei nº 10.406 de 10 de janeiro de 2002. Institui o Código Civil. *Diário Oficial da União*, Brasília, DF, 11 de jan. 2002.

BRASIL. Código Civil. Lei nº 3.071, de 01 de janeiro de 1916. Regula os direitos e obrigações de ordem privada concernentes às pessoas, aos bens e ás suas relações. *Diário Oficial da União*, Rio de Janeiro, RJ, 05 jan. 1916.

BRASIL. Constituição (10 de novembro de 1937). *Constituição da República dos Estados Unidos do Brasil*. Rio de Janeiro: Getúlio Vargas. 1937.

BRASIL. Constituição (16 de julho de 1934). *Constituição da República dos Estados Unidos do Brasil*. Rio de Janeiro: Antonio Carlos Ribeiro de Andrada. 1934.

BRASIL. Constituição (18 de setembro de 1946). *Constituição da República dos Estados Unidos do Brasil*. Rio de Janeiro: Fernando de Mello Viana. 1946.

BRASIL. Constituição (24 de janeiro de 1967). *Constituição da República Federativa do Brasil*. Brasília: João Baptista Ramos, 1967.

BRASIL. Constituição (5 de outubro de 1988). *Constituição da República Federativa do Brasil*. Brasília: Ullysses Guimarães, 1988.

BRASIL. Lei nº 3.577, de 04 de julho de 1959. Isenta da taxa de contribuição de previdência aos Institutos e Caixas de Aposentadoria e Pensões as entidades de fins filantrópicos, reconhecidas de utilidade pública, cujos membros de suas diretorias não percebam remuneração. *Diário Oficial da União*, Rio de Janeiro, RJ, 04 jul. 1959.

BRASIL. Lei nº 4.320, de 17 de março de 1964. Institui normas gerais de direito financeiro para elaboração e controle dos orçamentos e balanços da União, dos Estados, dos Municípios e do Distrito Federal. *Diário Oficial da União*, Brasília, DF, 23 mar. 1964.

BRASIL. Lei nº 6.639, de 08 de maio de 1979. Introduz alterações na Lei nº 91, de 28 de agosto de 1935, que "determina regras pelas quais são as sociedades declaradas de utilidade pública". *Diário Oficial da União*, Brasília, DF, 10 maio 1979.

BRASIL. Lei nº 8.212, de 24 de julho de 1991. Dispõe sobre a organização da Seguridade Social, institui Plano de Custeio, e dá outras providências. *Diário Oficial da União*. Brasília, DF, 27 jul. 1991.

BRASIL. Lei nº 8.742, de 07 de dezembro de 1993. Dispõe sobre a organização da Assistência Social e dá outras providências. *Diário Oficial da União*. Brasília, DF, 08 dez. 1998.

BRASIL. Lei nº 9.790, de 23 de março de 1999. Dispõe sobre a qualificação de pessoas jurídicas de direito privado, sem fins lucrativos, como Organizações da Sociedade Civil de Interesse Público, institui e disciplina o Termo de Parceria, e dá outras providências. *Diário Oficial da União*. Brasília, DF, 24 mar. 1999.

BRASIL. Lei nº 91, de 28 de agosto de 1935. Determina regras pelas quais são as sociedades declaradas de utilidade pública. *Diário Oficial da União*, Rio de Janeiro, RJ, 04 set. 1935.

CARVALHO, Denise Gomide. *Mulheres na coordenação de organizações do terceiro setor no município de São Paulo (1990-2000)*: construção de sujeitos coletivos e de propostas socioeducativas. 2002. Dissertação (Mestrado) – Universidade Estadual de Campinas, Faculdade de Educação, Campinas, São Paulo. 2002. Disponível em: <www.unicamp.br>. Acesso em: 25 out. 2006.

CICONELLO, Alexandre. O conceito legal de público no terceiro setor. In: SZAZI, Eduardo (Org.). *Terceiro setor*: temas polêmicos. São Paulo: Petrópolis, 2004. v. 1. p. 45-66.

COELHO, Simone de Castro Tavares. *Terceiro setor*: um estudo comparado entre Brasil e Estados Unidos. São Paulo: Editora SENAC, 2000.

DURÃO, Jorge Eduardo Saavedra. *As organizações não-governamentais e a discussão do marco legal do chamado terceiro setor*: a questão do seu financiamento. Disponível em: <www.setor3.com.br>. Acesso em: 28 fev. 2007.

DURÃO, Jorge Eduardo Saavedra; LANDIM, Leilah. *A criação de um novo marco legal para o terceiro setor*. Consultoria - Universidade de San Andrés, Buenos Aires. Projeto Comparativo Argentina, Brasil e Colômbia. Disponível em:<www.abong.org.br>. Acesso em: 13 out. 2006.

ESPAÑA. *Código Civil mandada publicar por Real Decreto de 24 del corriente en cumplimiento de la ley de 26 de Mayo último*. Soria: Imprenta provincial, 1889.

FERRAREZI, Elisabete. *O novo marco Legal do terceiro setor no Brasil*. Texto para o III Encuentro de la Red Latinoamericana y del Caribe de la Sociedad Internacional de Investigación del Tercer Sector (ISTR) - Perspectivas Latinoamericanas sobre el Tercer Sector - Buenos Aires, Argentina, 12-14 set. 2001. Disponível em: <www.lasociedadcivil.org>. Acesso em: 20 out. 2006.

LANDIM, Leilah. *A invenção das ONGs, do serviço invisível à profissão impossível*. 2003. Tese (Doutorado) – Universidade Federal do Rio de Janeiro, Rio de Janeiro, 2003. Disponível em: <www.setor3.org.br>. Acesso em: 07 dez. 2006.

LANDIM, Leilah. O momento de pensar na desconstrução do nome ONG. *Revista do Terceiro Setor – RETS*. Disponível em: <www.rits.org.br>. Acesso em: 13 jan 2007.

MANUAL sobre organizações não lucrativas no sistema de contas nacionais: Johns Hopkins University em cooperação com a United Nations Statistics Division. Trad. rev. Georgiana Esteves e Ofélia Lopes. Disponível em: <www.mapa.org.br>. Acesso em: 12 dez. 2006.

MODESTO, Paulo. *Reforma do marco legal do terceiro setor no Brasil*. Texto escrito para publicação em coletânea organizada pela UNESCO - Organização das Nações Unidas para a Educação, a Ciência e a Cultura, dentro do projeto Revisão da Estrutura Jurídica e Normativa do Terceiro Setor. Disponível em: <www.setor3.com.br>. Acesso em: 23 fev. 2007.

PAES, José Eduardo Sabo. *Fundações e entidades de interesse social*. 2. ed. Brasília: Brasília Jurídica, 2000.

RODRIGUES, Maria Cecília Prates. Demandas sociais *versus* crise de financiamento: o papel do terceiro setor no Brasil. *Revista de Administração Pública*, Rio de Janeiro, v. 32, n. 5, p. 5-67, out. 1998.

SALAMON, Lester M.; ANHEIER, Helmut K. *Defining the nonprofit sector*: a crossnational analysis. Manchester: Manchester University Press, 1996.

Informação bibliográfica deste texto, conforme a NBR 6023:2002 da Associação Brasileira de Normas Técnicas (ABNT):

MARTINELLI, Marilia. Terceiro setor: a indústria das utopias: traçando caminhos para o aperfeiçoamento da legislação pertinente. In: BORGES, Roxana Cardoso Brasileiro; CASTRO, Celso Luiz Braga de; AGRA, Walber de Moura (Coord.). *Novas perspectivas do Direito Privado*. Belo Horizonte: Fórum, 2008. p. 193-219. ISBN 978-85-7700-181-1.

Embriões excedentários. Limitação à sua geração e direito ao nascimento

Osvaldo Almeida Neto

Sumário: **1** Introdução - **2** Direitos fundamentais e direitos da personalidade - **3** Início da personalidade - **4** Distinção entre pessoa e sujeito de direitos - **5** Habermas e a distinção entre dignidade da pessoa humana e dignidade da vida humana - **6** Tutela jurídica do embrião *in vitro* - **7** Embriões excedentários. Razões econômicas para sua formação. Não conformidade com as diretrizes do direito civil contemporâneo - **8** Conclusão - Referências

1 Introdução

O direito à vida titularizado pela pessoa humana integra o rol dos direitos fundamentais em praticamente todos os ordenamentos jurídicos contemporâneos, mesmo nos países considerados de regime fechado pela comunidade internacional.[1]

---

[1] Constituições do Irã, art. 22 e Vietnã, art. 71; na Carta Magna de Cuba, há previsão no Capítulo referente aos fundamentos políticos, sociais e econômicos do Estado, art. 10º (<http://www.planalto.gov.br/ccivil_03/Constituicao/principal.htm>); não há referência expressa ao direito à vida na Constituição da República Popular da China, (<http://www.imprensa.macau.gov.mo/bo/i/1999/constituicao/index.asp#c2a33>).

Contudo, a evolução das técnicas de reprodução assistida acarreta a existência de embriões excedentários, aqueles não utilizados em projetos parentais e que são preservados artificialmente em laboratório.

No que tange ao *status* jurídico do embrião excedentário, sob a ótica do início da vida humana, a doutrina divide-se em duas correntes principais.

A concepcionista o identifica à pessoa humana, requerendo análoga proteção. Para a natalista, a personalidade da pessoa humana inicia-se com o nascimento com vida, logo o embrião não é pessoa e pode receber tratamento distinto.

O debate concentra-se nessa questão tendo por foco a problemática do destino a ser dado aos embriões excedentários, como a utilização em pesquisas científicas, a exemplo da produção de células tronco.

Sem embargo da relevância do aspecto citado, é possível dar outro contorno ao problema por meio da resolução de um antecedente lógico ao tema: é lícita a formação de embriões excedentários? Teria tal prática amparo na Constituição Federal Brasileira?

Concluir pela ilicitude e/ou inconstitucionalidade resulta, na prática, em propugnar pela vedação da própria existência dos embriões excedentários. Os embriões não poderiam ser formados em número superior ao que será utilizado no procedimento de reprodução assistida, solucionando, no médio prazo (há os embriões já formados), a questão. Para os já formados, conclui-se pelo direito ao nascimento, se viáveis. Esta a tese do presente artigo.

O debate, de natureza interdisciplinar, é de interesse para a Moral, Ética, Religião, Ciências do Direito e Medicina, mas, fundamentalmente, de interesse para a espécie humana, em um painel mais amplo, que abrange não apenas os embriões excedentários, mas também diagnóstico genético de pré-implantação, eugenia terapêutica e de aperfeiçoamento, clonagem etc., no qual a ciência intervém e já pode alterar a ordem natural (biológica) da própria existência humana.

2 Direitos fundamentais e direitos da personalidade

No decorrer das eras, ao regular as relações intersubjetivas, as diversas sociedades construíram em seus ordenamentos jurídicos normas de proteção e tutela da pessoa humana, fenômeno que se consolidou a partir da delimitação dos chamados direitos fundamentais do homem.

A qualificação dos direitos como fundamentais, principalmente a partir de sua previsão em diplomas legais paradigmáticos[2] e textos constitucionais, inicia-se com a proteção do indivíduo — 1ª geração, liberdades públicas e direitos políticos (v.g., direito ao devido processo legal); a promoção do indivíduo — 2ª geração, direitos sociais (v.g., direito à saúde, educação); a proteção da coletividade — 3ª geração, direitos de solidariedade (v.g., direito a um meio ambiente equilibrado).

Atualmente já se identifica a existência dos direitos fundamentais de 4ª geração, referentes à proteção do patrimônio genético em face dos avanços científicos.

O caráter histórico dos direitos fundamentais os sedimentou na cultura jurídica da maioria dos países, em particular os do ocidente.

Entretanto, uma percepção estritamente positivista abre margem à supressão desses direitos (como já aconteceu no passado e ocorre atualmente em regimes totalitaristas), o que fomentou, principalmente na doutrina e em tratados internacionais, a fixação de um outro conceito, mais restrito, o dos direitos da personalidade.

---

[2] *Habeas Corpus Act* (1679), *Bill of Rights* (1688) etc.

Os direitos da personalidade abrangem um conjunto de atributos afetos à própria condição humana, inerentes à existência digna do ser humano e, por isso mesmo, inatos a cada pessoa, independente de nacionalidade, credo, raça ou convicção política.

Como direitos inatos, a existência dos direitos da personalidade independe de previsão normativa expressa. A observância dos direitos da personalidade decorre da impossibilidade de se reduzir ou anular a condição humana de cada pessoa.

Seu fundamento pode ser buscado no direito natural para os jusnaturalistas; ou na ordem normativa já assentada, sem prejuízo de seu reconhecimento pelo Poder Público (Judiciário), aplicando as normas e princípios gerais ao caso concreto, para os positivistas, tendo por traço comum seu caráter histórico e a pretensão da universalidade, decorrente da evolução das ciências humanas e da vedação ao retrocesso.

O mais importante é que, sob este prisma, o ser humano é titular de alguns direitos[3] indisponíveis, intransmissíveis, inalienáveis, imprescritíveis, irrenunciáveis e vitalícios, como o direito à vida, à integridade física e psíquica, à intimidade, à honra etc., aos quais todas as pessoas devem abster-se de violar.

Inexiste dissenso acerca da proteção à vida humana como direito fundamental e/ou de personalidade.

Questão mais tormentosa, à que não está infensa a doutrina brasileira, diz respeito a quando se deve considerar iniciada a vida humana para efeito de tutela jurídica, cujo debate, longe de ser novidade, integra as lições do direito civil clássico e da atualidade, em face das técnicas de reprodução assistida e da formação de embriões excedentários.

---

[3] Alguns doutrinadores defendem a existência de um único direito geral da personalidade, que abrangeria os demais, o que não altera as conclusões do presente artigo.

3 Início da personalidade no ordenamento jurídico brasileiro

O NCCB estabelece, em seu art. 2º: "A personalidade civil da pessoa começa do nascimento com vida; mas a lei põe a salvo, desde a concepção, os direitos do nascituro".

A interpretação literal conduz, necessariamente, à conclusão de que o legislador pátrio acolheu a teoria natalista como marco inicial da personalidade. Somente com o nascimento com vida o ser humano se torna pessoa apta a titularizar direitos subjetivos.

O nascituro — ser humano em desenvolvimento após a nidação no útero materno — teria mera expectativa de direitos. Os partidários da corrente natalista se afastam do critério literal interpretativo que fixa a premissa inicial, já que a norma não se refere a expectativas, e sim a direitos do nascituro.

Posição intermediária é esposada pela teoria da personalidade condicional. O embrião teria sim, personalidade e direitos desde a concepção, mas sob condição, a de nascer com vida.

Não obstante, há de se reconhecer que o embrião excedentário não é, sob a perspectiva jurídica, nascituro.

Somente a teoria concepcionista que confere ao ser humano personalidade desde a concepção, atribuindo-lhe capacidade de ser sujeito de direitos em todas as fases de seu desenvolvimento precedentes ao nascimento intra ou extra uterina — zigoto, embrião e nascituro.

A teoria concepcionista é acolhida pela Convenção Americana sobre Direitos Humanos, tratado internacional ao qual o Brasil aderiu, conforme Decreto nº 678/92.

Ocorre que o *status* jurídico do embrião excedentário, se detentor ou não de personalidade, não condiciona a proteção que a ele pode ser destinada pelo ordenamento jurídico, conforme argumentos que se seguem.

4 Distinção entre pessoa e sujeito de direitos

Os direitos da personalidade são inerentes à pessoa humana.[4] Ainda que se propugne que o embrião não é pessoa, nada impede seu reconhecimento como sujeito de direitos e que o ordenamento lhe confira, se não isonômica, análoga tutela.

O ordenamento confere a várias categorias que não são pessoas físicas nascidas com vida, a qualificação como sujeitos de direitos: pessoas jurídicas, massa falida, condomínio, espólio, ausente e o próprio nascituro. Seguindo tal técnica nada impede que ao embrião se confira o mesmo tratamento, tendo seus interesses tutelados pelos potenciais familiares e pelo Ministério Público.

A tutela do nascituro já está assentada no ordenamento brasileiro: vedação ao aborto, como regra; atendimento pré-natal; programas sociais de complementação nutricional para gestantes; possibilidade de que seja destinatário de doação, herança etc.

A proteção jurídica do embrião é mais recente, acompanhando a passos lentos a vertiginosa evolução técnica da ciência, vedando-se, por exemplo, a manipulação genética do embrião, conforme Lei federal nº 11.105/05, art. 6º, II.

Ainda que o embrião não implantado possa ser juridicamente categorizado como coisa móvel, há de se reconhecer que não se trata de uma coisa móvel comum como uma porta ou uma cadeira.

---

[4] A tutela à honra e à reputação da pessoa jurídica não decorre da ofensa a direito da personalidade, pois esta não tem dignidade, como condição inata de sua própria existência. Ao contrário, constituindo-se a maior parte das pessoas jurídicas para intermediação de bens e serviços, o foco de sua atuação é o lucro, a remuneração do capital investido, e sua atuação, diga-se de passagem, no estrito âmbito da legalidade, prescinde e não raro ignora qualquer consideração a título de dignidade em face das demais pessoas físicas ou jurídicas com que trave relações jurídicas. Tal reciprocidade é pressuposto dos direitos da personalidade, titularizados, por isso mesmo, apenas pelos seres humanos. O dano causado à pessoa jurídica, mas precisamente à sua imagem ou nome, é de natureza material, traduzindo-se em prejuízos à sua atividade social, e não dano moral (ofensa a direito da personalidade). Esta, a mais adequada interpretação do art. 52 do NCCB e do Enunciado de súmula nº 227 do Superior Tribunal de Justiça.

A certeza científica de que o embrião *in vitro*, ainda que um simples conjunto de células, já reúne a matriz genética necessária ao desenvolvimento de um ser humano, eleva-o, ao menos, a uma condição *sui generis*, com o que anuem até mesmo os instrumentalistas partidários da eugenia de aperfeiçoamento.

5 Habermas e a distinção entre dignidade da pessoa humana e dignidade da vida humana

Habermas[5] (2004, p. 41-53) analisa a admissibilidade do uso de embriões — exclusivamente para pesquisa — e o diagnóstico genético de pré-implantação, partindo dos debates acerca do aborto travado há décadas, para assinalar que "fracassa toda tentativa de alcançar uma descrição ideologicamente neutra e, portanto, sem prejulgamentos, do *status* moral da vida humana prematura, que seja aceitável para todos os cidadãos de uma sociedade secular".[6]

Partidários e opositores do aborto dissentem quanto à categorização do embrião como um "amontoado de células", incomparável à pessoa de um recém-nascido, ou a um "exemplar biologicamente determinado", uma "pessoa em potencial", ressaltando que ambos os lados não se dão conta de que "algo pode ser considerado 'indisponível', ainda que não receba o *status* de um sujeito de direitos".[7]

Para o insigne autor, "a comunidade de seres morais que fazem suas próprias leis, refere-se a todas as relações que necessitam de um regulamento normativo. Todavia, apenas os membros dessa comunidade podem se impor *mutuamente* obrigações morais e esperar uns dos outros um comportamento conforme a norma". A dignidade humana estaria ligada a esta

---

[5] HABERMAS. *O futuro da natureza humana*, p. 41-53.
[6] Idem, op. cit., p. 44.
[7] Idem, op. cit., p. 44.

"simetria de relações", sendo o nascimento o "ato socialmente individualizante de admissão no contexto *público* de interação de um mundo da vida partilhado intersubjetivamente".[8]

Habermas conclui o capítulo reiterando que a vida humana antes do nascimento "enquanto ponto de referência dos nossos deveres, goza de proteção legal, sem ser, por si só, um sujeito de deveres e um portador de direitos humanos", aduzindo que:[9]

> Não é apenas a visualização dos traços inegavelmente humanos do feto na tela que faz da criança que se move no útero materno um destinatário, no sentido de uma *anticipatory socialization* [socialização por antecipação]. Obviamente, temos para com ela *e em consideração a ela* deveres morais e jurídicos. Além disso, a vida pré-pessoal, anterior a um estágio em que se pode atribuir a ela o *papel destinado* a uma segunda pessoa, a quem se pode dirigir a palavra, também conserva um valor integral para a totalidade de uma forma de vida *eticamente* constituída. Nesse aspecto, dá-se a distinção entre a dignidade da vida humana e a dignidade humana garantida a toda pessoa — uma distinção que, de resto, reflete-se na fenomenologia da nossa maneira sentimentalizada de tratar os mortos.

6 Tutela jurídica do embrião *in vitro*

Pelo exposto (itens 4 e 5 do presente artigo), podemos considerar o embrião *in vitro* sujeito de direitos, sem necessariamente qualificá-lo como pessoa.

Sob a perspectiva trazida por Habermas, a indisponibilidade da vida humana, confere dignidade à vida pré-pessoal, se não como direito da futura pessoa, como uma exigência da sociedade de seres morais em suas relações intersubjetivas.

Borges[10] (2007, p. 15-16) arremata entrelaçando a qualidade de digno à qualidade de humano:

---

[8] Idem, op. cit., p. 46.
[9] Idem, op. cit., p. 50-51.
[10] BORGES. *Direitos da personalidade e autonomia privada*, p. 15-16.

Na atual concepção jurídica de pessoa humana, basta ter a qualidade de ser humano para o ordenamento jurídico reconhecer a qualidade de digno. Adquire-se, juridicamente, dignidade com o simples fato de ser humano, mesmo ainda não tendo nascido. [...] Chega-se a afirmar que a dignidade da pessoa humana independe, inclusive, do nascer com vida, pois o nascituro, mesmo sem ainda ter nascido, possui a qualidade de humano. O pressuposto da dignidade é a qualidade de humano, não o nascimento com vida.

Destes argumentos se depreende a precedência do valor jurídico da vida humana como parâmetro para a tutela jurídica do embrião *in vitro*.

7 Embriões excedentários. Razões econômicas para sua formação. Não conformidade com as diretrizes do direito civil contemporâneo

Os embriões excedentários passaram a existir a partir do desenvolvimento da técnica de reprodução assistida denominada fertilização *in vitro*, feita de forma artificial, fora do organismo humano.

Na fertilização *in vitro* a mulher utiliza medicamentos para produzir mais de um óvulo. A coleta dos óvulos é feita por meio de uma punção pela via vaginal. Os óvulos coletados são colocados juntamente com os espermatozóides numa incubadora e posteriormente são transferidos para o útero da paciente.

As diretrizes para a reprodução assistida, no Brasil, são fixadas, em nível de normatização ética das técnicas adotadas, pela Resolução nº 1.358/92 do Conselho Federal de Medicina.

O citado diploma estabelece que o número de embriões transferidos para o útero não deve exceder a quatro, com o objetivo de reduzir a ocorrência de gestação múltipla, o que traz maiores riscos para a gestante e para os nascituros.

Os embriões excedentes devem ser congelados para uma posterior transferência ou doação. A Lei federal nº 11.105/05, em seu art. 5º, permite a utilização em pesquisas de embriões excedentários inviáveis ou congelados há mais de três anos, dispositivo objeto de ação declaratória de inconstitucionalidade, ainda pendente de julgamento.[11]

A formação de embriões em número superior ao que será utilizado tem na redução de custos sua principal motivação, ainda que se propugne que o barateamento da técnica amplie a sua oferta e o atendimento a um maior número de interessados.

É de se ressaltar que inexiste óbice de natureza técnica para que se produza, sucessivamente, grupos de embriões para cada tentativa de inseminação evitando a geração de embriões excedentes.

Não deixa de ser contraditório que a formação da vida humana, valor imaterial por excelência, submeta-se a critério de natureza econômica, meramente patrimonial, gerando embriões excedentários e tantas controvérsias de ordem jurídica, moral, ética e religiosa.

Sob tal perspectiva, a formação de embriões excedentários dissocia-se das modernas tendências do Direito Civil, conforme leciona Perlingieri[12] (2007, p. 33-34), ressaltando a "despatrimonialização" do Direito Civil, "na passagem de uma jurisprudência civil dos interesses patrimoniais a uma mais atenta aos valores existenciais", do que decorre a necessidade de uma "tutela qualitativamente diversa".

Teppedino,[13] dissertando acerca das dicotomias público/privado, direitos humanos/interesses econômicos, posiciona-se de forma contundente:

> Em conclusão, pode-se afirmar que a tutela dos direitos humanos na atividade econômica e, mais genericamente, nas relações de direito privado, consolida-se na interpenetração dos direitos

---

[11] BRASIL. Supremo Tribunal Federal. ADI 3.510, Relator Ministro Carlos Ayres Brito.
[12] PERLINGIERI. *Perfis do direito civil*, p. 33-34.
[13] TEPPEDINO. *Temas de direito civil*, p. 78.

público e privado, fazendo-se a cada dia mais urgente, na medida em que os avanços tecnológicos e a ampliação dos mercados tendem a "despersonificar" o indivíduo, aniquilando conquistas sociais e fomentando o predomínio da perversa lógica econômica. Faz-se imprescindível, diante disso, que a absorção dos tratados de proteção aos direitos humanos não seja levada à luz de parâmetros econômicos ou meramente mercadológicos; e que, na compatibilização das fontes normativas, possa ser preservada a tábua de valores culturais, jurídicos e éticos nacionais, consagrada nos textos constitucionais e na história jurisprudencial de cada país.

Fachin[14] (2003, p. 81 e ss) observa que há uma acentuação da raiz antropocêntrica do Direito Civil, mediante revalorização da pessoa, não apenas como um arquétipo — sujeito de direitos e deveres —, mas como um ser atuante em conexão com a realidade histórica, que vive e requer a tutela do direito para novos fatos jurídicos que não se enquadram aos tipos legais e nem por isso deixarão de ter respostas.

Produzir embriões excedentários e decidir acerca de sua destinação, ou limitar a sua formação à quantidade que será fertilizada, é um destes novos fatos jurídicos.

Nos termos da Constituição Federal de 1988, em face da cláusula geral da tutela da dignidade da pessoa humana prevista como fundamento da República, e do direito à vida como direito fundamental, ponderando os interesses econômicos, de um lado, e a vida em potencial do embrião *in vitro*, de outro, conclui-se pela inconstitucionalidade da manutenção de embriões excedentes: à formação de embriões *in vitro* deve se suceder a tentativa de fertilização.

Tal posicionamento, ademais, guarda consonância com a tradição jurídica nacional, numa retrospectiva do passado (criminalização do aborto, ainda vigente) ao presente (Lei Federal nº 11.105/05).

---

[14] FACHIN. *Teoria crítica do direito civil*, 2003, p. 81 e ss.

Ainda que não prevista expressamente a vedação à formação de embriões excedentários, omissão legislativa, diga-se de passagem, injustificável, ante a recente norma promulgada sobre a matéria, resta aos operadores do direito a tarefa de integração, observando a necessária coerência e unidade do ordenamento, enquanto sistema jurídico, que, conforme lição de Freitas[15] (1995, p. 44) constitui-se em:

> uma rede axiológica e hierarquizada de princípios gerais e tópicos, de normas e de valores jurídicos cuja função é a de, evitando ou superando antinomias, dar cumprimento aos princípios e objetivos fundamentais do Estado Democrático de Direito, assim como se encontram consubstanciados, expressa ou implicitamente, na Lei Maior.

8 Conclusão

Mais do que assimilar conceitos compete ao operador do direito compreender a realidade subjacente para transformá-la. Para isto, ter-se-á por referência, não apenas o Direito Civil, mas todo o ordenamento, em particular a Constituição da República, cujas estipulações acerca dos direitos fundamentais — igualdade, liberdade, proteção à família, dignidade da pessoa humana etc. — incidem de forma direta e imediata em todas as relações jurídicas, inclusive as interprivadas.

A concretização do Direito Civil contemporâneo suscita a revisão e ou reconstrução de paradigmas como a dicotomia direito público/direito privado; delimitação do alcance da dignidade da pessoa e/ou da vida humana, dentre outros desafios, direcionando os operadores à diretriz de repensar o Direito Civil a partir da compreensão das necessidades da realidade em que vivemos.

---

[15] FREITAS. *A interpretação sistemática do direito*, p. 44.

Moraes[16] (2006, p. 5) acentua, neste diapasão, o verdadeiro papel do direito:

> O direito é justamente isto, uma força de transformação da realidade. É sua tarefa "civilizatória", reconhecendo, a par da tradicional função repressiva, mantenedora do *status quo*. O problema maior do direito tem sido exatamente o de estabelecer um compromisso aceitável entre os valores fundamentais comuns, capazes de fornecer os enquadramentos éticos e morais nos quais as leis se inspirem, e espaços de liberdade, os mais amplos possíveis, de modo a permitir a cada um a escolha de seus atos e a condução de sua vida particular, de sua trajetória individual, de seu projeto de vida.

Vedar a formação de embriões excedentes não limita, injustificadamente, os espaços de liberdade dos candidatos à realização do projeto parental, dos cientistas, das clínicas de reprodução assistida. Preserva, contudo, o espaço de liberdade do embrião *in vitro*, com base no valor fundamental da vida, ainda que potencial, do embrião.

Para os embriões já formados e preservados em laboratório, considerando as ilações do presente trabalho, conclui-se pelo direito ao nascimento, se viável, embora se reconheça a dificuldade fática para efetivação deste comando, em face da suposta já concretização dos projetos parentais dos doadores dos gametas originários. Enquanto os bebês de proveta inseminados já nasceram, os irmãos de proveta adormecem congelados... à espera do ocaso.

Concluo o presente artigo, trazendo as percucientes considerações do mestre Bobbio[17] (2004, p. 229):

> [...] o que distingue o momento atual em relação às épocas precedentes e reforça a demanda por novos direitos é a forma de poder que prevalece sobre todos os outros. A luta pelos

---

[16] MORAES. O princípio da dignidade humana. In: MORAES (Coord.). *Princípios do direito civil contemporâneo*, p. 5.
[17] BOBBIO. *A era dos direitos*, p. 229.

direitos teve como primeiro adversário o poder religioso; depois o poder político; e, por fim, o poder econômico. Hoje, as ameaças à vida, à liberdade e à segurança podem vir do poder sempre maior que as conquistas da ciência e das aplicações dela derivadas dão a quem está em condição de usá-las. Entramos na era que é chamada de pós-moderna e é caracterizada pelo enorme progresso, vertiginoso e irreversível, da transformação tecnológica e, conseqüentemente, também tecnocrática do mundo. Desde o dia em que Bacon disse que a ciência é poder, o homem percorreu um longo caminho! O crescimento do saber só fez aumentar a possibilidade do homem de dominar a natureza e os outros homens.

Compete ao homem, por meio da ética e do direito, fazer com que a ciência, resultado da mente humana, beneficie, e não se sobreponha, ao próprio ser humano.

Referências

BOBBIO, Norberto. *A era dos direitos*. 4. ed. São Paulo: Elsevier, 2004.

BORGES, Roxana Cardoso Brasileiro. *Direitos da personalidade e autonomia privada*. 2. ed. rev. São Paulo: Saraiva, 2007.

BRASIL. Supremo Tribunal Federal. ADI 3.510, Relator Ministro Carlos Ayres Brito.

CHINA. Constituição (1982). *Constituição da República Popular da China 1982*. Disponível em: <http://www.imprensa.macau.gov.mo/bo/i/1999/constituicao/index.asp#c2a33>. Acesso em 28 jun. 2007.

CUBA. Constitucíon. *Constitucíon de la Republica de Cuba*. Disponível em: <http://www.planalto.gov.br/ccivil_03/Constituicao/principal.htm>. Acesso em: 28 jun. 2007.

FACHIN, Luis Edson. *Teoria crítica do direito civil*. 2. ed. rev. atual. Rio de Janeiro: Renovar, 2003.

FREITAS, Juarez. *A interpretação crítica do direito*. São Paulo: Malheiros, 1995.

HABERNAS, Jurgen. *O futuro da natureza humana*: a caminho da eugenia liberal? São Paulo: Martins Fontes, 2004.

IRÃ. Constituição. *Constituição da República Islâmica do Irã*. Disponível em: <http://www.planalto.gov.br/ccivil_03/Constituicao/principal.htm>. Acesso em: 28 jun. 2007.

MORAES, Maria Celina Bodin. O princípio da dignidade humana. In: MORAES, Maria Celina Bodin (Coord.). *Princípios do direito civil contemporâneo*. Rio de Janeiro: Renovar, 2006.

PERLINGIERI, Pietro. *Perfis do direito civil*: introdução ao direito civil constitucional. Trad. Maria Cristina De Cicco. 3. ed. Rio de Janeiro: Renovar, 2007.

TEPEDINO. Gustavo. *Temas de direito civil*. 3. ed. rev. atual. Rio de Janeiro: Renovar, 2004.

VIETNAM. Constitution. *Vietnam Constitution*. Disponível em: <http://www.planalto.gov.br/ccivil_03/Constituicao/principal.htm>. Acesso em: 28 jun. 2007.

Informação bibliográfica deste texto, conforme a NBR 6023:2002 da Associação Brasileira de Normas Técnicas (ABNT):

ALMEIDA NETO, Osvaldo. Embriões excedentários: limitação à sua geração e direito ao nascimento. In: BORGES, Roxana Cardoso Brasileiro; CASTRO, Celso Luiz Braga de; AGRA, Walber de Moura (Coord.). *Novas perspectivas do Direito Privado*. Belo Horizonte: Fórum, 2008. p. 221-235. ISBN 978-85-7700-181-1.

Sociedade, festa, e família em Scott Fitzgerald. Uma normatividade civil discreta (1925-1930)

Paulo Ferreira da Cunha

Sumário: **1** Quatro contos de Scott Fitzgerald - **2** Reflexão jusliterária

1 Quatro contos de Scott Fitzgerald

Na análise de um período de transição na nossa contemporaneidade (ou contemporaneidade "anterior"), no tocante às relações sociais e civis interpessoais, tomaremos por exemplo um escritor estadunidense de grande objectividade narrativa, ou seja, com recursos narrativos que parecem pouco se distanciar de uma perspectiva fotográfica: Scott Fitzgerald.

Francis Scott Fitzgerald (St. Paul, Minnesota, 1896-1940), celebrado autor de *This Side of Paradise* (1920), *Tales of the Jazz* (1922), *The Great Gatsby* (1925), *All the Sad Men* (1926), *Tender is the Night* (1934), *The Crack-Up* (1945), deixou inacabada, devido à sua súbita morte, *The last Tycoon*. Durante os vinte anos da sua carreira literária, firmou sem réstia de dúvidas um nome, associado a uma ruptura temática e ambiental, apesar de, tendo conhecido a fama muito cedo, nem sempre a sorte lhe haver sorrido depois, tanto literária como pessoalmente.

Vamos de seguida aludir a quatro contos seus com um fio condutor de relacionamentos, sobretudo lúdicos e, na maioria dos casos, com um pano de fundo (mas apenas pano de fundo) festivo. Mas em todos eles se aponta para um enquadramento real ou hipotético de ordem familiar ou afim. As relações significativas, emblemáticas, são familiares ou tendencialmente familiares nestes contos.

Em *The Bridal Party* (1930) tudo gira à volta de um casamento que o leitor comum, sempre cioso de tomar partido, certamente terá, durante o tempo todo da narrativa, a secreta esperança que não se venha a realizar. O anti-*happy ending* acaba por convencer, se tudo analisado pela mentalidade de hoje: afinal, seria um excesso *délico-doce* se o antigo namorado da noiva, do lado de quem o narrador nos coloca, viesse a substituir o actual noivo.

Em *The Baby Party* (1925) entramos no mesquinho universo da vizinhança e das amizades-inimizades de "comadres" donas-de-casa, não apenas dos anos 20 do séc. XX, mas de todos os anos parados desse *status*. O final leva-nos para um problema muito complexo e muito actual. Afinal, o pai não tinha lutado em vão com o marido da anfitriã e seu colega diário de comboio. Não havia chegado a vias de facto pela fútil "honra da família" ou pelos pruridos e melindres da sua igualmente fútil esposa. Era pela sua filha que lutara. E a ela, na noite, irá buscar e com ela nos braços ficará, embalando-a no escuro que suspende o tempo e prolonga o gesto. Assim termina este conto. Que nos parece dizer mais do que diz.

Em *Bernice bobs her Hair*, o mais filosófico talvez, dos quatro contos em apreço, no que tange a chamada "Filosofia da vida", uma prima industria a outra na complexa arte da superficial sedução dos bailes, e a segunda aprende meticulosamente e com sucesso. O final é muito mais previsível: uma vingança consumada. Para mais, por parte de alguém que havia sido, ao menos de algum modo, ajudado. Tão comum os que se ajudam se vingarem dos que lhes dão a mão! Uma espécie de exorcizar da dívida. Captação pelo autor de um traço importante da "natureza humana" ou da nossa decaída condição. Tudo, aliás, roda nesse conto em volta da inveja, potenciada pelo sucesso (ou não) junto do sexo oposto. Nas primeiras linhas, poderá ler-se algo como o que livremente glosamos:

> O varandim estava repleto de senhoras de meia-idade com olhos agudos e coração de gelo. O seu fito era criticar. Ocasionalmente, mostravam admiração, mas jamais dariam encorajamento. É bem sabido que para as senhoras de mais de trinta e cinco anos, quando os jovens dançam no Verão fazem-no com as mais perversas intenções do mundo.

O último conto é o mais tétrico, embora só no fim. Nele se concentram e potenciam esses cândidos intuitos protectores nutridos pelos mal-amados (ou rejeitados) face às ex-namoradas ou as hipotéticas futuras noivas ou esposas – patético "paternalismo" sem sucesso, ou mero êxito a eles e às suas diligências preocupadas, obviamente alheio. Em *A Short Trip Home* (1927), um leve enredo policiário conduz-nos a um caminho levemente sombrio. A imagem da moça seduzida por um fantasma (ou por um "futuro" fantasma) placidamente adormecida no comboio depois de passado o perigo, é sinal dessa eterna e intocável inocência dessas bonecas de porcelana por que se apaixonam platonicamente os eternos bons rapazes destes contos.

E como bom rapaz que é, o protagonista não terá a sua Ellen, apesar de terminar o conto, narrador omnisciente que também é: "Ela pertence-me – mesmo se a perco (ou: se a perder) ela pertence-me. Quem sabe? Estarei sempre lá".

Num pano de fundo de festas, personagens femininas muito convencionais e distantes (ou tipos marcados, como Bernice) e masculinas muito idealizadas e idealistas (ou tipos marcados, como Joe Varland). Uma fala de Rutherford, o noivo, dirigida ao ex-namorado de sua noiva parece encerrar todo um lado do argumento: "Sensível? As mulheres não são sensíveis. Tipos como vc. é que são sensíveis. São tipos como vc. que se deixam usar pelas mulheres".

O outro (Michael) excepciona a ex-namorada, porém: "- Caroline é sensível".

Mas, sintomaticamente, não contesta a teoria do rival.

Sente-se no convencionalismo do ritual das festas e das relações típicas entre as pessoas que algo está a mudar. E os finais são sinal dessa mudança. Estilisticamente, o verbo é depurado e as imagens sóbrias. Registrem-se, de entre os poucos exemplos metafóricos ou imagéticos que nos tocaram, dois apenas.

Em *Bernice*: "Ordinário / comum / banal como uma bibliotecária que tivesse deixado os óculos em casa". Em *The Bridal*: "A voz dele pareceu vir (subir) dos seus sapatos".

2 Reflexão jusliterária

Nos quatro contos mencionados encontramos aspectos que podem ter relevância para um pensar filosófico do Direito, e especialmente no Direito relacionado com laços interpessoais e familiares (que será, em geral, especialmente Direito Civil), mas também com algum direito punitivo (Direito Penal). Como em muitos casos, não se trata de filosofia jurídica explícita, nem são avançadas soluções. Contudo, há interpelações normativas e ético-jurídicas.

Em *Bernice*, a vingança levada a cabo pela heroína que dá nome ao conto, cortando as tranças da prima enquanto esta dormia, a lembrar até o mítico corte de cabelo se Sansão, não pode deixar de ter uma avaliação ética. Para mais, com o gesto ritual de depositar as tranças cortadas à porta de Warren, disputado por ambas.

Em *The Baby Party*, a briga, chegando ao confronto físico, entre os dois maridos (porque é nessa qualidade que se sentem obrigados a lutar), e que resultaria, surpreendentemente, num empate, por exaustão de ambos (e desistência), naturalmente que poderia ter sido até um caso de polícia. Contudo, ela parece mais o exercício da agressividade entre dois ratos enjaulados na teia social mesquinha da domesticidade cinzenta em que as querelas das vaidades e competições de um velho arquétipo feminino-doméstico dominam e os comandam (arquétipo de algum modo gémeo do patriarcal...).

Eles brigam, assim, teleguiados pelos humores das respectivas esposas, e como que esbracejando contra essa servidão, sem se conseguirem dela livrar. A intervenção policial só teria servido para complicar o argumento e desviar, em enredo, a nossa atenção do drama e conflito essencial: uma questão de poder, mas não de poder estadual ou político. De poder doméstico. Um dos lugares em que o poder pode ser mais brutalmente exercido, sem controlo. E não se vê como seja possível criar polícia que interfira nas famílias sem tornar a sociedade uma colmeia concentracionária e totalitária...

Dois camaradas, que no fim apertam as mãos sem ressentimentos, a tentar escapar do beco sem saída. E o final do conto é bem esclarecedor do amor paternal em contraposição ao desinteresse daquela mãe só preocupada com o seu amor-próprio. Ela própria, evidentemente, vítima de uma ideologia dominante de competição, de emulação, de *sigamos os Smiths*, que redunda em todas as invejas e ódios entre pequeninos quintais que rivalizam no verde da relva...

No conto *A Short Trip Home*, há mesmo, além da briga, a evocação de uma morte em resultado de uma altercação com um agente da Polícia. Em todo o texto perpassa uma atmosfera de tensão "criminal". E, afinal, sabemos no fim que a personagem-espectro se dedicava a extorquir dinheiro de moças viajando sozinhas em comboios. Uma profissão hoje sem grandes hipóteses de sucesso, mas que espelha ainda os medos e os hábitos do início do século passado.

Curiosa mas significativamente, parece ser este, de entre os quatro contos, o que teria menos "estória" para a perspectiva da análise jusliterária.

The Bridal Party assenta o drama sentimental do preterido Michael em alguns fundamentos económicos, que têm óbvia tutela jurídica. A namorada deixa-o, porque ele, afinal, não é rico. Tudo indica que se decide por Rutherford porque este, pelo contrário, possui meios de fortuna.

Mas, curiosamente, um fenómenos jurídico e outro económico vão alterar a situação. Enquanto Michael herda uma fortuna (facto jurídico), o que implica modificação do seu *status* económico, já Rutherford perde na Bolsa e ver-se-á obrigado a recomeçar a sua vida.

Simplesmente, as causas inversas dos primeiros eventos não produzem consequências inversas. E a noiva mantém-se fiel aos seus propósitos, apesar das desventuras da sorte, casando mesmo com um agora pobre (ou não-rico) Rutherford. Na verdade, seria muito previsível que seguisse sempre o seu instinto económico.

Inveja e vingança em *Bernice*. Preconceito, vaidade e competição (e agressão física mútuas) em *The Baby Party*, Sedução (?) e crime em *A Short Trip Home*, dinheiro, e "fidelidade" em *The Bridal Party*: tudo temas e tópicos "fortes" de que muito de normativo e ético-jurídico deriva.

A mais importante reflexão que certamente decorrerá da leitura destes contos, parece-nos ser a da dificuldade de o Direito lidar com os sentimentos e as relações humanas (contrariamente ao que pensava Carlos Cossio, contraditado por Hans Kelsen, aliás), e em especial as mais próximas, as mais íntimas. Mas disso já se dera bem conta Aristóteles, para quem a amizade e a familiaridade (e a família) excluíam o rigor da aplicação de verdadeiro direito. A competição entre primas ou entre vizinhas. A sedução e os amores platónicos. A relações familiares e especialmente as conjugais, e as de cada cônjuge com o mundo exterior ao casal. As relações entre antigos namorados. Entre pretendentes e pretendidos. Entre rivais, etc.

Julgamos de duvidosa validade a aplicação universal da tese de que não poderiam caber no Direito as relações muito íntimas, muito directas, ou nada íntimas em teoria, sendo-o contudo pontualmente na prática (como as de vizinhança ou entre colegas que não sejam só habitantes de casas próximas, ou trabalhadores no mesmo local de trabalho, mas mais que isso). É que a tal tese se teriam que fazer tantas excepções que só parece profícua num sentido muito ténue e geral: como o que enunciamos antes — a da dificuldade da juridicidade em lidar com a proximidade social e o sentimento.

Porque razão fazer ainda intervir o manto do Direito nestes casos? Poque não arejar essas situações, desoprimi-las do casulo normativo jurídico? Pois a resposta é simples. As relações muito próximas podem também resvalar para o criminoso (como em crimes passionais), ou institucionalizar-se pelo contratual ou institucional afim (como no casamento) ou descontratualizar-se mas ainda segundo o paradigma "contratual" e/ou institucional (pelo divórcio, separação, etc.). Decorre assim que esta proximidade não exclui a aplicação do Direito em geral: como é óbvio.

A grande questão volta a galope: e consiste em saber se o Direito deve considerar o particularismo das referidas situações, tutelando-as, de algum modo, de forma diversa das demais.

É claro que todo o travejamento fundamental do Direito da Família gira em torno desta questão. É certo que crimes como o parricídio, o matricídio, e afins têm no seu cerne em conta o parentesco. Assim como as consequências sucessórias da prática de alguns crimes destes. Etc. Etc. Mas chegará? E mais: será correcta a abordagem instituída?

Parece-nos que o corte das tranças e a rixa entre dois camaradas não podem tratar-se friamente, sem atenção ao facto de serem *próximos* os contendores. Há liames a unir estas pessoas que um direito atento, um direito que tenha como paradigma director e inspirador a Arte ou a Felicidade (como sugere um Luiz Alberto Warat) ou a Fraternidade (e não uma cega contabilidade de direitos e deveres, deve e haver, delitos e penas) tem necessariamente que tomar em conta, encarar com cautelosa atenção. Poderia mesmo dizer-se: tomar em mãos com rigor carinhoso. Porque há que ter atenção e empatia para com situações que não são a do assaltante ou do homicida frio, que ataca sem rosto um passante aparentemente sem personalidade.

Não sabemos as consequências dos actos de Bernice. O bom senso levará a crer que a sua prima se zangou com ela talvez durante um ano ou dois, quiçá mais, se fosse mais rancorosa, mas hoje, no lar de idosas ou no assento etéreo a que ambas terão subido, se riem até com saudade dessa velha quezília. O tempo ajuda a reconciliar. Por isso é que nem sempre a reivindicação de justiça muito célere, sobretudo para bagatelas que o esquecimento e o concomitante perdão saram, será a solução mais justa. Mesmo alguns monarcas determinaram o espaçamento entre a sentença e a execução à morte (um deles seria o próprio D. João VI, no Brasil), para poderem pensar melhor, ponderar uma comutação da pena, depois de passada a ira. Todos sabemos que contar até dez antes de explodir numa briga, pode bem levar a que a briga não ocorra sequer.

No caso dos dois companheiros de viagem diária, a reconciliação foi quase imediata. E é muito positivo quando assim possa ser. Não nos parece, contudo, um caso muito comum. Seria interessante desenvolver algum exame sociológico a tal propósito.

Se bem virmos, os quatro contos de Fitzgerald são pacificadores, e descontando algum possível desencanto *blasé*, são até exemplares, no sentido de desdramatizadores.

É salutar saber-se que o único caso que se diria "clássico" *hoc sensu* (o de vingança) é o de Bernice. Os demais terminam com cenas mais ou menos enternecedoras: de apropriação real, material, por parte de um desapossado (o pai que finalmente parece tomar nos braços a sua filha) ou de apropriação fictícia por parte de um desprezado (o admirador de Ellen). E no caso de *The Bridal Party* o exorcismo é levado ao mais explícito extremo: "Michael estava livre de novo. O casamento for a para ele uma introdução a uma nova vida, deixando para trás velhas mágoas. Toda a acidez dele se afastara, e o mundo surgiu fresco e novo na aurora da Primavera". E depois: "Combinou jantar com uma das raparigas que estavam no casamento, mas não saberia dizer qual. Estava ainda a tentar recordar-se quando saiu para se despedir de Hamilton e Caroline Rutherford. A fórmula da lingual inglesa é mais eloquente: "*I wish Hamilton and Caroline Rutherford goodbye*".

Tempos antes, teríamos duelos, mortos de amores, definhamentos tuberculosos, suicídios werthereanos. Agora (já então...) trata-se de toda uma outra resposta. É uma evolução civilizadora, obviamente, mas também uma certa insensibilização que contribuirá para o desencantamento do mundo e para a sua presente falta de romantismo.

E entre pessoas menos sensíveis e menos susceptíveis, menos razão ainda tem o Direito para intervir e interferir. Quanto mais as relações sociais por assim dizer "puras" ou "naturais" se civilizam por si mesmas (e até quiçá de alguma ajuda da própria normatividade mais institucional: como a jurídica, a religiosa, etc.) no quotidiano, menos Direito patológico tem necessidade de regular tais relações. Porque, de algum modo, entra em acção uma juridicidade informal, que talvez seja uma réstia de direito natural em acção.

Assim, quando, em *Baby Party*, John Andros (note-se o nome de família: *Andros* — ele é concebido como o protótipo masculino, nada mais; o nome próprio é um nome próprio que se diria "comum"), exausto da refrega com o seu homólogo, procura aconselhar a esposa, lembra-lhe o meio mais racional para punir os vizinhos (não o emotivo do uso da força — agressão física ou verbal): "Não vai haver próxima vez (com luta). Não comeces nunca mais a chamar às pessoas 'vulgares'. Se te meteres em sarilhos, pega só no teu casaco (símbolo de privacidade, propriedade e armadura) e vem para casa. Entendido?".

Realmente, o evitamento social é a primeira grande punição ao alcance de praticamente todos os ofendidos e humilhados. Desde que em situação de paridade – pois não se pode usar facilmente para com os patrões e outros "superiores" hierárquicos. E o problema é que muitos humilhados e ofendidos não se encontram nessa *Gleichordnung*.

Este aspecto do direito informal é uma outra faceta do lado fraternal do Direito fraterno. Se este acolhe, quase se diria aconchega o ser humano nosso irmão, que temos diante de nós, também deve e tem de ser possível meter na ordem, reduzir à sua expressão mais simples o insolente, o aproveitador, o desrespeitador, o irresponsável, etc. Obviamente que um sobrolho carregado, a omissão mais ou menos ostensiva de uma gorjeta ou duas palavras rispidas ou irónicas, até mordazes, para com um criminoso, tão úteis com gente razoavelmente de bem (lembremo-nos das Memórias de Agatha Christie e da *auctoritas* de sua mãe), de nada valerão, ou podem até piorar as coisas.

O uso destes "meios alternativos" pessoais de legítima defesa operam apenas no plano quase pré-jurídico ainda do "trato social".

Para a altercação de Joe Varland com o polícia, o desfecho foi uma bala. Que teria dito John Varland que justificasse a sua morte, com um tiro na cabeça, disparado por agente da autoridade? Terá sido, ao menos, respeitado o princípio da proporcionalidade? Não sabemos. Estamos nos anos vinte... Mas esse problema é de somenos. Importa é que, apesar de alguns sobressaltos, a boa ordem daquele tempo realmente absorvia todos os conflitos destes contos de forma espantosamente pacífica. As relações e as festas de hoje, assim como a Família dos nossos dias são contos muito mais largos. De um charme burguês discreto e de conflitos ainda assim assimiláveis (implicando, por isso, uma normatividade discreta também), vai passar-se a uma vertigem no mundo e na nossa imagem dele. Depois dos anos de oiro virá a barbárie nazi, e o indizível do holocausto, e o medo da guerra fria, e o absurdo do mundo sem certezas e sem valores de uma pós-modernidade tardo moderna em que sopra o hálito tanático. Da placidez dos conflitos se passa à anomia. E a muitos desafios nos terrenos interpessoais que colocam em crise as nossas certezas familiares.

Ao ponto de os conflitos deste tempo descrito por Fitzgerald acabarem por se tornar pueris e até idílicos, de uma "idade do oiro" que quase se diria inexistente se alguns de nós não a tivessem ainda vivido. Mas que permanecerá, enquanto houver literatura, absolutamente mítica. Tal como esse direito de antes da II Guerra Mundial, antes do crescimento gigantesco do Estado, quando Papini, ainda sem União Europeia, se passeava pela Europa com um simples cartão de visita.

O filme *The remains of the day* é um dos que nos dão também a dimensão desse tempo de antes do grande terror, da grande convulsão, do grande confronto do Homem com a sua desumanidade. Depois, é a sociedade de massas.

Apesar de nelas poder haver o anúncio do futuro (nomeadamente do nosso futuro presente de violência, culto da moda e da aparência, individualismo possessivo, desestruturação da identidade, etc.), certamente estas estórias, ao menos na sua leitura mais imediata e plácida, não farão sentido para a juventude de hoje. Mas é precisamente por isso que importa recordá-las, contra um ucronismo de presente permanente e sem alternativa. Não para exaltar essa sociedade medíocre como exemplo, mas para mostrar que há mais mundos, mais possibilidades. E que nem sempre foi como hoje é. Logo, poderá vir a ser melhor.

> Informação bibliográfica deste texto, conforme a NBR 6023:2002 da Associação Brasileira de Normas Técnicas (ABNT):
>
> CUNHA, Paulo Ferreira da. Sociedade, festa, e família em Scott Fitzgerald. Uma normatividade civil discreta (1925-1930). In: BORGES, Roxana Cardoso Brasileiro; CASTRO, Celso Luiz Braga de; AGRA, Walber de Moura (Coord.). *Novas perspectivas do Direito Privado*. Belo Horizonte: Fórum, 2008. p. 237-248. ISBN 978-85-7700-181-1.

O direito ao anonimato do doador de sêmen *versus* o direito ao reconhecimento da identidade biológica: o que deve prevalecer?

Renata de Lima Pereira

Sumário: Introdução - **1** Aspectos jurídicos relevantes sobre o tema - **2** Aspectos biológicos a serem destacados sobre o assunto - **3** O direito ao anonimato do doador de sêmen *versus* o interesse ao conhecimento da identidade biológica do ser gerado a partir da inseminação - Conclusão - Referências

Introdução

As normas jurídicas sempre se revelam aquém dos acontecimentos sociais: a partir do instante em que um determinado ramo do Direito é codificado, fica muito difícil a lei acompanhar a evolução das relações da sociedade, sobretudo se a matéria tratada é de Direito de Família. Neste sentido, José Carlos Giorgis afirma:

Na situação de Direito de Família, é inegável que a ciência jurídica é retardatária em relação aos fatos e lerda em sua construção, indo a reboque dos acontecimentos.[1]

Ou seja, parece sempre que o Direito de Família está um passo atrás dos anseios societários. Diante disso, e pelo fato de tal ramo lidar com relações tão delicadas, o operador do Direito precisa ficar atento às peculiaridades as quais o cercam.

Portanto, podemos asseverar que o Direito de Família apresenta especificidades, distintas até mesmo de outras partes do Direito Civil. Expliquemos: o que envolve as relações de família são os sentimentos. É diferente, por exemplo, do Direito Contratual, onde o que é levado em consideração é apenas o aspecto patrimonial envolvido.

Do afirmado, não foge à regra o assunto em comento: mesmo após o início da vigência do Novo Código Civil (NCC) em 2003, algumas relações humanas, bastante complicadas, não foram por ele tratadas. Às vezes, por omissão proposital do legislador, em outros momentos, a lacuna dá-se pelo motivo de simplesmente não haver a previsibilidade de ocorrência daquele fato, melhor dizendo: o NCC começou a ser discutido pelas autoridades jurídicas na década de 70. Nessa época, nem os mais avançados e otimistas cientistas poderiam achar que haveria problemas como o que está sendo abordado, qual seja, em sendo feita a doação de sêmen, o que deve prevalecer: o direito ao anonimato do que fez a doação do material genético ou o direito do ser gerado a partir de tal processo, de conhecer a sua identidade biológica?

Ou seja, há uma lacuna na lei referente a várias questões, entre elas, quanto à reprodução assistida (RA). Podemos defini-la (a RA) como:

---

[1] GIORGIS. A relação homoerótica e a partilha de bens. *Revista de Direito de Família*, v. 3, n. 9, p. 138.

Conjunto de técnicas que, através de um laboratório de gametas, tentam diminuir as barreiras que levam à infertilidade.²

É sobre este tema tão intrincado e complicado que discorreremos a seguir. Analisaremos os diversos interesses conflitantes envolvidos: o do pai biológico (doador do sêmen), o do pai afetivo (pai de criação), o da mãe e o do filho gerado a partir do processo de inseminação. Existem questões intrigantes a serem respondidas de lado a lado. Circundando o assunto, há questionamentos morais, éticos, biológicos e jurídicos.

Só em sendo investigados todos os interesses abrangidos é que se pode chegar a uma conclusão: se de um lado deve ser sempre levado em conta o melhor interesse da criança; do outro, se não for assegurado o anonimato por parte daquele que se dispõe a doar, tal instituto estará fadado ao fracasso (até porque, no decorrer do presente, será demonstrado o quanto é difícil e, até mesmo, constrangedora, a doação de sêmen).

É claro que não se pretende e, mais, não poderíamos esgotar o referido tema, de forma alguma. Objetivamos, tão-somente, que haja uma reflexão sobre o mesmo. Isso porque, assim como essa questão, várias outras se encontram sem regulamentação do CC, cabendo, aos operadores do Direito, principalmente aos julgadores, resolvê-los perante o caso concreto, sempre se procurando atingir o conceito do justo.

Destacamos, outrossim, que o assunto em tela poderia ser mais amplo, tendo como tema: a doação de gametas (englobando o material genético do homem e da mulher). No entanto, a doação de óvulos tem características peculiares, devendo ser tratada de maneira específica e separada.

---

² SAMPAIO. Reprodução assistida. In: SOCIEDADE DE OBSTETRICIA E GINECOLOGIA DE MINAS GERAIS. *Manual para o título de especialista em ginecologia e obstretícia – TEGO*, p. 297.

Sabemos, ainda, que a questão por ora debatida está longe de ser um consenso dentro da própria doutrina. Alguns doutrinadores, verdadeiras referências no Direito de Família brasileiro, não concordam com o posicionamento exposto, ao afirmarem que o reconhecimento do direito à identidade genética é indisponível, porém desse posicionamento não se compartilhará.

Defenderemos aqui o anonimato do doador de sêmen quase que de modo absoluto, devendo apenas ser excepcionada tal garantia, se for para investigações no campo das doenças geneticamente transmissíveis.

1 Aspectos jurídicos relevantes sobre o tema

O maior problema decorrente do assunto abordado (doação de sêmen) é porque, como dito, o CC não cuidou do mesmo. A regulamentação existente encontra-se apenas presente na resolução de nº 1.358/92 do Conselho Federal de Medicina (CFM).

É sabido, no entanto, que pelo processo legislativo brasileiro, o poder competente para expedir normas é o Legislativo. Enquanto isso não ocorre, permanece em vigor a supracitada resolução.

É importante dizermos que existe um projeto de lei de nº 90, o qual tramita desde 1999 no Congresso Nacional, de autoridade do senador Lúcio Alcântara, ainda pendente de aprovação.

O aludido projeto não muda de maneira substancial a forma com a qual o assunto é tratado pela resolução do CFM, contanto, haverá uma lei, no aspecto formal, a respeito da matéria. Até porque, no presente momento, a ausência de legislação sobre o tema não é aceitável, visto que há um grande e crescente número de pessoas se submetendo a tal procedimento. Em não havendo legislação, há a incerteza, fator que poderá gerar inseguranças, principalmente por parte do doador, desencorajando-o.

O grande problema é que a resolução do CFM não prevê sanção para o descumprimento de seus preceitos (a serem mencionados no próximo ponto), o que acaba tornando-a praticamente inócua.

A seguir, para melhor entendimento da matéria, transcreveremos os artigos da resolução de nº 1.358/92, concernentes à matéria explanada:

I – Dos princípios gerais:

1 – As técnicas de Reprodução Assistida (RA) têm o papel de auxiliar na resolução dos problemas de infertilidade humana, facilitando o processo de procriação quando outras técnicas terapêuticas tenham sido ineficazes ou ineficientes para a solução da situação atual de infertilidade.

...

3 – O consentimento informado será obrigatório e extensivo aos pacientes inférteis e doadores. Os aspectos médicos envolvendo todas as circunstâncias da aplicação de uma técnica de RA serão detalhadamente expostos, assim como os resultados já obtidos naquela unidade de tratamento com a técnica proposta. As informações devem também atingir dados de caráter biológico, jurídico, ético e econômico. O documento de consentimento informado será em formulário especial e estará completo com a concordância, por escrito, da paciente ou do casal infértil.

...

IV – A doação de gametas ou pré-embriões:

A doação nunca terá caráter lucrativo.

Os doadores não devem conhecer a identidade dos respectivos receptores e vice-versa.

Obrigatoriamente será mantido sigilo sobre a identidade dos doadores de gametas e pré-embriões, assim como dos receptores. Em situações especiais, as informações sobre doadores, por motivação técnica, podem ser fornecidas exclusivamente para médicos, resguardando-se a identidade civil do doador. (grifamos)

As clínicas, centros ou serviços que empregam a doação devem manter, de forma permanente, um registro de dados clínicos de caráter geral, características fenotípicas e amostra de material celular dos doadores.

Na região de localização da unidade, o registro das gestações evitará que um doador tenha produzido mais que 2 gestações, de sexos diferentes, numa área de um milhão de habitantes.

E, o projeto de lei nº 90/99, sobre o mesmo assunto, dispõe:

...

Art. 2º. A utilização da RA só será permitida, na forma autorizada pelo Poder Público e conforme o disposto desta Lei, nos casos em que se verifica infertilidade e para a prevenção de doenças genéticas ligadas ao sexo.

Art. 9º. Os estabelecimentos que praticam RA estarão obrigados a zelar pelo sigilo da doação e das informações sobre criança nascida a partir de material doado.

Art. 10. Excepciona-se o sigilo estabelecido no artigo anterior, nos casos autorizados nesta lei, obrigando-se o estabelecimento responsável pelo emprego da RA a fornecer as informações solicitadas.

§1º. Quando razões médicas indicarem ser de interesse da criança obter informações genéticas necessárias para sua vida ou saúde, as informações relativas ao doador deverão ser fornecidas exclusivamente ao médico solicitante.

§2º. No caso autorizado do parágrafo anterior, resguardar-se-á a identidade civil do doador, mesmo que o médico venha a entrevistá-lo para obter maiores informações sobre sua saúde (grifamos).

Art. 18. A pessoa nascida a partir de gameta doado ou por meio de gestação de substituição não terá qualquer espécie de direito ou vínculo em relação a doadores e seus parentes biológicos, salvo os impedimentos matrimoniais.

...

Como ressaltado, uma das exigências básicas para a doação de sêmen, é a gratuidade de tal ato, havendo, realmente, um sentimento altruísta por parte do doador, pois ele não receberá nenhum tipo de retribuição pecuniária por este seu ato. Nesse sentido:

Pode-se falar, ainda, no princípio geral da boa-fé como justificador da gratuidade, visto que, a venda geraria um comércio imoral, calcado na dor das pessoas que não podem ter filhos e, certamente, representaria outro obstáculo ao tratamento que, pela complexidade de técnicas, normalmente apresenta altos custos.[3]

Portanto, nota-se a preocupação da resolução e do projeto de lei em garantir o anonimato do doador. No entanto, um caso típico de doença que autorizaria a quebra do anonimato da identidade genética é a leucemia, onde é necessária a busca por um doador de medula compatível, melhor dizendo, com as mesmas características genéticas e consangüíneas do doente. Mesmo assim, deverá haver a revelação de identidade civil/biológica do doador apenas ao médico.

Enfim, com a edição da referida lei, atualmente projeto de lei, o assunto tornar-se-á mais certo e seguro quanto à garantia de anonimato do doador.

2 Aspectos biológicos a serem destacados sobre o assunto

A questão da infertilidade nos remete a tempos bem remotos, embora com contornos completamente distintos dos atuais, sobretudo em relação às técnicas de engenharia genética. Desde o século XVIII, a literatura médica já relata tentativas de inseminação artificial, se bem que só em 1978 nasceu o 1º bebê de proveta do mundo.

Destacamos que, por este artigo ser um estudo jurídico, só serão demonstrados os aspectos biológicos indispensáveis ao seu entendimento. Não serão reveladas minúcias sobre o assunto em comento, as quais fogem à compreensão de um jurista.

A doação de sêmen tem como causa principal o problema decorrente da infertilidade. Segundo Marcelo Lopes Cançado:

> Infertilidade é definida como a falência em conceber, após um ano de coito regular sem contracepção. Esta definição é baseada

---

[3] OLIVEIRA; BORGES. *Reprodução assistida*: até onde podemos chegar?: compreendendo a ética e a lei, p. 31.

na evidência que mostra taxas de concepção mensal entre 20 e 25% nos casais sexualmente ativos sem uso de métodos contraceptivos.[4]

Outro doutrinador, o autor Marciano Vidal afirma que "nada é mais natural que o homem busque vencer todos os obstáculos os quais lhe impedem de gerar a vida".[5]

Existem, na Medicina, dois tipos de inseminação artificial: a homóloga e a heteróloga. Há uma diferença básica entre ambas: na homóloga, a mulher é inseminada por material genético de seu próprio marido. Ou seja, neste caso, o que esse casal não consegue é procriar naturalmente através da relação sexual, mas, com a ajuda médica, poderão gerar um ser. Este tipo de inseminação acarreta menos problemas do que a heteróloga. Isso porque, nesta, a mulher é inseminada com material genético de um terceiro, que ela nem ao menos conhece. É sobre esta que trata este estudo, justamente porque ocorrem diversas dúvidas, tanto por parte do doador, como por parte de quem irá receber a doação. Este tipo de inseminação (a heteróloga) é feita a partir de bancos de sêmen. Daí é que surge o problema enfrentado: a garantia do anonimato do doador de sêmen.

Ainda há de se destacar que não poderá ser escolhido o tipo de embrião, conseqüentemente, não poderá ser selecionado o sexo do bebê.

Ainda para evitar futuros problemas no âmbito jurídico, as clínicas têm exigido que as partes assinem um contrato no qual não poderão requerer uma futura identificação do doador de sêmen. Ressalte-se que o anonimato deve ser exigido para ambas as partes envolvidas: para o doador e para os que irão receber a doação.

---

[4] CANÇADO. *Propedêutica do casal infértil*, p. 282.
[5] VIDAL. *Bioética*: estudos de bioética racional, p. 83.

3 O direito ao anonimato do doador de sêmen *versus* o interesse ao conhecimento da identidade biológica do ser gerado a partir da inseminação

Óbvio que nada em Direito é absoluto. Há circunstâncias em que o anonimato, poderá ser quebrado, hipótese esta excepcionalíssima: para a averiguação de doenças genéticas de cunho hereditário, como já afirmamos.

Retornando ao aspecto jurídico, cerne do presente, destacamos que o doador de sêmen não tem qualquer intenção de ser pai. Sua atitude é louvável, pois tem um fim humanitário, qual seja, o de auxiliar o seu semelhante de forma gratuita. Por conseguinte, não há como lhe atribuir qualquer tipo de responsabilidade, seja moral ou jurídica.

Eduardo de Oliveira Leite com muita propriedade leciona:

> Quem consentiu em doar o seu sêmen para um banco de esperma, com vistas a auxiliar um casal infértil, embora possa (em tese) alegar que o filho é, geneticamente falando seu, deverá, em contrapartida, aceitar que o filho não é institucional, nem voluntariamente seu. Ao contrário, estar-se-ia admitindo como ocorre na doação de órgãos — que após o implante do órgão em novo paciente, o doador reclamasse a propriedade do órgão doado, o que fica vedado pela lógica e pela própria natureza da doação.[6]

Conforme afirmado, o assunto repousa num grave conflito: a ausência de lei reguladora no Brasil, o que acaba gerando dúvidas e incertezas. Além disso, sempre que o tema em discussão é o Direito de Família, o caso deve ser analisado de maneira cuidadosa e bastante delicada. Na matéria exposta, podem colidir, ao menos, quatro posições diferentes: 1. a do doador que não quer ter sua identidade revelada, pois sua intenção foi puramente a

---

[6] LEITE. *Procriações artificiais e o direito*: aspectos médicos, religiosos, psicológicos, éticos e jurídicos, p. 382.

de produzir sêmen; 2. a da mãe inseminada que poderá, por simples curiosidade ou por interesses escusos, procurar saber a identidade do doador; 3. a do pai afetivo, que criou aquele ser gerado a partir da inseminação e que não quer "perder" seu posto de pai; 4. a da pessoa que foi gerada a partir da inseminação, por interesses variados. Todas essas vontades e posições o juiz terá que levar em conta ao resolver um caso concreto, no qual se pugne pela quebra do anonimato. Mais ainda, pode ser que o próprio doador queira conhecer o seu "filho" biológico e, com ele, estabelecer vínculos familiares.

Afora as questões jurídicas, muitas indagações, inclusive de cunho machista, estão envolvidas no caso em tela. Alguns homens sempre culpam as mulheres quando elas não podem engravidar. É como se fosse algo atentatório contra a masculinidade, contra a virilidade, o fato de o homem não produzir um filho de maneira natural. Por isso, a decisão dos parceiros em recorrer ao banco de sêmen, não é fácil. Então, se houver a possibilidade da quebra do anonimato, isso colocará em risco os próprios desejos do pai afetivo que não quer nunca perder o título de "pai".

Em outras palavras, dizer que o pai biológico é o verdadeiro pai da criança, é ir contra toda a corrente atual do Direito de Família que busca, cada vez mais, a valorização da paternidade afetiva sobre qualquer outra, até mesmo sobre a biológica, sobretudo no caso em tela, onde o doador não tem a menor intenção de ser pai.

Obviamente, existe outra situação a ser considerada, qual seja, a do menor que não veio ao mundo por sua própria vontade, porém agora pode querer buscar suas raízes genéticas. No entanto, como já afirmamos, se a paternidade que deve prevalecer é a afetiva, por que alguém nascido por esse processo terá que saber a respeito de seu pai biológico? Na maioria dos casos, percebe-se que essa investigação é apenas por interesses financeiros, por isso mesmo, deve ser coibida.

Conclusão

Sem dúvida, tal situação é por demais complexa! Criticamos nesta ocasião a falta de regulamentação legal sobre o tema. No entanto, parece que o tema foge de ser passível de uma regulamentação legal completa, hermética.

Indubitavelmente, vários são os avanços genéticos obtidos pela Medicina no dia-a-dia, entretanto, apesar de este ser um dado louvável, vários problemas ético-jurídicos vão surgindo, como no caso em tela; no entanto, a legislação não os acompanha.

O doador passa por uma bateria de exames para fazer a doação, durante o período no qual ele vai doar, sofre uma série de restrições em sua vida sexual; tudo isso ele faz gratuitamente, o mínimo que ele deverá receber em troca, é a garantia de seu anonimato.

O leitor pode estar se perguntando: e o interesse do filho? Defendemos não haver a necessidade da busca pela verdade biológica, em especial, se este filho foi criado com amor, carinho, educação, pois os vínculos que deverão prevalecer são os afetivos. Este é o futuro do Direito de Família.

Destacamos, ainda, que nada no campo jurídico é absoluto, e que o anonimato do doador pode e deve ser quebrado, desde que exista necessidade de algum tipo de verificação de eventuais problemas genéticos. No entanto, nestes casos, apenas há a necessidade do médico conhecer a identidade biológica e/ou civil do doador.

Se, com todos os cuidados aqui propostos, a identidade do doador for obtida, defendemos que não haverá nenhum tipo de obrigação jurídica entre ambos: pai e filho biológico. Do contrário, não existirão mais doações, pois homens que já possuem uma família não irão querer vê-la no futuro ameaçada por uma paternidade indesejada, produzida através de inseminação artificial.

Todo cuidado aqui buscado se dá objetivando proteger o doador de sêmen, do contrário, será o fim de tal ato.

Claro está que nenhum cidadão pode ter negado o seu acesso à justiça, direito este constitucionalmente previsto. No entanto, o caso em tela é *sui generis*, exigindo, por sua própria razão de ser, que não possa haver investigações judiciais acerca do mesmo apenas com o fito especulatório.

Finalizando, destacamos que mesmo nos casos onde existir o reconhecimento do doador de sêmen, ou melhor, mesmo quando houver o descobrimento da identidade genética, isso não desnatura a paternidade afetiva, mas isso, por si só, seria material para outro artigo específico.

Referências

CANÇADO, Marcelo Lopes. *Propedêutica do casal infértil*. Rio de Janeiro: Medsi, 1998.

GIORGIS, José Carlos Teixeira. A relação homoerótica e a partilha de bens. *Revista Brasileira de Direito de Família*, v. 3, n. 9, p.138-162, abr./jun. 2001.

LEITE, Eduardo de Oliveira. *Procriações artificiais e o direito*: aspectos médicos, religiosos, psicológicos, éticos e jurídicos. São Paulo: Revista dos Tribunais, 1995.

OLIVEIRA, Deborah C.; BORGES, Edson Jr. *Reprodução assistida*: até onde podemos chegar?: compreendendo a ética e a lei. São Paulo: Gaia, 2000.

SAMPAIO, Marcos Aurélio Coelho. Reprodução assistida. In: SOCIEDADE DE OBSTETRICIA E GINECOLOGIA DE MINAS GERAIS. *Manual para o título de especialista em ginecologia e obstretícia – TEGO*. Rio de Janeiro: Medsi, 1998.

VIDAL, Marciano et al. *Bioética*: estudos de bioética racional. Trad. Roberto Perez de Queiroz e Silva. Madrid: Tecnos, 1994.

Informação bibliográfica deste texto, conforme a NBR 6023:2002 da Associação Brasileira de Normas Técnicas (ABNT):

PEREIRA, Renata de Lima. O direito ao anonimato do doador de sêmen *versus* o direito ao reconhecimento da identidade biológica: o que deve prevalecer? In: BORGES, Roxana Cardoso Brasileiro; CASTRO, Celso Luiz Braga de; AGRA, Walber de Moura (Coord.). *Novas perspectivas do Direito Privado*. Belo Horizonte: Fórum, 2008. p. 249-260. ISBN 978-85-7700-181-1.

Tutela jurídica do nascituro à luz da Constituição Federal

Rodolfo Pamplona Filho

Ana Thereza Meirelles Araújo

Sumário: **1** Introdução - **2** A pessoa humana como fundamento da ordem jurídica constitucional e o direito à vida - **3** A tutela jurídica do nascituro - **3.1** Conceito - **3.2** Natureza jurídica - **4** Direitos do nascituro - **5** Responsabilidade civil e dano - **5.1** Dano moral - **6** Considerações finais - Referências

1 Introdução

A proposta do presente artigo é discorrer sobre a tutela jurídica do nascituro, com fundamento em uma visão constitucional da matéria.

De fato, a análise da referida proteção não pode prescindir da identificação dos fundamentos constitucionais que concorreram para a sua construção, uma vez que é a Constituição Federal o sol do universo normativo ao redor do qual devem orbitar todas as demais relações em um determinado ordenamento jurídico.

Nesse diapasão, primeiramente, cumpre verificar a noção de pessoa humana dentro do sistema constitucional, para que, a partir daí, possa-se compreender a condição jurídica do não nascido. Para isso, faz-se necessário pormenorizar a sua tutela (compreendendo seu conceito e natureza), bem como enumerar as teorias sobre o início de sua personalidade, com análise da atual exegese do artigo 2º do Código Civil que põe a salvo seus direitos, de forma a identificar no ordenamento quais direitos salvaguardados são esses.

Por fim, serão tecidas considerações a respeito da reparabilidade do dano moral ao nascituro, tendo em vista as disposições constitucionais e a possibilidade de aplicação dos princípios da responsabilidade civil.

2 A pessoa humana como fundamento da ordem jurídica constitucional e o direito à vida

É evidente que o conteúdo de um sistema constitucional não reflete apenas normas de conduta e normas de sanção. O seu conteúdo traduz normas programáticas que consagram, em sua estrutura, fundamentos e princípios, que, reunidos, evidenciam a essência do ordenamento, refletindo seu caráter predominantemente axiológico e seus objetivos programados.

Dessa forma, a obediência e a fidelidade à norma constitucional importa, no final de contas, tão-somente o respeito a aquilo que ela representa: a consagração de um sistema de valores, princípios e direitos que são fundamentais à existência do homem. Os diplomas infraconstitucionais (ou microssistemas jurídicos) devem refutar situações que contraponham a Norma Maior, coadunando o seu conteúdo, o que não é excepcionado pela codificação civil, mesmo sendo ela um amplo conjunto de regras jurídicas voltadas à disciplina das relações privadas, que disciplina a vida humana desde antes de nascer até depois de seu falecimento.

As transformações no sistema clássico de direito privado podem ser notadas quando se verifica que o direito civil contemporâneo recepcionou o contorno valorativo e principiológico oriundo do sistema constitucional, afastando-se da tradicional tendência individualista-formalista, propícia das relações particulares, que até então o acompanhava e estigmatizava. Tal perspectiva afasta, cada vez mais, a dicotomia direito público e direito privado, tão cara à mentalidade jurídica de outrora.

Nesse novo panorama do Direito Civil Constitucional, restará reformulada a noção de pessoa humana até então estabelecida pelo sistema antecedente, de maneira a refletir a sua primazia e relevância, através da adequação das relações civis aos alicerces da Constituição. É dessa forma que a dignidade da pessoa humana (erigida a fundamento da República Federativa do Brasil, por força do art. 1º, III, da Constituição Federal), e, conseqüentemente, o respeito à sua vida, deverão guiar e fundamentar as relações regidas pelo direito civil.

Elevar a dignidade da pessoa humana a fundamento do Estado Democrático de Direito, como disposto no mencionado dispositivo constitucional, é assumi-la como "base da própria existência do Estado brasileiro e, ao mesmo, fim permanente de todas as suas atividades",[1] conferindo a ela posição de supremacia dentro do sistema jurídico, através de garantias e direitos fundamentais, positivados constitucionalmente e reproduzidos ao longo dos diversos diplomas infraconstitucionais. O *status* de princípio fundamental ocupado pela dignidade evidencia o reconhecimento do valor do homem e a estima pelo resguardo dos fatores capazes de assegurar-lhe uma vida digna e saudável.

O *caput* do artigo 5º do texto constitucional assegura a todos a inviolabilidade do direito à vida.[2] No entanto, a Carta Magna

---

[1] FERRAZ. *Manipulações biológicas e princípios constitucionais*: uma introdução, p. 19.
[2] Art. 5º Todos são iguais perante a lei, sem distinção de qualquer natureza, garantindo-se aos brasileiros e aos estrangeiros residentes no País a inviolabilidade do direito à vida, à liberdade, à igualdade, à segurança e à propriedade, nos termos seguintes:[...].

não definiu a partir de que momento se daria essa proteção, atribuição que caberá à legislação ordinária. O inciso XXXVII do referido artigo, incluiu o aborto como espécie dos crimes dolosos contra a vida, submetidos a julgamento pelo Tribunal do Júri.

São válidas considerações a respeito da origem, significado e extensão do direito à vida. A vida, assim como a integridade física e psíquica, consiste em atributo inerente à espécie do homem.[3] Pertence ao campo do Direito Natural, por ser pressuposto dos demais direitos e razão fundamental de qualquer construção ou forma de organização humana, seja de natureza social, política ou jurídica.

Sob essa perspectiva, insta esclarecer que o atributo vida não está escalonado entre os direitos que, originalmente, foram criados e protegidos pelo sistema jurídico. A vida, enquanto pré-existente a qualquer direito, antecede esse próprio sistema e é pressuposto de qualquer tutela destinada à espécie humana.

José Afonso da Silva citado por Benedita Chaves preleciona:

> Não se considera a vida apenas no seu sentido biológico, de incessante auto-atividade funcional, peculiar à matéria orgânica, mas na sua acepção biográfica, mais compreensiva. Sua riqueza significativa é de difícil apreensão, por ser algo dinâmico, que evolui incessantemente sem perder sua própria identidade. É mais um processo que se instaura com a concepção, transformando-se e progredindo para manter sua identidade, até mudar de qualidade, deixando, então, de ser vida para ser morte e tudo que interfere, em prejuízo deste fluir espontâneo e incessante, contraria a vida.[4]

No nosso entender, tal proteção também foi estendida ao nascituro, idéia coadunada pela tipificação do aborto.

---

[3] CHAVES. *A tutela jurídica do nascituro*, p. 54.
[4] SILVA, José Afonso da apud CHAVES. *A Tutela jurídica do nascituro*, p. 50.

Dessa forma, na medida em que um novo enfoque sobre a pessoa humana passa a ser transportado para o direito privado, os direitos da personalidade ganham um contorno mais constitucional, delineado pelo paradigma da dignidade como fundamento da ordem jurídica.

3 A tutela jurídica do nascituro

Identificar a proteção adequada e devida ao nascituro pressupõe compreender a disciplina jurídica das *pessoas* adotada pelo sistema constitucional e pela codificação civil, enquanto sujeitos de direitos e obrigações.

O sistema clássico de direito privado criou, a partir do entendimento sobre sujeitos de direitos, três categorias centrais: pessoa natural; nascituro e prole eventual.

A análise da referida tutela, em face da legislação vigente, passa pela compreensão do conceito e natureza jurídica do nascituro, a fim de que possam ser identificados os direitos que lhe são salvaguardados.

3.1 Conceito

O significado etimológico da palavra nascituro é "o que está por nascer". Portanto, ente já concebido (onde já ocorreu a fusão dos gametas, a junção do óvulo ao espermatozóide formando o zigoto ou embrião), nidado (implementado nas paredes do útero materno), porém não nascido.

No entanto, urgem incessantes divergências na construção do conceito sobre aquele que está por nascer, decorrentes de interpretações diversas acerca das fases de desenvolvimento embrionário, tendo em vista a significativa dificuldade para identificar o momento em que o embrião ou zigoto possa começar a ser chamado de nascituro. Majoritariamente, o que se tem verificado é que o nascituro surge com o fenômeno da nidação, que é a fixação ou implantação (para o caso de concepções artificiais ou *in vitro*) do zigoto nas paredes do útero.

3.2 Natureza jurídica

A categorização criada pela doutrina clássica do direito privado aponta a pessoa natural, o nascituro e a prole eventual como sujeitos de direitos dentro do sistema jurídico. Tal classificação não acompanha a nova realidade trazida pela prática das fertilizações artificiais, responsáveis pela situação dos embriões concebidos *in vitro*, não implantados no útero materno, por motivos diversos, e congelados por serem excedentes.

Pessoa natural é todo ser humano considerado como sujeito titular de direitos e obrigações. Inevitavelmente, para a Lei, foi necessário fixar um termo a partir do qual pudesse restar caracterizada a existência da pessoa, o momento em que se verifica a ocorrência dos pressupostos fáticos capazes de evidenciá-la como tal. Assim dispôs a codificação civil, em seu artigo 2º, quando determinou que a personalidade civil da pessoa começa com seu nascimento com vida. Assim, a íntima relação entre deter personalidade jurídica e ser sujeito de direitos e obrigações:

> Personalidade jurídica, portanto, para a Teoria Geral do Direito Civil, é a aptidão genérica para titularizar direitos e contrair obrigações, ou, em outras palavras, é o atributo necessário para ser sujeito de direito. Adquirida a personalidade, o ente passa a atuar, na qualidade de sujeito de direito (pessoa natural ou jurídica), praticando atos e negócios jurídicos dos mais diferentes matizes. A pessoa natural, para o direito, é, portanto, o ser humano, enquanto sujeito/destinatário de diretos e obrigações.[5]

Dessa forma, a junção dos pressupostos — nascimento e vida — implica na constatação da existência da personalidade

---

[5] GAGLIANO; PAMPLONA FILHO. *Novo curso de direito civil*: parte geral, v. 1, p. 88-89.

jurídica, de maneira que, ainda que uma criança nasça com vida e depois venha a falecer, terá a adquirido. O nascimento é a separação daquele que está por nascer do ventre de sua mãe e a ocorrência do elemento vida está condicionada à verificação do fenômeno fisiológico da respiração, que, sinteticamente, é a entrada de ar nos pulmões.

Quanto à prole eventual, o Código Civil admite que os filhos ainda não concebidos (portanto, não existentes à época da sucessão) possam suceder por testamento, conforme dispõe o artigo 1.799, inciso I, do Código Civil brasileiro de 2002.[6]

Para explicar, porém, a natureza jurídica do nascituro, a doutrina se divide em três entendimentos: teoria concepcionista; teoria da personalidade condicional e teoria natalista.

A princípio, importa salientar que a discussão acerca da condição jurídica do não-nascido também pressupõe identificar o momento em que o ordenamento determina como o início da existência da pessoa, titular de direitos e obrigações. A exegese do artigo 2º do Código Civil condiciona a aquisição da personalidade ao nascimento com vida, mas adverte que os direitos do não nascido serão salvaguardados pela lei. Assim, surgem questionamentos quanto ao reconhecimento do nascituro como pessoa, uma vez que a lei não o reconhece, mas garante a observância de direitos que são genericamente inerentes a essa condição, configurando um sistema de proteção conferido aos entes dotados de personalidade civil.

Para a linha concepcionista, influenciada pelo direito francês, o nascituro tem personalidade jurídica, ou seja, o feto, desde a sua concepção, pode figurar como sujeito de direitos e

---

[6] Uma reflexão interessante sobre o referido dispositivo é se os embriões mantidos em laboratórios, oriundos de reproduções artificiais e excedentes ao processo, se encontrariam amparados pela previsão. Isso porque já são entes concebidos (embora não implantados), afastando-se, no rigor técnico, tanto da categoria de prole eventual (que conforme a lei, se destina a seres ainda não concebidos, ainda não existentes), quanto da modalidade de nascituros, embora nada impeça uma interpretação analógica.

obrigações, possuindo a mesma natureza que a pessoa natural. Dessa forma, a nidação (momento de instalação do embrião nas paredes do útero configurando a possibilidade de vida viável) seria o termo inicial de existência do nascituro, protegido desde então como pessoa, titular de direitos personalíssimos, e mesmo, patrimoniais. Para a teoria, não se deve discutir a titularidade dos direitos patrimoniais do não-nascido, mas, tão-somente, os efeitos desses direitos, que evidentemente dependeriam do seu nascimento com vida.

Silmara Chinelato e Almeida entende que:

> A personalidade do nascituro não é condicional; apenas certos efeitos de certos direitos dependem do nascimento com vida, notadamente os direitos patrimoniais materiais, como a doação e a herança. Nesses casos, o nascimento com vida é elemento do negócio jurídico que diz respeito à sua eficácia total, aperfeiçoando-a.[7]

A doutrina concepcionista tem como base o fato de que, ao se proteger legalmente os direitos do nascituro, o ordenamento já o considera pessoa, na medida em que, segundo a sistematização do direito privado, somente pessoas são consideradas sujeitos de direito, e, conseqüentemente, possuem personalidade jurídica. É o caso do aborto, crime contra o não-nascido que está disciplinado no Código Penal dentre os crimes do título "Crimes contra a pessoa". Dessa forma, não há que se falar em expectativa de direitos para o nascituro, pois estes não estão condicionados ao nascimento com vida, existem independentemente dele.

A teoria da personalidade condicional sustenta a personalidade do nascituro (ou seja, desde a concepção) sob a condição de que nasça com vida. Sem o implemento da condição — nascimento com vida — não haverá aquisição da personalidade. Conclusivamente, a aquisição de certos direitos (como os de caráter patrimonial) ocorreria sob a forma de condição suspensiva,

---

[7] ALMEIDA. *Tutela civil do nascituro*, p. 81.

ou seja, se o não-nascido nascer com vida, sua personalidade retroage ao momento de sua concepção. Assim, o feto tem personalidade condicional, pois tem assegurado a proteção e gozo dos direitos da personalidade, mas somente gozará dos demais direitos (os de cunho patrimonial) quando nascer com vida, ou seja, quando restar implementada a condição capaz de conferir a sua personalidade plena.

O nascituro não é sujeito de direito, embora mereça a proteção legal, tanto no plano civil como no plano criminal. A proteção do nascituro explica-se, pois há nele uma personalidade condicional que surge, na sua plenitude, com o nascimento com vida e se extingue no caso de não chegar o feto a viver.[8]

Sob esse liame, durante a gestação, o nascituro é tutelado pela lei (o curador ou seu representante legal será responsável pelo zelo de seus direitos), que lhe garante direitos personalíssimos e patrimoniais sujeitos à condição suspensiva — nascimento com vida.

Dentre as teorias, a natalista é a que reflete a interpretação extraída da exegese do artigo 2° do Código Civil. Só existe personalidade jurídica a partir do nascimento com vida. Assim, o não-nascido não tem personalidade, mas, tão-somente, expectativa de direito. Nascendo com vida, adquirirá personalidade e será titular em plenitude de direitos e obrigações, incluindo os de natureza patrimonial. Assim, observa Caio Mário da Silva Pereira:

> O nascituro não é ainda pessoa, não é um ser dotado de personalidade jurídica. Os direitos que se lhe reconhecem permanecem em estado potencial. Se nasce e adquire personalidade, integram-se na sua trilogia essencial, sujeito, objeto e relação jurídica; mas, se se frustra, o direito não chega a constituir-se, e não há falar, portanto, em reconhecimento de personalidade ao nascituro, nem se admitir que antes do nascimento já ele é sujeito de direito.[9]

---

[8] WALD. *Curso de direito civil brasileiro*: direito civil introdução e parte geral, p. 1-18.
[9] PEREIRA. *Direito civil*: alguns aspectos de sua evolução, p. 79.

Adotada a teoria natalista, segundo a qual a aquisição da personalidade opera-se a partir do nascimento com vida, seria razoável o entendimento no sentido de que, não sendo pessoa, o nascituro possui mera expectativa de direito.

Mas a questão, como visto, não é simples.

Embora o nascituro não seja pessoa, ninguém discute que tenha direito à vida, e não mera expectativa. Silmara Chinelato e Almeida, respeitável defensora da tese concepcionista, preleciona que

> juridicamente, entram em perplexidade total aqueles que tentam afirmar a impossibilidade de atribuir capacidade ao nascituro "por este não ser pessoa". A legislação de todos os povos civilizados é a primeira a desmenti-lo. Não há nação que se preze (até a China) onde não se reconheça a necessidade de proteger os direitos do nascituro (Código chinês, art. 1). Ora, quem diz direitos, afirma capacidade. Quem afirma capacidade, reconhece personalidade.[10]

Desta forma, independente da atribuição da personalidade somente a seres que nasçam com vida, o ordenamento jurídico reconheceu a necessidade da tutela do nascituro, fazendo tanto no campo das relações civis (garantindo a ele uma série de direitos), quanto no âmbito penal (criminalizando e proibindo o aborto, ressalvadas as exceções legais).

4 Direitos do nascituro

Independentemente de se reconhecer o atributo da personalidade jurídica, o fato é que seria um absurdo resguardar direitos desde o surgimento da vida intra-uterina se não se autorizasse a proteção deste nascituro — direito à vida — para que justamente pudesse usufruir estes direitos. Qualquer atentado à

---

[10] ALMEIDA. *Tutela civil do nascituro*, p. 160.

integridade do que está por nascer pode, assim, ser considerado um ato obstativo do gozo de direitos.[11]

A situação se torna ainda mais complexa se levarmos em consideração a polêmica sobre a eventual descriminalização do aborto — atualmente tipificado nos arts. 124/127 do vigente Código Penal brasileiro — ou mesmo o já autorizado aborto necessário ou no caso de gravidez resultante de estupro (art. 128), em que o direito à vida é relativizado em função da tutela de outros valores jurídicos.

A despeito de toda essa profunda controvérsia doutrinária, o fato é que, nos termos da legislação em vigor, inclusive do Novo Código Civil, *o nascituro, embora não seja considerado pessoa, tem a proteção legal dos seus direitos desde a concepção.*

Isso porque se é certo que os direitos assegurados ao nascituro configuram um sistema de proteção com a natureza de direitos da personalidade, conferir tutela jurídica ao nascituro, resguardando seus direitos como fez a lei, independe da concessão necessária dessa personalidade. Nos termos do Código Civil em vigor, mesmo não sendo considerado pessoa, o nascituro tem seus direitos protegidos desde a concepção, seja de maneira plena, como entende a teoria concepcionista, sob a forma de condição suspensiva, segundo a teoria da personalidade condicional, ou mediante uma expectativa de direito, segundo a natalista.

Assegurar direitos desde o surgimento da vida intra-uterina pressupõe concluir pela proteção primordial do direito à vida do não-nascido, já que este é pressuposto para a existência e gozo dos demais direitos a serem usufruídos. Dessa maneira,

---

[11] A doutrina trabalhista é pródiga em exemplos de atos obstativos que podem ser objeto de sanção judicial, como, por exemplo, a despedida obstativa da aquisição de estabilidade decenal (art. 499, §3°, Consolidação das Leis do Trabalho) ou, no caso da empregada doméstica, que não tem direito à estabilidade gestante, a despedida obstativa do gozo da licença-maternidade. Sobre a matéria, confira-se o verbete "Despedida Obstativa" in RODRIGUES PINTO; PAMPLONA FILHO. *Repertório de conceitos trabalhistas*, p. 186-188.

posicionou-se o ordenamento jurídico, ao proibir qualquer prática atentatória contra a vida do nascituro, criminalizando o aborto, independente do estágio de desenvolvimento em que ele se encontre e também resguardando o respeito à sua integridade física e moral.

Ademais, diversos outros direitos podem ser identificados no sistema jurídico. Como as relações de parentesco se estabelecem no momento da concepção, o nascituro pode ser reconhecido antes de seu nascimento (artigo 1.609, parágrafo único do Código Civil e artigo 26 do Estatuto da Criança e do Adolescente). Assim, também o direito de o pai, ou a mãe, poder pleitear em nome do nascituro, o reconhecimento de sua paternidade ou maternidade e os direitos que lhe são inerentes.

Da leitura do artigo 1.621 do Código Civil e do 2º do Estatuto da Criança e do Adolescente pode-se inferir o direito de adoção do nascituro. Assim, uma vez feita a adoção, necessária será a garantia de um desenvolvimento gestacional sadio, assegurado pela concessão de alimentos até o nascimento com vida.

Em caso de falecimento do pai e perda do poder familiar pela mulher grávida, deve-se nomear curador ao que está por nascer para a defesa de seus interesses (artigo 1.779 do Código Civil e artigos 877 e 878 do Código de Processo Civil) até o seu nascimento com vida, quando lhe será nomeado tutor (artigo 1.728 do Código Civil). Se não houver perda do poder familiar, os direitos do nascituro serão resguardados pelos seus representantes legais — seus pais.

Pode também receber doações (artigo 542 do Código Civil) e seus representantes legais podem entrar na posse dos bens doados.

Pode ser contemplado em testamento (artigo 1.798 e 1.799 do Código Civil), pois já concebidos conforme exigência da lei. Assim, o nascimento com vida é condição do direito à herança do nascituro. Em caso de natimorto, não há que se falar em direito sucessório por inexistência do implemento da condição.

Por fim, com fulcro no artigo 8º do Estatuto da Criança e do Adolescente (direito à assistência pré-natal), os adeptos à teoria concepcionista, defendem o direito do nascituro a alimentos, controvérsia que ainda não foi objeto de legislação, mas que é pautada na necessária proteção do desenvolvimento gestacional.

Nesse sentido, podem-se resumir tais afirmações com a apresentação do seguinte quadro esquemático:

a) o nascituro é titular de direitos personalíssimos (como o direito à vida, o direito à proteção pré-natal etc.);[12]

b) pode receber doação, sem prejuízo do recolhimento do imposto de transmissão *inter vivos*;

c) pode ser beneficiado por legado e herança;

d) pode ser-lhe nomeado curador para a defesa dos seus interesses (arts. 877 e 878, CPC);

e) o Código Penal tipifica o crime de aborto.

Defendemos ainda o entendimento no sentido de que o nascituro tem direito a *alimentos*, por não ser justo que a genitora suporte todos os encargos da gestação sem a colaboração econômica do seu companheiro reconhecido. Tal matéria, embora não seja objeto ainda de legislação expressa, pode ser reconhecida judicialmente em função da necessidade de proteção do feto para seu regular desenvolvimento.

Nesse sentido, a jurisprudência do Tribunal de Justiça do Rio Grande do Sul:

EMENTA: UNIÃO ESTÁVEL. ALIMENTOS PROVISÓRIOS. EX-COMPANHEIRA E *NASCITURO*. PROVA. 1. Evidenciada a união estável, a possibilidade econômica do alimentante e a necessidade da ex-companheira, que se encontra desempregada

---

[12] O art. 7. do Estatuto da Criança e do Adolescente dispõe que: "a criança e o adolescente têm direito à proteção à vida e à saúde, mediante a efetivação de políticas públicas que permitam o *nascimento* e o desenvolvimento sadio e harmonioso, em condições dignas de existência".

e grávida, é cabível a fixação de alimentos provisórios em favor dela e do *nascituro*, presumindo-se seja este filho das partes. 2. Os alimentos poderão ser revistos a qualquer tempo, durante o tramitar da ação, seja para reduzir ou majorar, seja até para exonerar o alimentante, bastando que novos elementos de convicção venham aos autos. Recurso provido em parte. (Agravo de Instrumento Nº 70017520479, Sétima Câmara Cível, Tribunal de Justiça do RS, Relator: Sérgio Fernando de Vasconcellos Chaves, Julgado em 28/03/2007).

EMENTA: AGRAVO INTERNO. ALIMENTOS PROVISÓRIOS. Incontroversa a união estável e a paternidade do filho que a alimentanda espera, deve o agravante contribuir para o desenvolvimento do *nascituro*, mormente considerando que a ex-companheira não pode desempenhar com a mesma intensidade o ofício de cabeleireira, em face da dificuldade de ficar o tempo todo em pé, já que está na metade do sexto mês de gravidez. Possibilidade do alimentante em pagar o valor fixado, de um salário mínimo, demonstrado pelos documentos juntados, que aponta possuir ele patrimônio não condizente com a renda mensal que alega ter, de R$ 700,00. NEGARAM PROVIMENTO. UNÂNIME. (Agravo Nº 70016977936, Sétima Câmara Cível, Tribunal de Justiça do RS, Relator: Luiz Felipe Brasil Santos, Julgado em 01.11.2006).

Da mesma forma, qualquer violação a direitos da personalidade do nascituro pode ser objeto de reparação judicial, com base na teoria da responsabilidade civil, o que já encontra guarida em diversos julgados nacionais.

5 Responsabilidade civil e dano

O dever jurídico de indenizar, extraído dos princípios da responsabilidade civil, pressupõe a existência do dano. De sorte que não há responsabilidade sem dano, ainda que não haja a culpa. O dano pode ser compreendido como a expressão da lesão a algum bem tutelado juridicamente, seja ele de cunho patrimonial ou material (quando implica em diminuição do patrimônio do lesado) ou de cunho moral.

O dano patrimonial, como o próprio nome diz, também chamado de dano material, atinge os bens integrantes do patrimônio da vítima, entendendo-se como tal o conjunto de relações jurídicas de uma pessoa apreciáveis em dinheiro. Nem sempre, todavia, o dano patrimonial resulta da lesão de bens ou interesses patrimoniais. [...] a violação de bens personalíssimos, como o bom nome, a reputação, a saúde, a imagem e a própria honra, pode refletir no patrimônio da vítima, gerando perda de receitas ou realização de despesas — o médico difamado perde sua clientela —, o que para alguns autores configura o dano patrimonial indireto.[13]

Assim, realça-se a importância de salientar que o dever de indenização em virtude de dano material não pressupõe necessariamente lesão à esfera pecuniária do indivíduo, podendo ser originado da lesão aos direitos da personalidade, que implicaram na diminuição de seu patrimônio.

O dano pode consistir em diminuição presente e atual, mas também em impedimento do crescimento futuro. Por isso, o dano patrimonial pode ser divido em dois grupos: dano emergente e lucro cessante. O dano emergente é o desfalque imediato do patrimônio lesado, é aferido através da avaliação do valor econômico integral do bem destruído. O lucro cessante é a perda de ganhos futuros, daquilo que era esperado, e não se configurará por conta da ocorrência do dano, é aferível mediante o arbítrio do magistrado sob da égide da razoabilidade e do bom senso.

5.1 Dano moral

O conceito de dano moral mantém íntima ligação com a esfera pessoal da vítima e com os valores fundamentais e essenciais da vida humana. É a violação a um direito da personalidade, como a honra, a liberdade, a integridade física e psicológica, a reputação, a dor, a paz, a alegria, a imagem, o decoro, a

---

[13] CAVALIERI FILHO. *Programa de responsabilidade civil*, p. 90.

intimidade, o desconforto, o vexame (muitas vezes, sentimentos ligados a bens que possuem proteção constitucional).

E é justamente no plano constitucional que esses direitos ganham resguardo, por meio de normas que tutelam os valores humanos e de programas e objetivos também em consonância com esses valores. Portanto, o dano moral é oriundo da lesão a um bem que não possui cunho patrimonial e que não pode ser aferido economicamente. A indenização, nesses casos, tem natureza compensatória e abrange tanto a violação dos diversos direitos da personalidade como os danos estéticos (lesões corporais ou erros de profissionais da medicina).

A Constituição Federal, em seu artigo 1º, inciso III, eleva a dignidade da pessoa humana a fundamento do Estado Democrático de Direito. Assim, tutela primordialmente os direitos da personalidade, já que o princípio fundamental da dignidade é a consubstanciação desses direitos e o reconhecimento dos valores humanos. A compreensão do conceito de dignidade humana passa pela identificação dos direitos personalíssimos e dos valores prezados pela sociedade. "Dano moral, à luz da Constituição vigente, nada mais é do que violação do direito à dignidade".[14]

Salienta-se que a reparabilidade do dano moral, presente no ordenamento constitucional, deve ser pautada pelos critérios de razoabilidade e proporcionalidade. A aferição do *quantum* indenizável não pode prescindir do bom senso e da prudência que devem guiar a decisão pelo juiz da causa.

Retornando ao corte epistemológico deste artigo, registra-se que, de fato, a grande discussão doutrinária e jurisprudencial é a possibilidade de indenização por danos morais causados a aquele que está por nascer. Para a análise dessa possibilidade, é inevitável a identificação da natureza jurídica do nascituro, ou seja, a adoção

---

[14] CAVALIERI FILHO. *Programa de responsabilidade civil*, p. 95.

de uma das teorias sobre o início de sua personalidade, com o objetivo de identificar a sua condição dentro do ordenamento, atribuindo-lhe *status* de pessoa ou não.

A adoção da teoria natalista implicaria, *a priori*, na impossibilidade de o nascituro receber qualquer indenização em virtude de dano moral que venha a ter sofrido, já que não é considerado sujeito de direitos, portanto também não é considerado pessoa. A vedação seria apenas quanto ao pleito de indenização por conta própria, ou seja, não se pode pleitear uma indenização por danos causados a uma pessoa, como no caso ocorreria se se tratasse de filho menor nascido. Assim, em havendo dano a aquele que está por nascer, haveria a possibilidade de indenização à família, não por conta de dano a uma pessoa, já que para a teoria, o nascituro não é tido como tal.

Para a teoria da personalidade condicional, a possibilidade de reparação do dano moral estaria condicionada à existência da personalidade, ou seja, ao implemento da condição. Se houver o nascimento com vida, os danos sofridos pelo nascituro poderão ser indenizados. Em caso de natimorto, não haveria possibilidade de indenização por danos causados a uma pessoa, pois a condição não se implementou. Como na teoria natalista, em caso de dano ao nascituro, haveria possibilidade de reparação a ser pleiteada pelos ascendentes, mas não com o fulcro em dano causado a pessoa (caso do filho já nascido), pois, para a referida teoria, o nascituro só adquire o *status* de pessoa quando nasce com vida.

Para a teoria concepcionista, é plena a possibilidade de indenização por danos morais causados ao nascituro. A reparação devida ocorre com fulcro no dano moral causado à pessoa, sujeito de direitos em sua plenitude. A indenização seria equiparada à devida em caso de dano ao filho menor. Ao atribuir personalidade civil ao nascituro desde a sua concepção, a teoria confere a ele o *status* de pessoa, o que termina por modificar o significado e a extensão do *quantum* indenizatório.

A polêmica em torno do início da personalidade humana ganha maiores contornos, quando se verifica que conferir possibilidade de reparação ao dano moral causado ao nascituro é direito corolário ao sistema de proteção já consubstanciado pelo ordenamento jurídico, independente da existência de sua personalidade. Ou seja, assegurar o direito à reparação de dano ao não-nascido é corroborar a proteção dos direitos da personalidade que já lhes é assegurado de uma maneira geral, como por exemplo, o respeito à sua vida e à sua integridade física. A reparação seria mais um meio de coibir práticas que atentem contra direitos já constitucionalizados.

Nesse sentido:

EMENTA: ACIDENTE DE TRANSITO. INDENIZACAO POR DANO MORAL. INDUVIDOSOS SOFRIMENTOS, ANGUSTIA E TENSAO, POR LONGOS OITO MESES, DIANTE GRAVIDEZ COM POSSIVEL PREJUIZO DA VIDA E/OU DA INTEGRIDADE FISICA DO NASCITURO, HA DANO MORAL INDENIZAVEL. (Apelação Cível Nº 194026779, Segunda Câmara Cível, Tribunal de Alçada do RS, Relator: Geraldo César Fregapani, Julgado em 17/11/1994.

EMENTA: SEGURO-OBRIGATORIO. ACIDENTE. ABORTAMENTO. DIREITO A PERCEPCAO DA INDENIZACAO. O *NASCITURO* GOZA DE PERSONALIDADE JURIDICA DESDE A CONCEPCAO.O NASCIMENTO COM VIDA DIZ RESPEITO APENAS A CAPACIDADE DE EXERCICIO DE ALGUNS DIREITOS PATRIMONIAIS. APELACAO A QUE SE DA PROVIMENTO. (5 FLS.) (Apelação Cível Nº 70002027910, Sexta Câmara Cível, Tribunal de Justiça do RS, Relator: Carlos Alberto Álvaro de Oliveira, Julgado em 28.03.2001).

Nessa mesma linha, consegue-se perceber que a atribuição de personalidade ao nascituro é a evolução normal de um caminho que já vem sendo traçado quando a lei resolve por a salvo seus direitos e penaliza aquele que atente contra a sua vida.

É certo que a adoção da teoria da concepção conferindo personalidade jurídica ao nascituro, implicaria na identificação de questionamentos quanto ao exercício de direitos patrimoniais, uma vez que estes fatalmente não poderão ser exercidos pelo não-nascido. Conforme dispõe parte da doutrina concepcionista, a discussão em torno desses direitos deve cingir-se aos efeitos e não a questões sobre titularidade, pois, o nascimento com vida é, indubitavelmente, condição para que se opere em plenitude relações na seara patrimonial.

6 Considerações finais

Não se pode refutar a necessidade de proteção da vida do nascituro, tendo em vista a sua representação enquanto um dos estados de existência da vida humana. Não se pode encontrar legitimidade em qualquer intervenção do homem que culmine na interrupção da vida que, dentro do ventre feminino, já se apresenta como viável, e caminha, naturalmente, para o esperado, que é fenômeno do nascimento.

À guisa de arremate, registra-se que o reconhecimento da possibilidade de tutela dos direitos da personalidade do nascituro acaba por superar qualquer indicação em relação à teoria adotada para sua explicação, uma vez que isso implica na necessidade da tutela da dignidade da pessoa humana, fundamento básico do sistema constitucional brasileiro.[15]

---

[15] "(Migalhas 1.569 – 08.01.2007) Como autora do livro Tutela civil do nascituro (Saraiva, 2000), termo jurídico para o feto, informo que há várias decisões tanto do Tribunal de Justiça de SP, como de outros Estados, que reconheceram direitos diversos ao feto, aceitando-o como autor de ações de alimentos, investigação de paternidade, responsabilidade civil, direitos da personalidade. Os diversos países estendem cada vez mais direitos ao nascituro, todos os compatíveis com sua condição de pessoa já concebida mas ainda não nascida. Esta é uma tendência internacional e o Brasil, há várias décadas, caminha lentamente nesse sentido. Além do mais, assinou o Pacto de São José da Costa Rica e a Convenção Internacional dos Direitos da Criança que dão proteção a ela desde a concepção. A decisão do TJ/SP não 'burla' nenhum entendimento jurídico. Antes, avaliza a proteção da vida que advém da Constituição Federal, do Código Civil, de Tratados e Convenções internacionais. Entre os temas jurídicos atuais relativos à pessoa humana, avultam o Estatuto do Nascituro ou Estatuto do Embrião que alcança a proteção jurídica tanto do concebido e já implantado no útero materno, como o embrião pré-implantatório, quando ainda in vitro ou crioconservado. Cumprimento a

Somente assim, pode-se afirmar que a tutela do princípio da dignidade da pessoa humana possa deixar de ser a caixa de pandora ou a panacéia para todos os males, para se tornar a efetiva afirmação da máxima efetividade dos direitos constitucionais.

Referências

ALMEIDA, Silmara J. A. Chinelato e. *Tutela civil do nascituro*. São Paulo: Saraiva, 2000.

CAVALIERI FILHO, Sergio. *Programa de responsabilidade civil*. 4. ed. São Paulo: Malheiros, 2003.

CHAVES, Benedita Inêz Lopes Chaves. *A Tutela jurídica do nascituro*. São Paulo: Ltr, 2000.

FERRAZ, Sérgio. *Manipulações biológicas e princípios constitucionais*: uma introdução. Porto Alegre: Sergio Antonio Fabris Editor, 1991.

GAGLIANO, Pablo Stolze; PAMPLONA FILHO, Rodolfo. *Novo curso de direito civil*: parte geral. São Paulo: Saraiva, 2002. v. 1.

GAGLIANO, Pablo Stolze; PAMPLONA FILHO, Rodolfo. *Novo curso de direito civil*: responsabilidade civil. 5. ed. São Paulo: Saraiva, 2007. v. 3.

GAGLIANO, Pablo Stolze; PAMPLONA FILHO, Rodolfo. *Novo curso de direito civil*: contratos. São Paulo: Saraiva, 2007. v. 4.

GONÇALVES, Carlos Roberto. *Direito civil brasileiro*. São Paulo: Saraiva, 2003. v. 1.

GONÇALVES, Carlos Roberto. *Responsabilidade civil*. 8. ed. São Paulo: Saraiva, 2003.

MEIRELLES, Jussara Maria Leal. *A vida humana embrionária e sua proteção jurídica*. Rio de Janeiro: Renovar, 2000.

PEREIRA, Caio Mário da Silva. *Direito civil*: alguns aspectos de sua evolução. Rio de Janeiro: Forense, 2001.

Defensoria Pública paulista pela defesa do direito do nascituro à adequada assistência pré-natal, um dos pontos principais de sua tutela jurídica". *Silmara Juny Chinelato* – professora da Faculdade de Direito da Universidade de São Paulo (doutora e livre-docente), especialista em direitos do feto e do embrião pré-implantatório.

PEREIRA, Caio Mário da Silva. *Instituições de direito civil*. 19. ed. Rio de Janeiro: Forense, 2001. v. 1.

RODRIGUES PINTO, José Augusto; PAMPLONA FILHO, Rodolfo. *Repertório de conceitos trabalhistas*. São Paulo: LTr, 2000.

TEPEDINO, Gustavo (Coord.). *A parte geral do novo Código Civil*: estudos na perspectiva civil-constitucional. Rio de Janeiro: Renovar, 2002.

WALD, Arnoldo. *Curso de direito civil brasileiro*: direito civil introdução e parte geral. 9. ed. São Paulo: Saraiva, 2002.

> Informação bibliográfica deste texto, conforme a NBR 6023:2002 da Associação Brasileira de Normas Técnicas (ABNT):
>
> PAMPLONA FILHO, Rodolfo; ARAÚJO, Ana Thereza Meirelles. Tutela jurídica do nascituro à luz da Constituição Federal. In: BORGES, Roxana Cardoso Brasileiro; CASTRO, Celso Luiz Braga de; AGRA, Walber de Moura (Coord.). *Novas perspectivas do Direito Privado*. p. 261-281. ISBN 978-85-7700-181-1.

Reconstruindo o Direito Civil a partir do Direito Ambiental: contrato, bens, sujeito

Roxana Cardoso Brasileiro Borges

Sumário: Introdução - **1** O contrato - **1.1** O contrato no Direito Civil - **1.2** O contrato no Direito Ambiental: revisão para uma concepção civil-ambiental - **2** Os bens - **2.1** Os bens no Direito Civil - **2.2** Os bens no Direito Ambiental: revisão para uma concepção civil-ambiental - **3** O sujeito - **3.1** O sujeito no Direito Civil - **3.2** O sujeito no Direito Ambiental: revisão para uma concepção civil-ambiental - Conclusão - Referências

Introdução

A necessidade de repensar o Direito Civil a partir do Direito Ambiental decorre da constatação de que muitas das categorias clássicas do direito privado não se ajustam às novas exigências de proteção dos interesses difusos, como a proteção do meio ambiente ecologicamente equilibrado. No entanto, apesar de haver esta ligação entre figuras do tradicional Direito Civil com as novas regras trazidas pelo Direito Ambiental, os estudiosos ainda não dedicaram especial atenção às transformações que a necessidade de proteção do meio ambiente geram no Direito Civil.

Percebe-se que o direito de propriedade,[1] por exemplo, uma categoria clássica central do Direito Civil, deve ter sua leitura "ecologizada" pelas necessidades de compatibilização do uso do solo com a manutenção do meio ambiente ecologicamente equilibrado. A partir da idéia de função social da propriedade, deve-se passar a falar em função ambiental da propriedade, no intuito de explicitar a necessidade (jurídica, inclusive) de adequação do clássico, liberal e individualista direito (de propriedade) à nova, transindividual, transgeracional e solidária exigência ecológica. É necessário responder: como compatibilizar a noção clássica de propriedade com as novas demandas do movimento ambientalista? Persiste a noção clássica de direito de propriedade? Qual é o conceito contemporâneo de direito de propriedade?

Não se tem notícia, ainda de uma construção de uma versão ambiental para outra importante categoria do Direito Civil, o contrato. É necessário revisar o conceito clássico de contrato, para construir o que entendemos ser o contrato contemporâneo a partir das diretrizes constitucionais para o Direito Civil, chegando ao princípio da função social do contrato e à relativização do princípio da relatividade do contrato e, por fim, ao chegar ao componente ambiental da função social do contrato, buscar responder às seguintes indagações: o que é função ambiental do contrato? Qual a conseqüência do contrato que não cumpre sua função ambiental? Quem pode ser atingido por este contrato? Quem pode atuar consertando este contrato? Como operar a função ambiental do contrato?

Paralelamente, a noção e a classificação dos bens jurídicos considerados pelo Direito Civil requerem uma adaptação aos novos regimes legais de proteção ambiental. A tradicional

---

[1] Neste artigo não trataremos das transformações que a questão ecológica causou no direito de propriedade. Os resultados de nossa pesquisa sobre o tema encontram-se em BORGES. *Função ambiental da propriedade rural*, 1999.

divisão dos bens jurídicos em públicos e particulares, como feita pelo Código Civil, não é suficiente para resolver os problemas decorrentes da incidência dos interesses difusos sobre os bens particulares, assim como vincula, ainda mais, o Poder Público quanto à utilização dos bens públicos. Por isso, é necessário propor uma outra classificação dos bens jurídicos que responda às formas de integração entre interesses difusos, interesses públicos e interesses particulares.

O mesmo vem sendo questionado quanto ao conceito de sujeito de direito. Da concepção civil tradicional de sujeito como sendo a pessoa, física (se nascida com vida, tradicionalmente) ou jurídica (quando regularmente constituída), vemos o surgimento de novas tentativas de teorização sobre a categoria do sujeito de direito que inclua os animais e a natureza e os retire do tradicional tratamento jurídico atribuído às coisas, outra categoria clássica central do Direito Civil. Apenas a pessoa humana nascida com vida e a pessoa jurídica são sujeitos de direito no nosso ordenamento civil-constitucional? E os direitos dos animais e da natureza em si mesma considerada? E as futuras gerações, sequer concebidas biologicamente? Podem estes entes ser considerados sujeitos de direitos diante das novas normas de proteção ambiental?

Quanto à responsabilidade civil,[2] vêm sendo construídas novas saídas teóricas e legais para a superação da exigência da culpa como pressuposto para a responsabilização, tendo sido consagrada a responsabilidade objetiva em matéria ambiental. Apesar disso, ainda há controvérsia sobre o cabimento das excludentes da responsabilidade e sobre a eficácia do viés reparador da responsabilidade civil, diante da irreparabilidade do dano

---

[2] A pesquisa sobre como a responsabilidade civil é afetada pelas necessidades de proteção do meio ambiente está em desenvolvimento. Ainda não relataremos seus resultados parciais neste trabalho. Sobre o tema orientamos, em 2006-2007, a pesquisa que resultou na dissertação de mestrado de Laurício Alves Carvalho Pedrosa, intitulada *A responsabilidade civil por risco de dano ao meio ambiente*, no Programa de Pós-Graduação em Direito da Universidade Federal da Bahia.

ambiental. Além disso, o próprio conceito de dano, no Direito Ambiental, dissocia-se do que é dano no Direito Civil, tendo em vista sua transindividualidade, sua extrapatrimonialidade e, por vezes, sua futuridade e incerteza.

A propriedade, o sujeito, o contrato, os bens, a responsabilidade são categorias centrais do Direito Civil clássico, de inspiração liberal, patrimonialista e individualista, que pretendemos analisar a partir das novas demandas e novas normas de tratamento da questão ambiental. A principal hipótese é a de que o movimento ambientalista e seu reflexo jurídico causaram alterações nestas categorias centrais, que, hoje, têm novo significado, adequado ao contexto mais social, existencial e solidário que o ordenamento jurídico brasileiro normatiza.

Para isso, far-se-á estudo comparado das versões clássicas e contemporâneas dos conceitos de contrato, bens e sujeito, deixando para outro momento a revisão sobre o direito de propriedade e a análise sobre a responsabilidade civil. O tratamento ao tema terá como diretrizes o paradigma constitucional-social do atual Direito Civil e o paradigma transindividual, transgeracional e existencial do Direito Ambiental.

Tendo em vista as limitações de tamanho deste artigo, vamos apenas lançar as linhas gerais do que pensamos como reconstrução do Direito Civil a partir do Direito Ambiental e como a própria construção deste.

1 O contrato

1.1 O contrato no Direito Civil

Inicialmente, cumpre ressaltar que teoria do contrato tem passado por importantes mudanças nas últimas décadas. Vejamos como é a teoria clássica do contrato, ou seja, o modelo liberal de contrato consolidado na codificação napoleônica (1804) pós-revolução francesa, e, posteriormente, o novo modelo que vem sendo desenhado atualmente, no Direito Civil contemporâneo, para se chegar à sua feição ambiental.

O tratamento que o legislador burguês conferiu ao contrato no século XIX, que foi reproduzido no Código Civil brasileiro de 1916, era marcado por fortes traços individualistas. Ao elaborar o Código de Napoleão, o conhecido Código Civil francês, o legislador projetou, mentalmente, um destinatário ideal para aquelas normas obrigacionais: um indivíduo isolado do restante da coletividade e abstratamente considerado, sem ligação com o contexto social, formalmente igual ao outro contratante e livre para contratar e para estabelecer, com base em sua vontade, o conteúdo do contrato.

O modelo contratual liberal era um modelo que se justificava historicamente. A burguesia, que já era a elite econômica, passou, com a revolução francesa, a ser a nova elite política. Para garantir sua permanência nesta nova condição, para garantir a segurança jurídica desta nova ordem, e, ao mesmo tempo, para afastar a ordem jurídica absolutista, era necessário um Código — uma lei completa, perfeita e eterna — que consolidasse este novo quadro socioeconômico-jurídico. Este foi o Código Civil francês de 1804, o Código de Napoleão.

Esse modelo clássico de contrato tinha, em seu conceito, uma idéia de oposição entre as partes, pois o contrato era definido como acordo jurídico entre sujeitos portadores de interesses opostos, ou, na expressão voluntarista, o contrato era um acordo de vontades entre interesses opostos. As partes atuavam em antagonismo, como nas tradicionais categorias opostas: credor x devedor, sujeito ativo x sujeito passivo. As situações jurídicas eram observadas isoladamente, sem alcançar a interação entre esses interesses.

Uma decorrência, para a teoria geral dos contratos, da adoção dos pressupostos liberais — igualdade formal e liberdade de contratar — eram os princípios da intangibilidade e da obrigatoriedade do contrato. O contrato era considerado intangível porque, gerado pelo acordo de vontades entre as partes, apenas por novo acordo seu conteúdo poderia ser alterado, não cabendo alteração unilateral, ainda que por via judicial, salvo por caso fortuito ou força maior, excepcionalmente.

A intangibilidade ou inalterabilidade do contrato é uma exigência para a garantia da segurança jurídica, objetivo caríssimo à nova ordem burguesa pós-revolução. Para a nova classe política, já classe econômica estabelecida, era preciso garantir estabilidade às relações jurídicas, tendo em que visa serem os burgueses os maiores atores nas relações contratuais, detentores da riqueza e do interesse pela circulação segura de bens e serviços.

Próximo ao princípio da intangibilidade encontra-se o princípio da obrigatoriedade ou da força obrigatória dos contratos ou o conhecido *pacta sunt servanda*. Por este princípio, o acordo de vontades tinha força vinculante jurídica entre as partes e deste vínculo, em regra, só era possível liberar-se pelo pagamento ou pelo distrato. O contrato tinha que ser cumprido, como se fosse lei entre as partes e, diante de inadimplemento, o credor poderia exigir do Estado intervenção para garantir o cumprimento do que foi contratado.

Ao lado do pressuposto da igualdade formal e dos princípios da liberdade contratual e da autonomia da vontade, é importante, para este trabalho, a análise, ainda, de outro princípio central do direito obrigacional clássico: o princípio da relatividade. Segundo este princípio, o contrato produz efeitos entre as partes, sendo partes as pessoas que o formaram, que manifestaram vontade no sentido da formação do pacto. Daí a classificação dos direitos obrigacionais ou pessoais como direitos relativos: são direitos oponíveis exclusivamente entre credor e devedor, dentro da relação obrigacional. Assim, os efeitos do contrato, juridicamente, ficavam adstritos à fechada relação contratual (com a ressalva, claro, das transmissões *inter vivos* e *mortis causa* das obrigações).

O contrato era visto abstratamente como relação de conteúdo patrimonial entre dois indivíduos formalmente considerados, sem ligação com o contexto social de base, motivo pelo qual não se podia fazer nenhuma vinculação entre os contratantes e o restante da coletividade. Esta, na verdade, tinha aquele dever geral de abstenção, ou seja, tudo o que podia e devia fazer em relação ao contrato era abster-se de fazer qualquer coisa. Similar era o papel reservado ao Estado, em matéria de contratos: devia assegurar seu cumprimento. Ora, se o contrato era necessariamente justo, pois decorrente de um acordo de vontades entre duas partes iguais e livres, não havia motivo para se defender uma atuação estatal sobre esses vínculos que não fosse para garantir que o contratado seria cumprido. Impensável seria uma intervenção para correção de algum desvio, pois este era praticamente impossível e teoricamente desnecessário dentro do quadro de pressupostos construído pelo legislador civil. Tal entendimento era compatível com o fortalecimento dos direitos civis e das liberdades públicas do Estado Liberal, que, em parte, justificava-se na memória do Estado Absolutista, invasivo e ofensor dos direitos individuais. O liberalismo econômico tinha sua vertente jurídica: *laissez faire, laissez paisser*, esta era a melhor forma de atuação estatal no discurso oitocentista.

Ao lado de tudo isso, até aproximadamente a metade do século XX, o estudo do contrato e dos negócios jurídicos em geral se deu apenas do ponto de vista estrutural, deixando-se de lado uma pesquisa funcional sobre o contrato. Foi um estudo estático de seus elementos estruturais, tendo sido esquecido, por muitos anos, no Direito Civil, o estudo da função do contrato. Como a função era individualista, voltada para a realização dos interesses das partes, sem a percepção de outros sujeitos afetados por aquela relação, o próprio conceito clássico, liberal de contrato, impedia sua crítica.

Percebe-se, contudo, a construção de um novo modelo de contrato, que chamamos de conceito contemporâneo de contrato, situado em dois âmbitos: a) na esfera geral, é aquele surgido com o Estado do Bem-Estar Social, o *Welfare State*, consolidado em alguns países europeus e ensaiado no Brasil; b) no âmbito nacional, é o contrato presente na ordem civil após a publicação da Constituição Federal de 1988, numa ordem jurídico-social-econômica voltada pelos objetivos fundamentais expressos no art. 3º desta (construir uma sociedade livre, justa e solidária; garantir o desenvolvimento nacional; erradicar a pobreza e a marginalização e reduzir as desigualdades sociais; promover o bem de todos...), além de outros condicionantes encontrados ao longo do seu texto.

A ordem civil constitucional brasileira contemporânea não é conservadora, mas dirigente, propositiva, progressiva, promocional e solidária. Portanto, no que se refere à teoria contratual, não é mais o valor da segurança jurídica que ocupa o lugar privilegiado, mas o valor da eqüidade, do equilíbrio, da justiça nas relações negociais.[3] Para atingir os objetivos fundamentais assumidos pelo constituinte de 1988 no art. 3º, não serve um ordenamento conservador, é necessário um conjunto de normas com mandamento de mudança, de transformação, de evolução, de progresso[4] em vários âmbitos: progresso social, progresso econômico, progresso cultural, progresso ambiental, progresso jurídico.

A definição inicial de contrato passa, naturalmente, por uma revisão, tendo em vista as alterações percebidas no contexto histórico. Da explicação de contrato como acordo de vontades representantes de interesses opostos, passa-se à noção de contrato como vínculo de cooperação.

---

[3] NALIN. *Do contrato*: conceito pós-moderno (em busca de sua formulação na perspectiva civil-constitucional), p. 213.

[4] Ainda que a pós-modernidade questione os dois últimos conceitos, vamos mantê-los, por ora.

Deixando no passado a idéia de oposição, antagonismo e contrariedade entre as partes, chega-se à percepção da necessidade de atuação cooperativa entre os pólos da relação contratual, pois ambas têm interesses em jogos dependentes da atuação recíproca.[5] A satisfação dos interesses de uma das partes depende de atuação da outra, como antes. Mas se alguém se propõe a, em contrapartida ao atendimento de seus interesses, praticar ação direcionada à satisfação dos interesses de outrem, aquele alguém deve atuar colaborando, cooperando para que o contrato atinja seus fins, que são de interesses de ambos.

Não é possível, na ordem jurídica atual, admitir-se que alguém se proponha a compor uma relação contratual e atue contrariamente à consecução dos fins daquele vínculo, assim como não se admite que um contrato bilateral e oneroso produza vantagens para apenas uma das partes, deixando a outra em situação de frustração e prejuízo.

Apesar de o Código Civil brasileiro de 1916 não ter previsto a revisão contratual, os tribunais cuidaram de construí-la e aplicá-la em inúmeros casos de necessidade de correção do contrato.

A revisão judicial do contrato não tem o objetivo de ultrapassar as vontades das partes e gerar insegurança ao vínculo contratual, mas reequilibrar o contrato com a finalidade de preservá-lo, com a possibilidade de satisfação dos interesses legítimos em jogo. Os contratos devem ser cumpridos, esta é a regra geral, e a revisão judicial deve buscar a possibilidade do seu cumprimento equilibrado. Duas principais teorias fundamentam a revisão judicial dos contratos: a teoria da imprevisão e a teoria da onerosidade excessiva.

O princípio da boa-fé objetiva ou princípio da probidade ou eticidade, expresso nos arts. 422, 113 e 187 do Código Civil,

---

[5] Pressupondo-se um contrato bilateral e oneroso.

atua sobre os contratos com várias funções:⁶ é fonte de direitos laterais, é limite à liberdade contratual e à liberdade de contratar, é cânone de integração e interpretação dos contratos.

Com este princípio, explicita-se a opção pela presença da ética nas relações negociais, devendo-se considerar, na análise do contrato, os padrões de conduta corretos, vigentes no meio, para pautar o comportamento dos contratantes. O comportamento das partes deve estar de acordo com o padrão razoável de conduta cultivado no meio social em que o contrato se insere. Trata-se de uma exigência de respeito à confiança⁷ da outra parte e aos seus legítimos interesses por aquele contrato, decorrente, também, da noção de contrato como vínculo de colaboração.

Dentre as críticas feitas à teoria do negócio jurídico e à teoria geral do contrato, está o fato de este ser tido como instrumento de realização da liberdade pessoal, o que, diante das desigualdades entre as partes, soa falso, além do fato de seu estudo, tradicionalmente, resumir-se a seus elementos estruturais.

Com o questionamento do discurso individualista, deixou-se de falar do negócio jurídico apenas como meio de afirmação da liberdade para falar de um "instrumento de realização de interesses privados", no sentido de que, segundo Ana Prata, "a sua característica diferenciadora deixa de ser a liberdade do sujeito, passa a ser a função que desempenha, a sua aptidão a produzir dados efeitos".⁸ Houve, assim, uma alteração no sentido de uma "funcionalização do negócio",⁹ uma socialização do contrato, como reação ao voluntarismo estruturalista oitocentista.

---

⁶ MARTINS-COSTA. sistema e tópica no processo obrigacional. NEGREIROS. *Fundamentos para uma interpretação constitucional do princípio da boa-fé*.
⁷ SILVA. *A boa-fé e a violação positiva do contrato*.
⁸ PRATA. *A tutela constitucional da autonomia privada*, p. 23.
⁹ Ibidem, loc. cit.

Como observou Miguel Reale,[10] o princípio da função social do contrato, revelado pelo art. 421 do Código Civil de 2002, decorre do preceito constitucional da função social da propriedade, presente, dentre outros, no art. 5º, XXII e XXIII, pois, muitas vezes, o contrato serve à propriedade e vice-versa.

Ele é um dos novos princípios da contemporânea teoria geral dos contratos e pode trazer grande contribuição à proteção ao equilíbrio contratual.

O contrato é relação jurídica entre duas partes que decidiram (embora nem sempre esta decisão seja plenamente voluntária na sociedade de massas) vincular-se juridicamente para atendimento de seus interesses. Assim, ambos os pólos da relação obrigacional têm interesses em jogo.

Se o contrato é bom ou funciona apenas para uma das partes (tratando-se de contratos bilaterais, onerosos), expressa abusividade e não atendimento de sua função interna. Se aquele vínculo serve apenas a uma das partes quando, de início, deveria servir às duas, não há justificativa jurídica nem social para sua manutenção. Se o contrato não serve a ambas as partes, mas apenas a uma delas, não cumpre sua função interna e precisa ser corrigido. Exemplificando: se um consumidor contrata uma compra e venda de um liquidificador, pagando o preço em doze vezes e com juros de cem por cento ao ano, este contrato não está funcionando como compra e venda, mas como mútuo explicitamente abusivo, não servindo à circulação de mercadoria, mas à prática de agiotagem. Assim, não cumpre com sua função interna típica de contrato de compra e venda, violando o princípio do art. 421 do Código Civil, além de outros.

Perguntemos: para que serve o contrato? Para satisfação dos interesses das partes que, isoladamente, não poderiam obter certos bens ou serviços, precisando, para isso, da colaboração da

---

[10] REALE. *Função social do contrato*. Disponível em: <http://www.miguelreale.com.br/artigos/funsoccont.htm>. Acesso em: 20 mar. 2007.

outra parte. Assim, a função socioeconômica do contrato reside na sua utilidade em relação à obtenção desta satisfação. Quando o contrato não permite esta satisfação, servindo para outro fim, como o alcance dos interesses de apenas uma das partes, prejudicando a outra, o pacto não cumpre sua função social considerada justificativa jurídica para sua tutela pelo ordenamento.

Assim, o contrato que não cumpre sua função social, no aspecto interno, tem sua finalidade esvaziada ou desviada, carecendo de justa causa para sua tutela. Se dado pacto não se reveste desta utilidade, há problema quanto a sua validade e eficácia.

Analisando o aspecto externo da função social do contrato, o foco vai para além das partes, para o restante da coletividade, numa passagem do individual para o transindividual, trazendo, para dentro do contrato, pessoas que não o assinaram e que, por isso, o Direito Civil tradicional não as considera como partes neste vínculo, não as põe nos pólos da relação jurídica obrigacional. Na análise do aspecto externo da função social do contrato encontramos quem não assinou o contrato, mas é por ele socialmente interessado, o que o leva, no caso, a ser juridicamente interessado por aquela relação obrigacional da qual, tradicionalmente, não era parte.

Ao tangenciar o contrato, as pessoas tradicionalmente chamadas de terceiros aparecem no cenário jurídico para, principalmente, protegerem-se de contratos que possam violar direitos seus. Veda-se, com o princípio da função social do contrato, que um ajuste, ainda que surgido do mais puro e perfeito acordo de vontades entre as partes, venha a causar danos a pessoas que, embora atingidas pelo contrato, não têm o *status* de parte naquela relação jurídica. "O que se exige é apenas que o acordo de vontades não se verifique em detrimento da coletividade, mas represente um dos seus meios primordiais de afirmação e desenvolvimento", como esclareceu Miguel Reale.[11]

---

[11] Op. cit.

A socialização do contrato consiste nesta importância que o legislador e o constituinte conferiram aos reflexos sociais do vínculo obrigacional. Não se trata de socialismo se sobrepondo ao capitalismo, mas à condição de que os contratos possam cumprir sua função individual ou interpartes desde que isso não ocorra em detrimento dos direitos de terceiros, representados pela coletividade. O princípio da função social do contrato inclui os que sempre estiveram à margem das contratações, triangulando a relação jurídica contratual.

Por isso justifica-se a redação do art. 421 do Código Civil: "a liberdade de contratar será exercida em razão e nos limites da função social do contrato". Se as partes (tradicionalmente consideradas) ultrapassarem os limites da função social do contrato, significa que as pessoas por ele afetadas poderão atuar nesta relação jurídica para pôr o acordo dentro das fronteiras desenhadas pelo ordenamento jurídico em que pode haver o exercício da liberdade contratual. Se o ordenamento jurídico brasileiro protege a liberdade contratual, é porque a considera socialmente útil. Assim, apenas quando o exercício desta liberdade for feito de forma socialmente útil — ou, no mínimo, quando não contrarie o interesse da sociedade — esta terá a proteção do ordenamento. Ultrapassando a fronteira da função social, aquele pacto não merecerá tutela jurídica e sua validade e eficácia podem ser revistas judicialmente, inclusive através de iniciativa daqueles terceiros que costumavam ser mantidos de fora do contrato.

Deve-se perguntar: para que serve o contrato? O contrato tem a finalidade socioeconômica de satisfazer os interesses das partes, principalmente com base num mecanismo de troca. Sua finalidade não é prejudicar terceiros. Se o mecanismo de satisfação de interesses das partes prejudica terceiros, violando seus direitos, há ilicitude, desvirtuando-se o pacto de sua função socioeconômica normal, devendo ser corrigido.

A ultrapassagem dos limites da função social do contrato caracteriza abuso do direito de contratar, conforme a combinação entre os artigos 421 e 187 do Código Civil, equiparando-se a atuação das partes (tradicionais) a ato ilícito, que pode gerar dano a pessoas que não participaram da formação do vínculo contratual. O dano gerado a terceiros por um vínculo contratual implica, então, responsabilidade para as partes (tradicionais) que pactuaram algo lesivo aos direitos de outrem, passando a ser obrigados a reparar o dano.

É neste sentido que deve ser entendido o valor da livre iniciativa (art. 1º, IV da Constituição Federal) e sua conseqüente liberdade contratual: respeitando-se a função social da propriedade (arts. 5º, XXIII e 170, III) e evitando-se o abuso do poder econômico (art. 173, 4º, também da CF), para ficar nos termos constitucionais, além do princípio da solidariedade (art. 3º, I da CF).

Diante da transformação relatada acima de um paradigma liberal para um paradigma social, a doutrina e a jurisprudência, assim como o legislador, vêm reiterando, continuamente, a necessidade de substituir a noção de igualdade formal pela igualdade substancial. A proteção da parte mais fraca na relação contratual é nítida nas recentes discussões sobre contratos, nas decisões judiciais, no Código de Defesa do Consumidor. A intervenção do Estado, mediante a lei, nas relações contratuais econômicas é um fato. Todos alertam para as diferenças entre os contratos por adesão e os contratos paritários. Os juízes já não se apóiam exclusivamente no *pacta sunt servanda*, mas na busca pelo equilíbrio contratual.

Neste contexto, o Estado, na expressão legal ou judicial, que se apresenta não é mais aquele modelo liberal pós-revolucionário, mas um Estado que tem funções promocionais, fruto dos movimentos sociais e da alteração que o Estado do Bem-Estar Social imprimiu ao capitalismo, devendo atuar de forma positiva nos mais diversos setores da sociedade, inclusive no setor econômico e nas relações negociais. Este papel é inegável diante das diretrizes assumidas pelo constituinte brasileiro de 1988. Não convence o discurso *démodé* de que a intervenção legal ou judicial nos contratos é fator de insegurança jurídica e de um suposto "custo Brasil", como alardeiam os porta-vozes do empresariado nacional e estrangeiro. Tal discurso está deslocado, fora de época, fora de contexto, pois ultrapassado no século passado por um compromisso público com outro valor, que prevalece, no direito obrigacional, como objetivo principal, sobre a segurança jurídica, que é a justiça contratual ou eqüidade contratual ou, simplesmente, equilíbrio contratual. Ao inserirmos a questão ambiental, outro fator prevalece sobre a intangibilidade do contrato: a preservação do meio ambiente ecologicamente equilibrado.

1.2 O contrato no Direito Ambiental: revisão para uma concepção civil-ambiental[12]

Ainda não estamos propondo um conceito ambiental para o contrato que supere o conceito contemporâneo, mas é necessário destacar o fator ambiental presente nos contratos e a imprescindibilidade de adequação dos pactos à manutenção do equilíbrio ecológico, a partir das justificativas históricas e teóricas que acabamos de expor.

A necessidade de proteção do meio ambiente é diretamente ligada a um dos princípios fundamentais do direito brasileiro: a solidariedade. Todos têm direito ao meio ambiente ecologicamente equilibrado, inclusive as futuras gerações, que têm na eqüidade intergeracional a busca pela garantia de um meio ambiente propício ao seu desenvolvimento.

---

[12] Os resultados de nossa pesquisa sobre o tema podem ser encontrados em BORGES. Função ambiental do contrato: proposta de operacionalização do princípio civil para a proteção do meio ambiente, v. 1, p. 673-690.

A proteção ambiental é um direito-dever de todos, o que requer solidariedade jurídica e solidariedade ética, inclusive intergeracional, pois os sujeitos encontram-se, simultaneamente, em ambos os pólos da relação jurídica, ou seja, ao mesmo tempo em que são sujeitos ativos, são também sujeitos passivos do mesmo direito-dever: têm direito e dever sobre o mesmo bem.

Um fator imprescindível para a superação da crise ecológica é a superação da ética individualista e a incorporação de um pensamento que permita responsabilizar as pessoas por acontecimentos globais, como o efeito estufa, a chuva ácida, a perda da biodiversidade, a erosão, a morte dos rios, a poluição atmosférica, a poluição sonora.

A resposta à crise ecológica exige responsabilidade coletiva, centrada em valores que perpassam a esfera individualista própria da sociedade moderna. A sociedade que gerou a crise ecológica não teve alteridade nem solidariedade como valores fundamentais. Tal responsabilidade coletiva é pleiteada num nível ético, que deve decorrer da junção entre as éticas da solidariedade e da alteridade — sem as quais não é possível considerar a natureza e mesmo os próprios seres humanos como outros sujeitos, mas apenas como objetos — para que seja possível compreender e buscar uma saída da crise ecológica.

No contexto do contrato e de seu ambiente, é necessário perceber que as partes contratantes têm deveres além daqueles assumidos interpartes, pois seu acordo não pode causar dano à sociedade, devendo respeitar o direito ao meio ambiente ecologicamente equilibrado dos que não formaram o contrato, mas que sofrem seu impacto.

O advento da crise ecológica vem provocando alterações nas funções do Estado, que tende, neste momento, a repartir, com a sociedade, as responsabilidades pela proteção do meio ambiente. Assim, a função ambiental (ou, em termos gerais, o dever de cuidar do meio ambiente) deixa de pertencer ao âmbito essencialmente público, passando a se constituir dever também dos indivíduos. Os deveres correspondentes à função ambiental não são exclusivamente do Poder Público, são solidarizados com a sociedade.

Diante disso, começa a ser teorizado o surgimento de um Estado Ambiental. A teoria jurídica e a teoria do Estado não podem ser estudadas separadamente, uma vez que é inegável sua evolução conjunta, pois prevalece a concepção estadista de direito. Neste âmbito, verifica-se a tentativa do Estado social — mesmo que sua realização tenha apenas se iniciado em alguns países, como no Brasil — de promover a viabilização da proteção do meio ambiente inclusive através do direito.

Isso importa uma nova alocação dos princípios no ordenamento jurídico. Com a passagem de um direito de cunho predominantemente liberal para um direito mais voltado ao social e que, neste momento, deve caminhar para um direito que tem a responsabilidade de apresentar respostas ou caminhos para sair da crise ecológica, a principiologia jurídica necessariamente passa por uma revisão.

Vicente Capella, um dos teóricos deste novo Estado — o Estado Ambiental — distingue as características principais do Estado Ambiental em relação ao Estado liberal e social. Para ele, no Estado Ambiental a instituição principal é a natureza, enquanto nos outros dois são o mercado e o Estado, respectivamente. O sujeito de direito, no Estado Ambiental, é todo ser humano, enquanto nos outros tipos de Estado citados os sujeitos de direito são o burguês, ou o proprietário, e o trabalhador. A finalidade do Estado ambiental é a solidariedade, mais ampla que a liberdade e a igualdade das duas feições de Estados anteriores. E, finalmente, os direitos humanos do Estado ambiental são de terceira geração, enquanto que os direitos típicos do Estado liberal são de primeira e os do Estado social são de segunda geração.

No que se refere ao Estado ambiental, este teria como função principal a de promover a proteção do meio ambiente. Esta tarefa do Estado se realiza principalmente através de medidas que visam provocar o exercício das condutas desejadas para o fim ambiental do Estado. A função repressiva do Estado liberal cede cada vez mais para a função promovedora característica do Estado Social, que deve continuar prevalecendo no desenvolvimento do Direito Ambiental.

Segundo Paulo de Castro Rangel, o que se exige do Estado contemporâneo é a compatibilização do desenvolvimento econômico com a qualidade de vida, não o mero prosseguimento de uma política de pleno emprego e bem-estar.[13]

Perante esses fatores, o Direito Ambiental surge como um elemento integrador dos direitos liberais e sociais, pois a realização dos direitos de terceira geração, como o direito do meio ambiente, implica a realização daquelas duas categorias de direitos e da ampliação do conteúdo e do rol dos direitos fundamentais pré-existentes a essa terceira categoria.

Por causa da exigência de um Estado desta forma atuante, Rangel realça a necessidade de se afastarem posturas neoliberais, pois, de acordo com ele, o Direito Ambiental é, e assim tem que ser, um direito intervencionista, o que não significa, nem deve significar, absolutamente, expressão do totalitarismo ecologista ou do fundamentalismo ambientalista.[14]

Assim, verifica-se que, com o agravamento da crise ecológica, a sociedade começa a passar por uma transformação que pode terminar com a caracterização de uma nova forma de cidadania, emergente e, ao lado disso, um Estado com características inéditas, e um direito que tem a função de viabilizar e garantir tal evolução social, através da busca da máxima efetividade de suas normas.

---

[13] RANGEL. *Concertação, programação e direito do ambiente*, p. 11.
[14] RANGEL. Op. cit., p. 20.

A emergência dos direitos transindividuais ocorre num momento de luta pelo reconhecimento de interesses de uma sociedade que está num estágio de desenvolvimento econômico e tecnológico diferente, muito mais avançado e ameaçador à manutenção do equilíbrio ecológico que aquele estágio em que se consagrou a consolidação do direito privado e dos direitos individuais.

O direito do meio ambiente é um direito absoluto, *erga omnes* em dois sentidos. Todos têm direito ao meio ambiente ecologicamente equilibrado, sem que para isso exija-se um *status* que atribua a titularidade deste direito. Por outro lado, as obrigações que se referem àquela expectativa são de todos, não é apenas do Estado, mas de todas as pessoas, físicas e jurídicas, públicas e privadas, que têm o dever de preservar um meio ambiente adequado para a sadia qualidade de vida das presentes e futuras gerações.

Esta transindividualidade do direito ao meio ambiente ecologicamente equilibrado chama para a relação jurídica contratual as demais pessoas que, apesar de não terem formado o contrato (no sentido clássico, não são partes), são atingidas por ele, tornando-se partes, numa concepção contemporânea de contrato como relação jurídica complexa. Sendo os demais sujeitos partes em sentido amplo, têm interesse jurídico em revisar o contrato que lhes é prejudicial, pois violador de um direito juridicamente reconhecido ao meio ambiente ecologicamente equilibrado. Estas pessoas, consideradas tradicionalmente terceiros em relação ao contrato, equiparam-se às partes e aos seus poderes no contexto contratual.

A regra, no Direito Ambiental brasileiro, sobre a responsabilidade pelo dano ambiental é a solidariedade entre os poluidores.

Transpondo o dever ético-jurídico de solidariedade e a regra obrigacional da responsabilidade solidária à realidade contratual e suas repercussões ambientais, percebe-se que o contrato não pode ser observado fora do seu contexto socioeconômico-natural. As partes não podem contratar uma atividade poluidora, obter a satisfação de seus interesses econômicos e lançar ao restante da sociedade a poluição gerada pelo contrato, externalizando o custo ambiental. Ainda que o contrato satisfaça seus interesses, as partes têm que cuidar do impacto ambiental causado pelo contrato sobre o restante da coletividade.

Não se trata apenas de responsabilizar, como tradicionalmente é feito, a parte contratada, considerada tal a parte que se obriga a realizar materialmente a atividade geradora de poluição ou dano ambiental. Além dela, a parte contratante, considerada assim aquela que almeja os benefícios da atividade poluidora exercida pela contratada, também é responsável pelo dano ambiental, por um dever de solidariedade, pois esta também deve cuidar das repercussões de um contrato de que é parte.

Desta forma, se as partes de um contrato são causadoras do dano ambiental, ainda que este decorra diretamente da conduta de apenas uma delas, todas são responsáveis por sua reparação, pois mesmo a parte que não realiza a conduta material diretamente vinculada ao dano, atua indiretamente provocando-o e esperando proveitos da atividade realizada pelo outro contratante. Se o contrato é firmado em função de uma atividade poluidora, todas as partes deste contrato respondem pelos danos ambientais causados, não apenas a parte que se obrigou a realizar materialmente a atividade poluidora que também é de interesse dos demais contratantes.

A parte contratante, embora não exerça materialmente a atividade poluidora, dá causa ao dano ambiental, encaixando-se no conceito de poluidor do art. 3º da Lei nº 6.938/81: "... entende-se por poluidor a pessoa física ou jurídica, de direito público ou privado, responsável, direta ou indiretamente, por atividade causadora de degradação ambiental".

A revisão contratual e a responsabilidade da parte (cumprimento da obrigação de fazer ou de não fazer ou condenação em dinheiro — art. 3º da Lei nº 7.347/85) contratante podem se dar através de meios já conhecidos na proteção jurídica ao meio ambiente, como a ação civil pública e o compromisso de ajustamento de conduta, os mais eficazes, além de outros, como a ação popular, o mandado de segurança, o mandado de injunção, no que couberem.

Por enquanto, entendemos que pelo menos os sujeitos normalmente legitimados (para a ação civil pública, os do art. 5º da lei citada) para a defesa judicial do equilíbrio ecológico possam promover a função ambiental do contrato, em casos de contratos causadores de dano ambiental.

Tais legitimados são considerados terceiros em relação ao contrato poluidor e, tradicionalmente, nada poderiam fazer quanto a este pacto entre os contratantes. Atualmente, sua intervenção, seja através do manejo da ação civil pública ou da representação ao Ministério Público para realização do compromisso de ajustamento de conduta ambiental, é possível, tendo em vista o princípio civil da função social do contrato e a natureza transindividual dos interesses difusos. Assim, podem os chamados terceiros ajuizar ação civil pública que questione um contrato pelo fato de esse causar dano ambiental.

O pedido pode visar à reparação do dano ambiental, assim como à sua prevenção, podendo levar à revisão do contrato e alteração do pactuado para, por exemplo, dilatar o prazo de execução da obrigação, adiar o início da atividade em questão, diminuir a quantidade a ser produzida, diminuir o volume de certo componente, alterar o horário de atividade, aumentar o valor contratado, dentre outras providências necessárias, inclusive a rescisão do contrato, em casos de prejuízo extremo ao meio ambiente.

Isso implica a extensão, à parte contratante, dos efeitos poluidores da atividade empreendida pela parte contratada, pois a contratante também é poluidora, conforme definição de poluidor constante do art. 3º da Lei nº 6.938/81.

A revisão do contrato com vistas à proteção do meio ambiente pode gerar alterações que visem, inclusive, ao restabelecimento do equilíbrio econômico do contrato, com alteração do valor das prestações, alcançando também a cláusula penal (multa contratual), pois também a parte contratante deve arcar com o ônus econômico da poluição.

2 Os bens

2.1 Os bens no Direito Civil

O Código Civil brasileiro, ao classificar os bens jurídicos,[15] no Livro II da Parte Geral, trata, no Capítulo III, dos bens conforme sua titularidade. Se o titular de um bem for um particular, o bem será particular; se o titular do bem for uma pessoa jurídica de direito público interno, o bem será público, de acordo com o art. 98.

Apesar de críticas, o legislador manteve no Código Civil de 2002 a classificação de bens públicos feita pelo Código Civil de 1916, dividindo-os em três espécies: bens públicos de uso comum do povo, bens públicos de uso especial e bens dominicais.

No que interessa a este trabalho, o art. 99, I, exemplifica os bens públicos de uso comum do povo: "tais como rios, mares, estradas, ruas e praças".

O que está sendo percebido é que há bens de uso comum do povo como os mares, os rios, que já não são mais considerados bens públicos simplesmente, pois constituem elementos fundamentais ao equilíbrio ambiental, integrando um bem maior, o bem ambiental, que não é público, mas de interesse difuso.

Assim, há diferença entre o meio ambiente como bem de uso comum do povo, que é a qualidade ambiental, ou o meio ambiente, expressão do art. 225 da Constituição Federal, que interessa a todos, inclusive às futuras gerações, não passível de

---

[15] Para uma classificação dos bens jurídicos para além do patrimonialismo, ver BORGES. *Direitos de personalidade e autonomia privada*, 2007.

apropriação exclusiva, e bem público de uso comum do povo, conforme o art. 99, I, do Código Civil, que é um bem público, no sentido de ser objeto de propriedade estatal.[16]

A lacuna do Código Civil é compreendida pelo fato de que, sob o paradigma patrimonialista, os bens classificados pelo Livro II da Parte Geral são os bens que podem integrar o patrimônio de um titular, ou seja, bens que possam ser objeto de situações jurídicas patrimoniais de titularidade exclusiva, ainda que públicas. Esta concepção é visível também na própria legislação ambiental mais antiga. Na legislação ordinária consideram-se vários bens ambientais como sendo propriedade do Estado, ou propriedade pública, ou patrimônio público. Assim é que a Lei nº 5.197/67, que dispõe sobre a proteção à fauna, estabelece, em seu artigo 1º, que "os animais de qualquer espécie, em qualquer fase do seu desenvolvimento e que vivem naturalmente fora do cativeiro, constituindo a fauna silvestre, bem como seus ninhos, abrigos e criadouros naturais são propriedades do Estado, sendo proibida a sua utilização, perseguição, destruição, caça ou apanha". Da mesma forma, o Decreto nº 84.017/79, que dispõe sobre o Regulamento dos Parques Nacionais Brasileiros, no art. 1º, §2º, estabelece que os Parques Nacionais "constituem bens da União destinados ao uso comum do povo". A Lei nº 6.938/81, por sua vez, no art. 2º, I, considera "o meio ambiente como um patrimônio público a ser necessariamente assegurado e protegido, tendo em vista o uso coletivo".

---

[16] Em análise diversa, para Celso Antonio Pacheco Fiorillo e Marcelo Abelha Rodrigues (citando o Código Civil de 1916) "aquilo que está prescrito no inciso I do art. 66, é exatamente o bem previsto, v. g., nos arts. 225, 215, 216, 200, 6º, 182 da CF, entre outros dispositivos constitucionais e infraconstitucionais relativos ao meio ambiente". E continuam: "Há que se considerar, portanto, que o art. 66 do CC, não foi recepcionado em sua inteireza pela CF. Isto equivale dizer que não há mais espaço em nosso ordenamento jurídico atual, para esta modalidade de bem público. O patrimônio público compõe-se, hodiernamente, pelos bens dominicais e de uso especial". FIORILLO; RODRIGUES. *Manual de direito ambiental e legislação aplicável*, p. 97.

Meio ambiente e patrimônio público não se confundem. O meio ambiente não é propriedade estatal. Tampouco se confundem o Patrimônio Nacional, de que trata a Constituição Federal no art. 225, 4º e o patrimônio público. Patrimônio Nacional, aí, envolve espaços territoriais especialmente protegidos, incluindo a Floresta Amazônica brasileira, a Mata Atlântica, a Serra do Mar, o Pantanal Mato-Grossense e a Zona Costeira.

A própria Constituição faz referência a patrimônio público e a meio ambiente como objetos distintos. É o que ocorre quando trata da ação popular, no art. 5º, LXXIII: "qualquer cidadão é parte legítima para propor ação popular que vise a anular ato lesivo ao *patrimônio público* ou de entidade de que o Estado participe, à moralidade administrativa, ao *meio ambiente* e ao patrimônio histórico e cultural, ficando o autor, salvo comprovada má-fé, isento de custas judiciais e do ônus da sucumbência" (grifou-se). Outro momento em que esta distinção constitucional é clara ocorre no art. 129: "São funções institucionais do Ministério Público: [...] III – promover o inquérito civil e a ação civil pública, para a proteção do *patrimônio público* e social, do *meio ambiente* e de outros interesses difusos e coletivos" (grifou-se).

Quando o texto constitucional aí se refere a patrimônio público, significa o conjunto de bens de propriedade estatal, os bens públicos, nos quais não está inserido o meio ambiente. Este tem titularidade difusa, não estatal.

Diante disso, a bipolaridade rígida entre bens públicos e particulares vem sendo questionada, face ao surgimento de bens que não se submetem com exclusividade nem ao regime de uns nem ao de outros, como o bem cultural, o bem turístico, face à consideração do meio ambiente como um bem que não é nem público nem particular, mas difuso, objetiva e subjetivamente. No entender de Mauro Cappelletti, "a *summa divisio* aparece irreparavelmente superada diante da realidade social de nossa época, que é infinitamente mais complexa, mais articulada, mais 'sofisticada' do que aquela simplista dicotomia tradicional" (grifos no original).[17]

Ao lado disso, há a necessidade de revisar a teoria civil no que tange ao que se consideram coisas fora do comércio. Tradicionalmente considerado *res nullius*, ou coisa de ninguém, coisa sem titular, o meio ambiente deve ser visto como *res communis omnium*, ou seja, coisa comum a todos, realidade de titularidade difusa, que interessa a todas as pessoas existentes atualmente, assim como às futuras gerações.

2.2 Os bens no Direito Ambiental: revisão para uma concepção civil-ambiental[18]

A proteção do meio ambiente traz a necessidade de revisar e reformular parte da construção jurídica existente acerca do regime dos bens juridicamente protegidos pela legislação ambiental.

Quando o ordenamento jurídico ainda não protegia o meio ambiente em larga escala, como faz atualmente, o direito tutelava apenas bens suscetíveis de apropriação individual, coletiva ou estatal. A partir da consideração do meio ambiente como uma macrorrealidade, o direito assume a tarefa de proteger bens que interessam a todas as pessoas e que não são passíveis de apropriação exclusiva, sobre os quais passa a incidir uma titularidade difusa, um interesse de todos.[19]

---

[17] CAPPELLETTI. Formações sociais e interesses coletivos diante da justiça civil. *Revista de processo*, n. 5, p. 135.
[18] Para uma leitura mais aprofundada da classificação de bens ambientais proposta, veja BORGES. *Função ambiental da propriedade rural*.
[19] O Código de Defesa do Consumidor, no art. 81, I, conceitua interesses ou direitos difusos como sendo "os transindividuais, de natureza indivisível, de que sejam titulares pessoas indeterminadas e ligadas por circunstâncias de fato". Segundo o conceito de Péricles Prade, interesses difusos são "os titularizados por uma cadeia abstrata de pessoas, ligadas por vínculos fáticos exsurgidos de alguma circunstancial identidade de situação, passíveis de lesões disseminadas entre todos os titulares, de forma pouco

A Constituição Federal, no *caput* do art. 225, caracteriza o meio ambiente ecologicamente equilibrado como um bem de uso comum do povo. Ocorre que, na teoria tradicional e segundo o Código Civil, bem de uso comum do povo é um tipo de bem público (art. 99, I).

Entretanto, é preciso diferenciar o bem de uso comum do povo constante daquele artigo constitucional, que não é passível de apropriação exclusiva, nem por particulares nem pelo Estado, e que se submete a uma titularidade difusa, do bem público de uso comum do povo, contido no art. 99, I, do Código Civil, de titularidade estatal. O meio ambiente, enquanto bem de uso comum do povo, segundo o art. 225 da Constituição, é bem difuso, enquanto os bens de uso comum do povo do art. 99, I, do Código Civil, são bens públicos.

A natureza jurídica do meio ambiente vem sendo questionada. Os bens ambientais são considerados como bem difuso por Celso Antônio Pacheco Fiorillo e Marcelo Abelha Rodrigues. Eles identificam três categorias de bens no ordenamento jurídico brasileiro: bens públicos, bens privados e bens difusos. Para eles, "efetivamente, existe em nosso ordenamento jurídico positivado, uma terceira categoria de bem, que é o difuso, cuja titularidade difere daquela própria do bem público".[20]

Neste trabalho, no entanto, utiliza-se uma classificação de bens diferenciada, pois é preciso que se tenha claro quais bens são públicos, quais são privados e, dentre estes, quais, mantendo tais qualificações, submetem-se a um regime jurídico

---

circunscrita e num quadro de abrangente conflituosidade". Op. cit., p. 61. Conforme Hugo Nigro Mazzilli "há interesses difusos: a) tão abrangentes que coincidem com o interesse público (como o meio ambiente); b) menos abrangentes que o interesse público; c) em conflito com o interesse da coletividade como um todo; c) em conflito com o interesse do Estado, enquanto pessoa jurídica; d) atinentes a grupos que mantêm conflitos entre si". MAZZILLI. *A defesa dos interesses difusos em juízo*: meio ambiente, consumidor e outros interesses difusos e coletivos, p. 5.

[20] FIORILLO; RODRIGUES. Op. cit., p. 94.

que não é exclusivamente nem público nem privado, mas, sim, de interesse difuso.

Assim, sobre os bens em geral pode incidir um interesse de natureza difusa, preservando a titularidade do bem enquanto pública ou privada, com a única exceção do bem meio ambiente, ou qualidade ambiental, que, conforme será demonstrado, é o único bem em si difuso admitido. Sobre os bens públicos e os bens privados pode incidir um interesse difuso, mas bem difuso propriamente dito é o meio ambiente, amplamente considerado, como macrorrealidade.

Converge neste sentido o entendimento de Paulo de Bessa Antunes. Para ele, "o ambientalismo [...] reconhece a existência do público e do privado mas visa integrá-los harmonicamente". Assim, de acordo com este autor, "os bens ambientalmente relevantes podem, perfeitamente, pertencer ao patrimônio de um indivíduo que, ao mesmo tempo, não pode utilizá-lo de maneira ecologicamente irresponsável". O autor realça que o mesmo vale para os bens públicos. Conforme seu entendimento, "não se trata de uma prevalência do público sobre o privado, ou do privado sobre o público. O que existe é uma síntese dos dois esquemas tradicionais do conceito de *interesse comum*, vigente em nosso direito positivo, desde o advento do Código Florestal" [21] (grifos no original).

Uma outra parte da doutrina — representada pela posição de José Afonso da Silva e Paulo Affonso Leme Machado — entende ser o patrimônio ambiental um bem de interesse público.

Neste trabalho, concebe-se o bem ambiental como sendo um bem de interesse difuso, categoria que, mantendo a distinção entre bem público e bem particular,[22] faz incidir sobre estes bens

---

[21] ANTUNES. *Direito ambiental*, p. 86.
[22] Sobre a superação da dicotomia entre público e particular, veja-se CAPPELLETTI. Formações sociais e interesses coletivos diante da justiça civil. *Revista de processo*, n. 5.

um regime jurídico de interesse difuso que, quando indispensável para a manutenção da qualidade ambiental, sobrepõe-se à natureza jurídica pública ou privada que um bem possa ter. Esta teorização permite uma maior proteção ao bem ambiental, pois a manutenção de sua qualidade interessa a toda a sociedade.

Uma vez que se admite que continuam a existir os bens públicos e os bens particulares em matéria de Direito Ambiental, e que incide sobre tais bens um regime jurídico de interesse difuso que os unifica como bens de interesse difuso, é necessário notar, contudo, o surgimento de uma terceira espécie de bem que, não sendo público nem privado, consubstancia-se como uma macrorrealidade unitária, indisponível, inapropriável (com exclusividade) que também é um bem de interesse difuso, mas num grau de generalização que se sobrepõe aos bens públicos ou particulares de interesse difuso: a qualidade do meio ambiente. O meio ambiente assim considerado, como uma macrorrealidade, é um bem difuso, por um critério objetivo, e um bem de interesse difuso, pelo critério subjetivo, ou pela titularidade difusa que sobre ele incide.

Os bens ambientais podem ser considerados como macrobem e como microbem. O meio ambiente enquanto macrobem é diferente dos elementos que o compõem (microbens). Enquanto macrobem, o meio ambiente é juridicamente reconhecido como realidade unitária, imaterial, indisponível e inapropriável.[23]

A qualidade do meio ambiente (o macrobem) é objeto de interesse difuso e não pode ser disponibilizada por nenhum sujeito, nem pelos proprietários dos microbens que a sustentam nem pelo Estado. Sua titularidade é difusa.

Em análise diferenciada, mas também sobre a "insuficiência das idéias tradicionais de público e particular", veja-se ANTUNES. *Direito ambiental*, p. 84.

[23] MORATO LEITE. Introdução ao conceito jurídico de meio ambiente. In: BORGES; VARELLA (Org.). *O novo em direito ambiental*.

Em se tratando de microbens, o que se consideram são os elementos que compõem o meio ambiente (macrobem), como os indivíduos (animais, vegetação) e partes do relevo (parte do solo). Os elementos que formam a flora, a fauna, as paisagens, isoladamente considerados, podem ser apropriáveis, consubstanciando-se propriedade pública ou privada. Estes bens podem se submeter à titularidade do Estado ou de particulares.

Estes elementos, podendo ser públicos ou privados, sujeitam-se à disponibilidade do titular, desde que, desta forma, não seja afetada a qualidade do meio ambiente. Assim, sua disponibilidade é limitada pela manutenção da qualidade ambiental. Por isso, tais microbens também se submetem a regime de interesse difuso, sejam particulares ou públicos, porque têm relação direta com a qualidade ambiental, que é macrobem indisponível. O interesse difuso que incide sobre o macrobem "contamina"[24] os microbens, pois estes elementos se vinculam diretamente à qualidade ambiental (macrobem), protegida juridicamente de modo autônomo.

Neste sentido, segundo reconhecimento de José Afonso da Silva, "a doutrina vem procurando configurar outra categoria de bens: os *bens de interesse público*, na qual se inserem tanto bens pertencentes a entidades públicas como bens dos sujeitos privados subordinados a uma particular disciplina para a consecução de um fim público"[25] (grifos no original). Este entendimento vem corroborar a utilização da categoria bem de interesse difuso como a que melhor se adapta à qualidade dos bens ambientais, devendo substituir a categoria bem de interesse público.

---

[24] Esta expressão é apropriada de Antonio Herman V. Benjamim, que desenvolve um raciocínio em sentido semelhante, mas considerando o meio ambiente como bem público de uso comum: "*o traço público de uso comum contamina os elementos que compõem o meio-ambiente (como macrobem), contaminação esta que ocorre apenas em relação ao valor ou interface ambiental do bem*" (grifos no original). BENJAMIM. Função ambiental. In: BENJAMIM (Coord.). *Dano ambiental*: prevenção, reparação e repressão, p. 77.

[25] SILVA. *Direito ambiental constitucional*, p. 56.

De acordo com José Rubens Morato Leite, o legislador constitucional inseriu o meio ambiente como *res communes omnium*, separando-o de uma visão de bem público em sentido estrito e "elencou o bem ambiental como disciplina autônoma e a título jurídico autônomo",[26] superando a tradicional classificação dos bens ambientais como *res nullius*.

Sendo assim, tanto o meio ambiente considerado como macrorrealidade quanto seus elementos são bens de interesse difuso, em termos de titularidade, sendo que o meio ambiente, pelo critério objetivo, é, também, um bem difuso em si mesmo. Embora os elementos do meio ambiente possam ser propriedade de alguém, do Estado ou de particulares, o meio ambiente amplamente considerado não pode ser objeto de propriedade de sujeito algum, é bem de interesse difuso.

Portanto, reconhecem-se três categorias de bens ambientais: os bens ambientais privados de interesse difuso, os bens ambientais públicos de interesse difuso e o bem difuso propriamente dito (seu objeto é difuso e sua titularidade também).

Os bens ambientais privados de interesse difuso são os elementos do meio ambiente, microbens, que podem ser apropriados pelo particular, mas que, por integrarem o meio ambiente e pelo fato de a qualidade ambiental depender da qualidade de tais bens, submetem-se a um regime de interesse difuso.

Os bens ambientais públicos de interesse difuso são, da mesma forma, os elementos do meio ambiente, microbens, que são propriedade do Poder Público, mas, uma vez que compõem o meio ambiente e porque a qualidade ambiental depende da qualidade de tais bens que formam o patrimônio público, submetem-se estes bens a um regime de interesse difuso.

O bem difuso propriamente dito é um só: a qualidade ambiental, o bem-estar ambiental, ou o meio ambiente, macrobem,

---

[26] LEITE. Op. cit., p. 61.

que é inapropriável e indisponível, e que comunica o interesse difuso que sobre ele prevalece para os elementos necessários à sua existência e manutenção.

3 O sujeito

3.1 O sujeito no Direito Civil

No Direito Civil tradicional, uma das divisões fundamentais, em vigor ainda hoje, é entre sujeito e objeto. A dicotomia, decorrente do paradigma moderno, separa o ser humano das outras coisas, considerando o ser humano sujeito e, as outras coisas, objeto. Esta divisão se percebe, inclusive, topologicamente no Código Civil, que, na sua Parte Geral, separa o Livro I, reservado às pessoas (naturais e jurídicas), do Livro II, reservado aos bens jurídicos (realidades, corpóreas ou incorpóreas, que podem ser objeto de apropriação exclusiva, em geral, coisas).

Com poucas divergências, seguindo este esquema civil tradicional, as categorias de pessoa e sujeito de direito são consideradas auto-referentes: toda pessoa é sujeito e todo sujeito é pessoa. Da mesma forma ocorre com o conceito de personalidade jurídica: só é pessoa quem tem personalidade jurídica, só é sujeito quem é pessoa, só tem personalidade jurídica o ente a quem o ordenamento jurídico atribui esta qualidade.

Desta forma, dentro desses parâmetros, as pessoas, atualmente, no Direito Civil brasileiro, são os seres humanos nascidos vivos e as pessoas jurídicas, pois são estes os dotados de personalidade jurídica. Para a perplexidade de muitos, especialmente para os leigos em direito, até mesmo o nascituro, por não ser dotado de personalidade jurídica, fica fora da classe das pessoas e dos sujeitos. Se até mesmo o nascituro fica fora desse esquema, mais longe ainda estão os animais, as futuras gerações (os seres humanos sequer concebidos) e natureza.

O que precisa ser compreendido, para a superação destas limitações, é que, quando os conceitos civis de pessoa, sujeito e personalidade jurídica foram formados, em particular no contexto teórico-jurídico do século XIX, interessava ao Direito Civil o que fosse ligado ao patrimônio. Hoje repete-se à exaustão que o Direito Civil de então era patrimonialista, que suas categorias centrais eram patrimonialistas — propriedade, contratos, regime de bens no casamento etc. —, mas ainda não se retiraram resultados práticos a partir daquela constatação.

Uma das providências a serem tomadas a partir da constatação de que a maior parte das categorias jurídicas civis de hoje tem raízes patrimonialistas é, além de compreender sua historicidade, ressignificá-las e trazê-las para a luz de novos paradigmas. Um exemplo disso é a leitura que deve ser feita sobre a aparente contradição presente no art. 2º do Código Civil, segundo o qual "a personalidade civil da pessoa começa do nascimento com vida; mas a lei põe a salvo, desde a concepção, os direitos do nascituro". Sua redação é quase a mesma do art. 4º do Código Civil de 1916. A razão ali contida é que o legislador optou por não conceder ao nascituro a titularidade de direitos e/ou obrigações econômicos, ou seja, não se considera o nascituro titular de patrimônio. Como, durante a maior parte do tempo, ao Direito Civil interessavam apenas as questões patrimoniais, não podendo o nascituro ser titular de situações jurídicas patrimoniais, não poderia ele ser sujeito de direito, já que a própria categoria de sujeito tinha seu sentido vinculado às relações patrimoniais.

Ora, como os animais, as futuras gerações (os seres humanos não concebidos) e natureza não titularizam situações jurídicas patrimoniais, não são dotados de personalidade jurídica e ficam fora da categoria de sujeito.

Atualmente, como se percebe uma valorização, no Direito Civil, da proteção das situações jurídicas existenciais, de cunho não econômico, especialmente com o fortalecimento da teoria dos direitos de personalidade, torna-se claro que o nascituro é titular de direitos, é sujeito de direitos, é pessoa, mas o marco para a aquisição de direitos patrimoniais é seu nascimento com vida. Antes disso, ele não adquire patrimônio — ou adquire condicionalmente —, mas adquire outros direitos próprios de sua condição de nascituro, como vida, saúde, integridade física, integridade moral etc.

Esta compreensão e transformação já poderiam ter acontecido antes, mas, apesar de estarmos negando os antigos pressupostos, continuamos utilizando a mesma linguagem, tratando dos problemas com os mesmos conceitos que consideramos ultrapassados. O mesmo ocorre com a exclusão dos animais, das futuras gerações (humanas) e da natureza da categoria de sujeito. Vejamos.

3.2 O sujeito no Direito Ambiental: revisão para uma concepção civil-ambiental[27]

Enquanto o Direito Ambiental se desenvolve, pergunta-se se a teoria jurídica civil que o acompanha se pauta por um novo paradigma. A mudança que a ecologia vem forçando acontecer nas outras ciências tem acontecido também no direito e a teoria jurídica civil precisa estar sensível a este paradigma, pois que fundamental para a evolução do sistema jurídico e sua adequação à realidade do século XXI, que requer enfrentamentos complexos. Frente a isso, este é um momento em que a teoria jurídica passa por uma reflexão crítica profunda sobre a predominante razão instrumental do positivismo jurídico. O direito ao meio ambiente

---

[27] Iniciamos a reflexão sobre o sujeito de direito na problemática ecológica com o artigo: BORGES. Direito ambiental e teoria jurídica no final do século XX. In: BORGES; VARELLA (Org.). *O novo em direito ambiental*. Extraímos deste artigo parte das reflexões aqui apresentadas.

só pode ser satisfatoriamente definido se pensado de acordo com um novo paradigma que supere a perspectiva segundo a qual surgiram os direitos individuais e sociais.

Para Serrano, "la relación entre Ecología y Derecho es bicondicional. De la misma forma que el Derecho ambiental es un importante instrumento de intervención en las relaciones entre el sistema social y el entorno natural, así también la Ecología, en cuanto paradigma, aporta a la ciencia jurídica los instrumentos metodológicos por los que deberá pasar su refundación contemporánea".[28] Ele explica que "lo que ocurre es que ésta última no es sólo el método del Derecho Ambiental, sino una metodología compleja utilizable por cualquier rama del ordenamiento jurídico".[29] Assim, existe um Direito Ambiental e existe também uma ecologia jurídica. A diferença é que a posição do Direito Ambiental em relação ao sistema jurídico como um todo é uma situação de autonomia disciplinar, enquanto que a posição da ecologia jurídica em relação ao direito (não apenas o Direito Ambiental, mas todo o sistema jurídico) é uma situação paradigmática.

Não basta que se crie um novo ramo do direito, autônomo, com princípios e instrumentos próprios, como é o Direito Ambiental, porque a disciplina vai continuar imersa num sistema jurídico inadequado para o século XXI, pois sua estrutura e muitos de seus institutos ainda se voltam para o século XIX. As circunstâncias atuais requerem um direito muito diferente do direito da época do Código Civil de 1916 e, até mesmo, dos pressupostos históricos do Código Civil de 2002, por exemplo, principalmente no que tange à economia, ou aos interesses coletivos e difusos que preponderam sobre os interesses individuais, que foram o

---

[28] SERRANO MORENO. Concepto, formación y autonomía del derecho ambiental. In: VARELLA; BORGES (Coord.). *O novo em direito ambiental*, p. 15.
[29] SERRANO MORENO. Op. cit., p. 16.

principal objeto de proteção daquele direito do passado. Se toda essa ultrapassada estrutura jurídica não se modificar também, "se a dimensão ambiental não for suficientemente incorporada no sistema jurídico como um todo, o Direito Ambiental e as normas ambientais dificilmente serão aplicados".[30] Tem-se um direito que é ambiental e todo um sistema jurídico não-ambiental.

A recepção dessa dimensão ambiental pelo sistema jurídico como um todo pode representar o novo paradigma para a teoria jurídica da contemporaneidade. Este é um aspecto de uma mudança paradigmática maior, conseqüência da crise da epistemologia moderna, da crise da cultura ocidental. Sem dúvida, a ciência moderna, principalmente as naturais, sofre esta mudança paradigmática do pensamento positivista, cartesiano, mecanicista, para um pensamento holista (do grego *holos* = todo), orgânico. Também as ciências humanas e sociais, e aí o direito, questionam a onipresença da ética antropocêntrica, que tem o homem como centro de todas as coisas, não só para uma ética biocêntrica, em que a vida é o centro de todas as coisas, mas convergindo para uma complexidade mais ampla, fruto da colaboração de várias vertentes.

Tais mudanças não são tão simples. De acordo com Grün, a dificuldade de se pensar dentro de um paradigma que supere o modelo moderno envolve inclusive um grande problema de linguagem, pois "não temos sequer condições discursivas de apreender e interpretar as crises ambientais em sua complexidade e em sua dimensão histórica, ética e política".[31] E ele adverte que "muitas vezes quando pensamos ter abandonado o cartesianismo não estamos mais que operando em outro registro ainda mais problemático desse mesmo paradigma".[32]

---

[30] BENJAMIM. Op. cit., p. 104.
[31] GRÜN. *Ética e educação ambiental*: a conexão necessária.
[32] GRÜN. Op. cit., p. 65.

No direito ocidental moderno não há a tradição de considerar a natureza como sujeito de direito. De acordo com Capella, "precisamente porque la naturaleza no puede tener la condición de sujeto de derechos, la relación del hombre con la naturaleza tiene lugar, en buena medida, en el ámbito moral, en el que surgen deberes de éste para con ella".[33] A "evocação do antagonismo entre a sociedade e a natureza desemboca invariavelmente na condição do homem moderno".[34] Com o racionalismo de Descartes, tem-se a razão como una e o mundo, objeto da razão, infinitamente divisível. A partir disso há a distinção entre sujeito e objeto, ou o dualismo cartesiano, legitimador da metodologia das ciências naturais. Esse dualismo é presente também nas ciências humanas e sociais e no direito, pois é o paradigma da ciência moderna. No sistema jurídico, então, tal distinção é clara: a pessoa é o sujeito e os animais e as plantas — a natureza — são tidos como *res*, coisa.

Neste sentido existem estudiosos que se manifestam pela subjetivação da natureza, embora não seja esta a vertente predominante. Na opinião de Oliveira Júnior, "a titularidade de alguns direitos foi estendida dos sujeitos individuais aos grupos, como minorias étnicas, religiosas, a humanidade (no caso do meio ambiente), além de ter sido atribuída a sujeitos diferentes do homem, como os animais, a natureza etc.".[35] Até mesmo Bobbio chegou tratar os animais como sujeitos de direito e alertou para o fato de que "nos movimentos ecológicos, está emergindo quase que um direito da natureza a ser respeitada ou não explorada, onde as palavras 'respeito' e 'exploração' são exatamente as mesmas usadas tradicionalmente na definição e justificação dos direitos

---

[33] CAPELLA. *Ecología*: de las razones a los derechos, p. 309.
[34] ALPHANDÉRY; BITOUN; DUPONT. *O equívoco ecológico:* riscos políticos da inconseqüência, p. 33.
[35] OLIVEIRA JUNIOR. Cidadania e novos direitos. In: OLIVEIRA JUNIOR (Org.). *O novo em direito e política*, p. 137.

do homem".[36] Sem dúvida, é um entendimento ousado para a tradição jurídica que teve sempre o ser humano — e, algumas vezes, nem todos — como único sujeito de direito. O aumento da proteção legal do meio ambiente não necessariamente transforma a natureza em sujeito de direito, mas, pelo menos, dá-lhe posição de objeto de proteção privilegiado em tempos de crise ecológica, o que, na verdade, encaminha-se para a admissão de um terceiro gênero de ente, que se encontra o sujeito e o objeto, ou, até, admitamos, um sujeito de direito *sui generis*.

Embora pareça emergir uma ética biocêntrica que venha substituir a ética antropocêntrica — ainda não se transcendeu esta bipolaridade, que é uma bipolaridade própria da modernidade — ainda não se aceita que a proteção do meio ambiente seja feita contra a pessoa. Ao contrário, o entendimento é de que os componentes físicos do meio ambiente, como, por exemplo, espécies animais e vegetais, devem ser protegidos na medida em que sua proteção não ponha em risco a vida humana. Na medida em que a proteção à vida de componentes não humanos do meio ambiente implique riscos para a sadia qualidade de vida da pessoa humana, tais componentes do meio ambiente devem ser controlados — não se quer dizer que devam ser extintos —, mas não mantidos num *habitat* que proporcionem, por exemplo, a esses animais ou vegetais, um meio que favoreça sua proliferação ou seu desenvolvimento de tal forma que prejudique a vida humana. O que se protege é o meio ambiente, mas não contra a pessoa.

Protegem-se, por exemplo, os animais da crueldade, por se reconhecer neles um valor intrínseco, além de se proteger também a qualidade da vida humana. Usando como exemplo a farra do boi no Estado de Santa Catarina, cuja prática deve ser coibida — pois, constitucionalmente, proibida já é, em vista

---

[36] BOBBIO. *A era dos direitos*, p. 69.

do art. 225, 1º, VII "para assegurar a efetividade desse direito, incumbe ao Poder Público: [...] proteger a fauna e a flora, vedadas, na forma da lei, as práticas que coloquem em risco sua função ecológica, provoquem a extinção de espécies ou submetam os animais à crueldade" — aí a proteção do animal contra a crueldade é também uma proteção do homem contra a crueldade, é a proteção das outras pessoas, mulheres e crianças, contra a visão das cenas aterrorizantes que a farra do boi proporciona e contra a violência que tal prática alimenta e traz para a vida social.

Do lado oposto, alguns autores se posicionam pela defesa das "manifestações culturais em que animais são sacrificados", colocando o sacrifício animal como elemento da dignidade que a CF estabelece em seu art. 1º, III. Contudo, vemos que a prática de submeter animais à crueldade, com vistas ao divertimento das pessoas, é constitucionalmente proibida, e, ao contrário de integrar a dignidade humana, não se limita apenas à crueldade entre humanos e animais, mas, suspeitamos, contribui para o aumento da agressividade e crueldade entre os próprios seres humanos.[37]

Para Alphandéry, Bitoun e Dypont, a natureza é "transformada em sujeito de direito através de medidas de proteção jurídica",[38] mas a reflexão ecológica ainda "não permitiu que se firme uma nova ética da pesquisa adequada a controlar as conseqüências naturais, sociais e humanas das descobertas científicas e de suas aplicações técnicas". No entendimento deles, o mesmo ocorre no campo jurídico, onde "as regulamentações nacionais e internacionais foram incontestavelmente reforçadas,

---

[37] Sobre a violência contra animais e seu *status* jurídico, orientamos, no Programa Institucional de Bolsas de Iniciação Científica (PIBIC) da Universidade Federal da Bahia, em 2005, o trabalho de iniciação científica de Fernanda Sena Chagas de Oliveira, sob o título "Status jurídico dos animais: implicações da tutela jurídica dos animais para o Direito Ambiental e para a criminologia".

[38] ALPHANDÉRY. Op. cit., p. 37.

mas o direito ao meio ambiente, não importa quão elaborado seja ele, revela-se incapaz, no estágio atual, de tornar efetivos os objetivos ecológicos apregoados, e incapaz também de extrair um acordo sobre o estatuto jurídico da natureza".[39]

Diante disso, percebe-se que o Direito Ambiental enfrenta, então, dificuldades em dois momentos principais: a teoria jurídica tem dificuldade para pautar a própria produção teórica por uma ética adequada aos objetivos ecológicos. Emperrado desde o início, o desenvolvimento do direito ao meio ambiente encontra dificuldades também no final, no momento de sua implementação. Na opinião de Alphandéry "a ineficácia do direito do meio ambiente constitui um sintoma da dificuldade em se pensar o estatuto da natureza com vistas a sua proteção".[40]

Consideramos que parte deste impasse teórico vem da concepção civilista tradicional sobre o que considera sujeito de direito, ou seja, aquele ente apto a titularizar situações jurídicas patrimoniais. Como o Direito Civil atual ainda está encharcado do patrimonialismo oitocentista, o ente que não está apto a titularizar direitos e obrigações patrimoniais não interessa à subjetivação civil, sendo deixado a ocupar o lugar de coisa.

Esta dificuldade encontrada no Direito Civil tradicional afeta, com a mesma lógica, a problemática em torno do *status* jurídico do nascituro: como, por opção legislativa, o nascituro não titulariza situações jurídicas patrimoniais atuais, ele só adquire personalidade jurídica a partir do nascimento com vida. Como, nesta lógica, sujeito de direito é quem tem personalidade jurídica, o nascituro deixa de ser considerado sujeito de direito.

Ora, se entendermos que os conceitos civis de sujeito de direitos e de personalidade jurídica foram forjados sob um paradigma patrimonialista, em que o que importava era a titularidade

---

[39] ALPHANDÉRY. Op. cit., p. 9.
[40] ALPHANDÉRY. Op. cit., p. 28.

de patrimônio, conseguiremos superar estas limitações conceituais e ampliar as categorias de modo a abranger, além do nascituro, as gerações futuras e a natureza.

Conclusão

A comparação entre o Direito Civil e o Direito Ambiental, apenas iniciada neste artigo, oportuniza a necessária reflexão dialética entre duas lógicas aparentemente dicotômicas no sistema jurídico atual, com o aprofundamento da análise da problemática ecológica, assim como com a revisão e atualização do Direito Civil, voltando-se o raciocínio jurídico para questões menos formais e mais sociais, com os pés na contemporaneidade.

Verifica-se que muitas das categorias clássicas do Direito Civil não se ajustam às novas exigências de proteção ambiental. O presente trabalho construiu algumas feições ambientais para o contrato, os bens e o sujeito.

Quanto ao contrato, se este violar direitos de terceiros, no que se refere à tutela do direito ao meio ambiente ecologicamente equilibrado, os titulares desse direito difuso podem atuar juridicamente para evitar ou corrigir a lesão, pois são equiparados à parte naquela relação jurídica, já que atingidos pelo contrato. Os terceiros titulares do direito difuso ao meio ambiente ecologicamente equilibrado podem, nos termos da legitimação para a ação civil pública, obter, através do Ministério Público, termos de ajustamento de conduta ou mover ações civis públicas para evitar ou reparar o dano ambiental, através de intervenção no contrato poluidor. A responsabilidade de todas as partes contratantes pelo dano ambiental decorrente do contrato é solidária, ainda que quem tenha realizado materialmente a atividade poluidora tenha sido apenas uma delas.

No que tange aos bens, o conceito e a classificação dos bens jurídicos considerados pelo Direito Civil ainda se vinculam ao paradigma patrimonialista, ficando de fora os bens de conteúdo não patrimonial e os que não podem ser objeto de apropriação exclusiva. Identificamos três categorias de bens ambientais: os bens ambientais privados de interesse difuso, os bens ambientais públicos de interesse difuso e o bem difuso propriamente dito, este contendo objeto e titularidade difusos, consistindo no meio ambiente unitariamente considerado.

Finalmente, em relação ao sujeito de direito, demonstramos a lógica patrimonialista e moderna que orientou a elaboração de seu conceito, assim como os de personalidade jurídica e pessoa no Direito Civil, restando clara a superação, atualmente, deste paradigma, para um outro que inclua a natureza, os animais e as futuras gerações dentro da mesma categoria.

Diante das limitações de tamanho deste artigo, lançamos apenas as linhas gerais de uma possível e necessária reconstrução do Direito Civil a partir do Direito Ambiental, assim como da própria construção deste último.

Referências

ALPHANDÉRY, Pierre; BITOUN, Pierre; DUPONT, Yves. *O equívoco ecológico*: riscos políticos da inconseqüência. São Paulo: Brasiliense, 1992.

ANTUNES, Paulo de Bessa. *Direito ambiental*. 2. ed. rev. ampl. Rio de Janeiro: Lumen Juris, 1998.

BENJAMIM, Antônio Herman V. Função ambiental. In: BENJAMIM, Antonio Herman V. (Coord.). *Dano ambiental*: prevenção, reparação e repressão. São Paulo: Revista dos Tribunais, 1993.

BORGES, Roxana Cardoso Brasileiro. Direito ambiental e teoria jurídica no final do século XX. In: BORGES, Roxana Cardoso Brasileiro, VARELLA, Marcelo Dias (Org.). *O novo em direito ambiental*. Belo Horizonte: Del Rey, 1998.

BORGES, Roxana Cardoso Brasileiro. *Direitos de personalidade e autonomia privada*. 2. ed. São Paulo: Saraiva, 2007.

BORGES, Roxana Cardoso Brasileiro. *Função ambiental da propriedade rural*. São Paulo: LTr, 1999.

BORGES, Roxana Cardoso Brasileiro. Função ambiental do contrato: proposta de operacionalização do princípio civil para a proteção do meio ambiente. In: CONGRESSO INTERNACIONAL DE DIREITO AMBIENTAL, 11., 2007, São Paulo. *Anais*... São Paulo: Imprensa Oficial do Estado de São Paulo, 2007. p. 673-690. v. 1.

CAPELLA, Vicente Bellver. *Ecología*: de las razones a los derechos. Granada: Comares, 1994.

CAPPELLETTI, Mauro. Formações sociais e interesses coletivos diante da justiça civil. *Revista de processo*, São Paulo, n. 5, 1977.

FIORILLO, Celso Antônio Pacheco; RODRIGUES, Marcelo Abelha. *Manual de direito ambiental e legislação aplicável*. São Paulo: Max Limonad, 1997.

GRÜN, Mauro. *Ética e educação ambiental*: a conexão necessária. Campinas: Papirus, 1996.

LEITE, José Rubens Morato. Introdução ao conceito jurídico de meio ambiente. In: BORGES, Roxana Cardoso Brasileiro; VARELLA, Marcelo Dias (Org.). *O novo em direito ambiental*. Belo Horizonte: Del Rey, 1998.

MARTINS-COSTA, Judith. *A boa-fé no direito privado*: sistema e tópica no processo obrigacional. São Paulo: Revista dos Tribunais, 2000.

MAZZILLI, Hugo Nigro. *A defesa dos interesses difusos em juízo*: meio ambiente, consumidor e outros interesses difusos e coletivos. 9. ed. rev. atual. São Paulo: Saraiva, 1997.

NALIN, Paulo Ribeiro. *Do contrato*: conceito pós-moderno (em busca de sua formulação na perspectiva civil-constitucional). Curitiba: Juruá, 2002.

NEGREIROS, Teresa. *Fundamentos para uma interpretação constitucional do princípio da boa-fé*. Rio de Janeiro: Renovar, 1998.

OLIVEIRA JUNIOR, José Alcebíades de. Cidadania e novos direitos. In: OLIVEIRA JUNIOR, José Alcebíades de (Org.). *O novo em direito e política*. Porto Alegre: Livraria do Advogado, 1997.

PRATA, Ana. *A tutela constitucional da autonomia privada*. Coimbra: Almedina, 1982.

RANGEL, Paulo de Castro. *Concertação, programação e direito do ambiente*. Coimbra: Coimbra Editora, 1994.

REALE, Miguel. *Função Social do Contrato*. Disponível em: <http://www.miguelreale.com.br/artigos/funsoccont.htm>. Acesso em: 20 mar. 2007.

SERRANO MORENO, José Luis. *Concepto, formación y autonomía del derecho ambiental*. In: VARELLA, Marcelo Dias; BORGES, Roxana Cardoso Brasileiro. O novo em direito ambiental. Belo Horizonte: Del Rey, 1998.

SILVA, Jorge Cesa Ferreira da. *A boa-fé e a violação positiva do contrato*. Rio de Janeiro: Renovar, 2002.

SILVA, José Afonso da. *Direito ambiental constitucional*. 2. ed. rev. São Paulo: Malheiros, 1995.

> Informação bibliográfica deste texto, conforme a NBR 6023:2002 da Associação Brasileira de Normas Técnicas (ABNT):
>
> BORGES, Roxana Cardoso Brasileiro. Reconstruindo o Direito Civil a partir do Direito Ambiental: contrato, bens, sujeito. In: BORGES, Roxana Cardoso Brasileiro; CASTRO, Celso Luiz Braga de; AGRA, Walber de Moura (Coord.). *Novas perspectivas do Direito Privado*. Belo Horizonte: Fórum, 2008. p. 283-325. ISBN 978-85-7700-181-1.

Nem tudo que reluz é ouro: do mero aborrecimento ao dano moral

Salomão Resedá

Sumário: 1 Aspectos introdutórios - **2** Breves noções sobre as espécies de dano - **3** A evolução social e a "indústria do dano moral" - **4** Do mero aborrecimento ao dano moral - **5** Conclusão - Referências

1 Aspectos introdutórios

É muito comum que nos trabalhos voltados à análise de aspectos atinentes à responsabilidade civil sempre apareça a afirmação de que o homem é um ser gregário e, por conseqüência, necessite da convivência em sociedade.

Apesar da inerente lógica existente, não é possível esquecer desta afirmação quando se fala em direito. Onde não há interação entre pessoas, não poderá haver a incidência de normas jurídicas, visto que inexistirá qualquer conflito de interesses a ser tutelado. Assim, nas ilhas onde viviam tanto Robson Crusoé, como o

Náufrago,[1] o Direito não possui qualquer razão que justifique a sua vigência.

> Todo derecho por definición implica uma relación entre dos sujeitos. Si se imagina um hombre aislado y absolutamente separado de sus semejantes, no tiene, no puede tener derechos. Robinson em su islã no tiene derecho; no puede tenerlos em tanto no este em relación com otros hombres. El individuo no pude, pues, tener redechos más que cuando vive em sociedad y porque vive em sociedad. Hablar de derechos anteriores a la sociedad es hablar de la nada.[2]

A indispensabilidade das relações sociais se dá exatamente em razão da diversidade de habilidades e características que cada um dos seus membros possui. O homem é um ser limitado. Ninguém consegue suprir todas as suas necessidades a partir de si próprio. Mesmo aqueles que adotam o enclausuramento como filosofia de vida, necessitam do próximo para satisfazer alguns de seus anseios.

Em contrapartida, a vida em sociedade obriga que os indivíduos respondam pela prática dos seus atos[3] que porventura venham a ser prejudiciais a outra pessoa. Quando isso ocorre, nos dizeres de Orlando Gomes, há a configuração da lesão a um direito subjetivo que, por sua vez, obriga o sujeito ativo a reparar o dano por ele causado.

> Porque capaz de opção, o homem fez-se responsável. Tendo condições de fazer acontecer o que sem seu agir jamais teria acontecido, tornou-se obrigado a responder pelas conseqüências

---

[1] O Náufrago é um filme estrelado por Tom Hanks no qual o ator encontra-se isolado numa ilha deserta após sofrer um acidente.

[2] DUGUIT. Lãs transformaciones del derecho: (público y privado), p. 1 78.

[3] O indivíduo não responde apenas por atos por ele praticados. A responsabilidade civil abrange patamares muito mais amplos. A ele também incumbirá responder por atos de terceiros que estejam sob sua guarda, direção ou autoridade, como ocorre no caso dos pais em relação aos filhos menores que com ele coabitem, dos empregadores em relação aos atos dos seus empregados no exercício de suas atividades laborais (art. 932 do CC).

de seus atos. O relato bíblico consigna também esse primeiro momento. No episódio de Abel e Caim, está o começo da historiada nossa responsabilidade. Abel, que sem dúvida morreria um dia, morreu, contudo por ato de vontade de Caim. Por isso, Deus o interpelou perguntando-lhe sobre seu irmão. E pouco lhe valeu ter respondido: *serei eu acaso guardião do meu irmão?* Foi amaldiçoado, por haver matado o que ainda não tinha chegado à hora de seu perecimento, segundo o imperativo das leis que obrigam inelutavelmente tudo quanto existe.[4]

Como se observa, nem sempre é possível passar imune ao instituto da responsabilidade civil. Não restam dúvidas que a sociedade está em constante e, atualmente, desenfreada mutação. Os conhecimentos e os anseios hoje existentes, em muito pouco se assemelham aos outrora vigentes que, por sua vez, serão completamente diferentes daqueles alcançados num futuro não muito distante.[5]

De fato, o dano é um dos requisitos fundamentais para a configuração da responsabilidade civil, na medida em que a obrigação ressarcir não pode surgir de onde não haja o que reparar. "O respaldo de tal obrigação, no campo jurídico, está no princípio fundamental da 'proibição de ofender', ou seja, a idéia de que a ninguém se deve lesar".[6] [7] Isso implica dizer que

---

[4] PASSOS. O imoral nas indenizações por dano moral. In: AUGUSTIN (Coord.). *Dano Moral e sua quantificação*, p. 167.

[5] Em razão do objetivo de apenas tecer comentários breves sobre o tema aqui proposto, até porque o presente trabalho é um simples ensaio, não serão aprofundados os estudos sobre a evolução da responsabilidade civil perante as sociedades existentes. Para tanto, recomenda-se a leitura da obra de Carlos Roberto Gonçalves, intitulada *Responsabilidade Civil* onde o autor trata da transformação deste instituto com bastante cuidado e afinco (GONÇALVES. *Responsabilidade civil*: de acordo com o novo código civil [lei nº 10.460 de 10-1-2002]).

[6] O jurista e filósofo romano Ulpiano, em seus escritos, determinou a existência de três princípios fundamentais para o direito como um todo: *honeste vivere* — viver honestamente; *neminem leadere* — não lesar outrem; e *suum cuique tribuere* — dar a cada um o que é seu. Assim, encontra-se abarcado pelo princípio do *neminem leadere* a idéia de proibição de "invasão" do direito subjetivo de outrem, devendo-se abster em causar danos a ele.

[7] GAGLIANO; PAMPLONA FILHO. *Novo curso de direito civil*: responsabilidade civil. v. 3, p. 2.

não havendo agressão a direitos subjetivos de terceiros não se pode falar em responsabilidade civil.

Para que haja o desenvolvimento da sociedade, necessário se faz um acréscimo no volume das relações a ela inerente, o que, conseqüentemente, deixará o ser humano mais vulnerável a "invadir" e ter "invadido" o seu direito subjetivo. Neste sentido, a responsabilidade civil apresenta-se como a forma ideal para a proteção a tais agressões. "A tendência, hoje facilmente verificável, de não deixar irressarcida a vítima de atos ilícitos sobrecarrega os nossos pretórios de ações de indenização das mais variadas espécies".[8]

2 Breves noções sobre as espécies de dano

Atualmente, tangencia-se no sentido de assegurar proteção às agressões contra duas espécies de bens juridicamente protegidos: os materiais e os imateriais. Pouco importa, portanto, se houve dano patrimonial ou moral; o sujeito ativo deve ser compelido a indenizar o ofendido de acordo com os parâmetros estabelecidos na doutrina e na jurisprudência.

Numa rápida análise, afirma-se que os danos materiais são aqueles que afetam diretamente o patrimônio do indivíduo, e que, por sua vez, representa um conjunto de direitos apreciáveis monetariamente. "Portanto, deve-se considerar patrimônio como uma pluralidade concreta de bens economicamente valiosos, cuja lesão constitui um dano patrimonial".[9]

Sendo assim, para que haja, efetivamente, o dano material é necessário a diminuição patrimonial por parte do sujeito passivo. Isso implica dizer que caso seja comprovado um cociente negativo no confronto do montante existente depois e antes da agressão sofrida, estar-se-á diante do dano patrimonial.

---

[8] GONÇALVES. *Responsabilidade civil*: de acordo com o novo código civil (lei nº 10.460 de 10.1.2002), p. 1.
[9] SILVA. *O dano moral e a sua reparação civil*, p. 33.

Esta análise estritamente matemática decorrente da "Teoria da Diferença", formulada por Friedrich Mommsen, agregou grande simplicidade à tarefa de encontrar o valor devido no caso de agressões a direitos materiais.

Porém, o mesmo não pode ser dito no que se refere ao dano imaterial.

É necessário lembrar, por sua vez, que, mesmo com todo furor existente em torno de temas envolvendo danos não-patrimoniais, a sua previsão normativa não data dos tempos modernos. A maioria da doutrina[10] aponta a existência de indícios destes regramentos ao período de vigência do Código de Hamurabi.[11] Porém foi no direito Romano que o instituto do dano moral tomou o impulso necessário para atingir a feição que lhe é peculiar nos dias atuais.

Apesar da sedimentação da idéia da possibilidade de estipulação de um valor em decorrência de agressão a direitos não-patrimoniais e de que este, por sua vez, pode ser mensurado pecuniariamente, não se pode dizer que o estudo do tema tornou-se mais brando no que se refere aos seus embates doutrinários.

---

[10] Yuseef Said Cahali aponta duas correntes que adotam posicionamentos diversos no que se refere à origem dos danos morais. Segundo ele há doutrinadores, como no caso de Carvalho de Mendonça, que defendem que o dano moral encontra suas fontes no direito romano enquanto que outros, a exemplo de Gabba que defendem que "certamente nel diritto romano no vi há nè germe del concetto che i cosi detti danni morali si possono risarcire".

[11] Em sua obra *Dano moral e a sua reparação civil*, o autor Américo Luis Martins da Silva aponta a existência de indícios ainda mais remotos da constatação do dano moral. Segundo ele há registros de configuração da ofensa a direitos imateriais desde o período do Código de Ur-Nammu. Neste sentido, o autor afirma que:

"a mais antiga codificação de que se tem notícia, ao logo da história da civilização humana, é, sem sobra de dúvida, o Código de Ur-Nammu, colocado em vigor por Ur-Nammu, o presumido fundador da terceira dinastia de Ur, do país dos primitivos povos sumerianos. O Código Ur-Nammu pe mais antigo em, aproximadamente, cerca de trezentos anos ao Código de Hamurabi, e foi descoberto somente em 1952 pelo assiriólogo e professor da Universidade da Pensilvânia, Samuel Noah Kramer. Nesse Código elaborado no mais remoto dos tempos da civilização humana é possível identificar em seu conteúdo dispositivos diversos que adotavam o princípio da reparabilidade dos atualmente chamados danos morais". (SILVA, p. 64)

Atualmente o dano moral é um dos temas mais controvertidos e estudados do direito pátrio. Por ser formador de posicionamentos díspares, este instituto apresenta questionamentos instigantes que despertam a curiosidade de muitos juristas. Ainda não se pode utilizar com muita facilidade o termo "posicionamento consolidado" no que se refere ao tema, pois o caldeirão de opiniões ainda fomenta as mentes dos estudiosos.

Uma das principais e mais importantes problemáticas existentes gira em torno de definir e identificar o que venha a ser o dano moral propriamente dito. Contornar o desenho peculiar da agressão a direitos não-patrimoniais ainda acarreta uma tarefa árdua tanto para o doutrinador como para os juízes em seu labor diário.

Para conceituar os danos morais, a doutrina tem se utilizado do requisito da dedução negativa. Ou seja, a partir da comparação com o dano patrimonial, chega-se ao imaterial. O substrato do instituto é encontrado quando "vira-se ao avesso" o dano patrimonial. Como defensores desta teoria encontram-se, dentre outros, Silvio Rodrigues e Maria Helena Diniz,[12] que, em resumo, afirmam que quando o dano não corresponde às características de atinentes ao dano patrimonial, estará diante do dano moral.

Fonte de diversas críticas que afirmam ser esta teoria insuficiente para alcançar diversos elementos do dano imaterial, a dedução negativa é bastante atacada por uma boa parte da doutrina pátria, sendo considerada inadequada para o sistema jurídico brasileiro.

Por sua vez, outros doutrinadores como Antônio Jeová dos Santos refutam este tipo de conceituação, visto que "afirmar que dano moral é lesão não patrimonial é nada definir. Princípio decorrente da boa lógica, indica que não se define, introduzindo

---

[12] Vide: RODRIGUES. *Direito civil*: responsabilidade civil; DINIZ. *Responsabilidade civil*.

um conceito negativo no objeto definido. A utilização de vocábulos em sentido contrário não ajuda na formação da concepção do que se pretende conceituar ou definir".[13]

Surge então a segunda corrente que busca na agressão aos direitos da personalidade conceituar os danos morais. Utilizando-se da previsão constitucional constante no inciso X do art. 5º da Constituição Federal, ela limita o instituto à ofensa a esta gama de direitos. Neste sentido, defende o Ilustre Desembargador Sérgio Cavalieri Filho "que enquanto o dano material, como atrás assinalado, importa em lesão de bem patrimonial, gerando prejuízo econômico passivo de reparação, o dano moral é lesão de bem integrante da personalidade, tal como a honra, a liberdade, a saúde, a integridade psicológica, causando dor, sofrimento, tristeza, vexame e humilhação à vítima".[14]

Por sua vez, a mais moderna das teorias que busca explicar a conceituação do dano imaterial diz que, independentemente da ocorrência ou não de prejuízo material, havendo ataque a direitos que originem dor, angústia, sofrimento, tristeza ou humilhação ao sujeito passivo, haverá a configuração do dano moral. Isso implica dizer que "não é o dano em si que dirá se ele é ressarcível, mas os efeitos que o dano provoca".[15] Em outras palavras, o dano moral é a alteração do estado psicofísico e social do indivíduo.

Américo Luis Martins da Silva apud Eduardo Zannoni, afirma que:

> o dano moral não é a dor, a angústia, o desgosto, a aflição espiritual, a humilhação, o desgosto, o complexo que sofre a vítima do evento danoso, pois esses estados de espírito constituem a conseqüência do dano. A dor que experimentam os pais pela morte violenta do filho, o padecimento ou complexo que suporta

---

[13] SANTOS. *Dano moral indenizável*, p. 92.
[14] CAVALIERI FILHO. *Programa de responsabilidade civil*, p. 75.
[15] Idem, p. 93.

um dano estético ou a humilhação de quem foi publicamente injuriado são estados de espírito contingentes e variáveis em cada caso, pois cada pessoa sente a seu modo.[16]

Desta forma, feita a delimitação dos requisitos para a conceituação do dano moral, torna-se necessário, agora, estabelecer qual a amplitude deste mal que aflige subjetivamente a vítima. Qualquer tentativa neste sentido, em princípio, resultaria na inviabilidade do presente trabalho, pois a diferença entre as pessoas é marca fundamental da vida em sociedade.

3 A evolução social e a "indústria do dano moral"

Muito mais árdua do que a busca pelo conceito doutrinário do dano moral, é a tarefa de encaixar tais preceitos no cotidiano, visto que estudar os danos imateriais apenas sob um âmbito exclusivamente técnico é atestar a inviabilidade de sua aplicação. É necessário que a realidade cotidiana seja incluída no conteúdo dos escritos, sob pena de criar um tecnicismo exacerbado para uma matéria que, por sua própria essência, necessita muito mais de um subjetivismo do que da letra fria da norma.

Neste sentido, pode-se afirmar que a evolução tecnológica e comportamental da sociedade fez com que o instituto do dano moral passasse a ser uma das principais fontes de garantias da proteção dos respectivos direitos.

Câmeras digitais e de filmagem, portas magnéticas, ímãs antifurto, serviços de proteção ao consumidor, notícias espalhadas através das fibras óticas da Internet ou pelos sinais de satélite das emissoras de TV e rádio, e até mesmo a velha e conhecida fofoca são, supostamente, meios ideais para que transpareça a agressão ao direito da personalidade. A imagem, a honra, a integridade moral, entre outros, são institutos que estão em voga

---

[16] SILVA. *O dano moral e sua reparação civil*, op. cit., p. 39.

na atualidade e qualquer ensejo de agressão a estes pode vir a decorrer na estipulação de valor monetário que nem mesmo os próprios magistrados ainda determinaram a forma ideal para a sua estipulação.[17]

Nos dizeres de Maria Celina Bodin de Moraes:

> Em nossa época — é voz corrente — há muitíssimas mais ocasiões de risco, de perigo, em decorrência, não só mas também do acentuado desenvolvimento tecnológico; neste sentido, conclui-se ter havido um real incremento das possibilidades de causação de danos. A esta constatação deve acrescentar-se uma outra, mais relevante nesta sede: numerosas são as situações danosas antes ignoradas, seja pelo ordenamento jurídico, seja pela própria vítima, e hoje tuteladas com fundamento no princípio da dignidade humana, suscitando a imprescindível reparação.[18]

As opções são inúmeras! Há um leque de situações que, a partir de uma interpretação literal poderá decorrer numa suposta configuração de dano moral. Decorre daí, então, a necessidade de destaque da linha limítrofe entre o que se chama de "fatos do cotidiano" e a real agressão. Fechar os olhos para esta situação é, sem dúvida alguma, chancelar a formação da temida e tão criticada "indústria do dano moral".

Ante a atual dificuldade de apresentar, de forma bastante delimitada, como ocorre com os danos patrimoniais, os limites e o montante devido em razão da agressão a direitos imateriais,

---

[17] A discussão sobre a forma de estipulação do valor do dano moral prolonga-se com o passar dos anos. Doutrinadores debruçam-se sob diversas teorias que busca determinar qual a forma ideal para a realização do cálculo dos danos morais. Dentre as teorias apresentadas, está ganhando espaço no painel nacional a corrente que defende a aplicação do *Punitive Damange*, originariamente americana, e que busca a estipulação do valor devido em razão da agressão a direitos imateriais num patamar que venha a desestimular o agressor em realizar novamente o ato danoso. Porém, em razão da necessidade de um aprofundamento maior sobre este tópico específico do tema, o mesmo não será tratado na presente obra, sob pena de fuga total do conteúdo aqui sugerido.

[18] MORAES. *Danos à pessoa humana*: uma leitura civil-constitucional dos danos morais, p. 150.

muitos daqueles que militam no âmbito jurídico, apontam supostas ocorrências de ataques a direitos não-patrimoniais em suas ações, buscando com isso conseguir valores monetários que, algumas vezes, são absurdamente indevidos.

A existência de conceitos abertos e de uma carga subjetiva nos seus fundamentos faz com que o instituto da agressão a bens imateriais apresente-se como uma boa oportunidade para tentativas de estipulação de parâmetros disforme com os objetivos desejados. A cada dia, torna-se mais rotineira nos corredores dos fóruns e na comunidade jurídica a utilização deste instituto distorcendo-o da sua verdadeira funcionalidade, o que acarreta no seu completo descrédito social.

Certamente, influenciado por seguimentos que tentam divulgar a idéia de que a agressão por dano moral decorre necessariamente em pagamento de valores astronômicos, muitas pessoas passam a pleitear este suposto direito em situações que não devem ser cotejadas. São embaraços, aborrecimento e outros pequenos constrangimentos corriqueiros e cotidianos que são trazidos para as salas de audiência, abarrotando ainda mais a prestação muitas vezes ineficiente do Estado.

Baseados nesta rotina, começam a surgir posicionamentos que defendem a mitigação na sua aplicação em decorrência de uma suposta "industrialização do dano moral". O insuperável J. J. Calmon de Passos figura como um dos adeptos dessa corrente ao afirmar que:

> assim sendo, é da própria essência do dano esse *acréscimo de desconforto e quebra de normalidade em nossa vida*. Será este o dano moral indenizável? [...] Seriam eles não danos morais, sim um consectário inerente a todo dano material, devendo ser estimados em função desses mesmo danos materiais. [...] Para ressarcir esses danos, deveríamos ter ao menos a decência ou a cautela de exigir a prova da *efetiva* dor do beneficiário, *desocultando-a*. [...] Não se indaga se aquele que se enche de furor ético porque teve recusado um cheque de sua emissão teve, por força disso, forte

abalo emocional, ou é simplesmente um navegador esperto no mar de permissividades e tolerância que apelidamos de ousadia empreendedora.[19]

É inegável que a Constituição Federal sepultou de vez a discussão antes existente acerca da possibilidade de mensuração econômica dos danos não-patrimoniais. Abriu-se, então, um leque de possibilidades, que, aliado à facilitação do acesso à Justiça, gerou um volume nunca antes esperado de ações.

Nesta esteira, em artigo publicado no site Consultor Jurídico, o advogado Marcelo Di Rezende Bernardes noticia que no Estado de Goiás os juízes afirmam que "o número de processos de indenização por danos morais cresceu tanto que são chamados de 'batatas fritas', pois vêm como acompanhamento de ações na Justiça".[20] Da mesma forma, o "boom" também ocorre nas ações consumeristas, onde, sob o manto da condição de "parte mais frágil" na relação jurídica, muitos consumidores possuem a errônea idéia de que qualquer desvio por parte do empresário, por menor que seja, deriva uma agressão a direitos imateriais.

Em contrapartida, há também o fomento, pela suposta vítima, da situação que traga o mal subjetivo a partir de uma situação cotidiana. Trocando em miúdos, pode-se exemplificar com o seguinte fato hipotético: uma pessoa tem sua entrada no banco bloqueada em razão do trancamento da porta giratória. Esta, por sua vez, em vez de verificar a existência de material metálico em seus bolsos ou bolsa, começa a chamar a atenção daqueles que se encontram aos arredores da agência bancária, alegando que está sendo impedida de entrar no referido estabelecimento. Neste caso é evidente que não há a ocorrência do dano moral, mas sim o fomento de uma situação em busca da sua concretização.

---

[19] PASSOS. O imoral nas indenizações por dano moral. In: AUGUSTIN (Coord.). *Dano moral e sua quantificação*, op. cit., p. 173-174.

[20] BERNARDES. *Enriquecimento fácil*: mero aborrecimento vira indenização na indústria do dano. Disponível em: <http://conjur.estadao.com.br/static/text/37145,1>. Acesso em: 21 nov. 2006.

O direito não repara qualquer padecimento, dor ou aflição, mas aqueles que forem decorrentes da privação de um bem jurídico sobre o qual a vítima teria interesse reconhecido juridicamente. Por exemplo, no caso de vermos alguém ser atropelado, não estamos legitimados para reclamar indenização, mesmo quando esse fato nos provoque grande dor.[21]

Não resta dúvidas que uma grande parcela de contribuição para a mudança desta tendência, e que certamente levará o instituto do dano moral ao colapso, encontra-se nas mãos dos magistrados que, por sua vez, devem estancar os abusos praticados por advogados e partes, garantindo a real funcionalidade dos danos morais. Para tanto, necessário se faz separar o joio do trigo, ou seja, diferenciar o que venha a ser uma real agressão a direitos imateriais de simples fatos do cotidiano que causam nada mais do que meros aborrecimentos.

Portanto, a urgência na delimitação dos aspectos balizadores do que realmente venha a configurar o dano moral é incontestável.

4 Do mero aborrecimento ao dano moral

Conforme já mencionado, o resultado decorrente da agressão a direitos imateriais deve decorrer em sentimentos como "angústia", "dor", "sofrimento", "tristeza" e "humilhação". Ora, ao estipular estas reações, o doutrinador quis desenhar a imagem de situações que realmente acarretem em modificação anímica para a vítima, o que certamente não ocorre em casos de "mero aborrecimento". Isso implica dizer que, para que haja a configuração concreta da agressão a direitos não-patrimoniais, é necessário que o resultado seja capaz de possibilitar a diferenciação clara em relação aos simples dissabores ou, até mesmo, às pequenas frustrações cotidianas.

---

[21] SILVA. *O dano moral e sua reparação civil*, op. cit., p. 39.

As intempéries diárias não são mais do que fatos corriqueiros que devem ser relevados pelo mundo jurídico. Não se quer dizer com isso que se deva, obrigatoriamente, mensurar a aflição que o sujeito passivo veio a sofrer, até porque a própria doutrina assegura o ideal de que o dano moral caracteriza-se por ser *in res ipsa*,[22] afinal é absolutamente possível que haja agressão ao direito personalíssimo de alguém sem que terceiros tenham conhecimento.

O que se quer assegurar é que uma simples condição adversa apresentada à determinada pessoa não pode vir a ser configurada como uma ofensa a direito seu. Neste sentido, por exemplo, o bloqueio da porta giratória de um banco não enseja a configuração do dano moral por humilhação,[23] há que respeitar

---

[22] Definição bastante clara é feita por Sérgio Cavalieri Filho, que aduz o seguinte: "Como, em regra, não se presume o dano, há decisões no sentido de desacolher a pretensão indenizatória por falte de prova do dano moral. Entendemos, todavia, que por se tratar de algo imaterial ou ideal, a prova do dano moral não pode ser feita através dos mesmos meios utilizados para a comprovação do dano material. Seria uma demasia, algo até impossível, exigir que a vítima comprove a dor, a tristeza ou a humilhação, através de depoimentos, documentos ou perícia; não teria ela como demonstrar o descrédito, o repúdio ou o desprestígio através dos meios probatórios tradicionais, o que acabaria por ensejar o retorna à fase da irreparabilidade do dano moral em razão de fatores instrumentais. Neste ponto a razão se coloca ao lado daqueles que entendem que o dano moral está ínsito na própria ofensa, decorre da gravidade do ilícito em si. Se a ofensa é grave e de repercussão, por si só justifica a concessão de uma satisfação de ordem pecuniária ao lesado. Em outras palavras, o dano moral existe *in re ipsa*; deriva inexoravelmente do próprio fato ofensivo de tal modo que provada a ofensa, *ipso facto* está demonstrado o dano moral à guisa de uma presunção natural, uma presunção *hominis* ou facti, que decorre das regras da experiência comum" (CAVALIERI FILHO. *Programa de responsabilidade civil*, p. 101).
[23] Somente em caráter exemplificativo cita-se a seguinte jurisprudência do Tribunal de Justiça do Rio Grande do Sul: "APELAÇÃO CÍVEL. RESPONSABILIDADE CIVIL. TRAVAMENTO DE PORTA GIRATÓRIA. DANO MORAL. OCORRÊNCIA. Quando a violência urbana atinge níveis alarmantes, a existência de porta detectora de metais nas agências bancárias é medida que se impõe para a segurança de todos, a fim de prevenir furtos e roubos no interior desses estabelecimentos de crédito. Nesse sentido, as impositivas disposições da Lei nº 7.102/83. Assim, é normal que ocorram aborrecimentos e até mesmo transtornos causados pelo mau funcionamento do equipamento, que às vezes trava, acusando a presença, por exemplo, de tão-somente um molho de chaves. Dissabores dessa natureza, por si só, não ensejam reparação por dano moral. O dano moral poderá advir não do constrangimento acarretado pelo travamento da porta em si, fato

o ponto limítrofe da "área de isenção" inerente à teoria do fato do cotidiano.

Seguindo esta mesma linha de raciocínio, Sérgio Cavalieri Filho traz à baila o que chama de "lógica do razoável", segundo a qual, o julgador deve tomar como ponto basilar o "homem comum", ou seja, nem aquele considerado frio e calculista e nem aquele sentimental por demais. Somente a partir de então é que se fará a análise do resultado decorrente da agressão, defendendo que somente será configurado como dano moral aquele ato que fugir da normalidade interferindo intensamente no âmbito psicológico e emocional do ser.[24] "Assim como a febre é efeito de uma agressão orgânica, dor, vexame e sofrimento só poderão ser considerados dano moral quando tiverem por causa *uma agressão à dignidade de alguém*".[25]

---

que poderá não causar prejuízo a ser reparado a esse título, mas, dos desdobramentos que o possam suceder, assim consideradas as iniciativas que a instituição bancária ou seus prepostos venham a tomar no momento, as quais poderão minorar os efeitos da ocorrência, fazendo com que ela assuma contornos de uma mera contrariedade, ou, de outro modo, recrudescê-la, transformando o que poderia ser um simples contratempo em fonte de vergonha e humilhação, passíveis, estas sim, de reparação. Caso em que o dano moral restou caracterizado ante o constrangimento por que passou o autor. DANO MORAL. FIXAÇÃO DO 'QUANTUM'. Na fixação do montante indenizatório por gravames morais, deve-se buscar atender à duplicidade de fins a que a indenização se presta, atentando para a condição econômica da vítima, bem como para a capacidade do agente causador do dano, amoldando-se a condenação de modo que as finalidades de reparar o ofendido e punir o infrator sejam atingidas. Apelação provida, em parte" (Apelação Cível nº 70010218865, Quinta Câmara Cível, Tribunal de Justiça do RS, Relator: Umberto Guaspari Sudbrack, Julgado em 23.12.2004).

[24] Em sua obra *Programa de responsabilidade civil*, Sérgio Cavalieri Filho transcreve acórdão de Apelação Cível nº 8.218/95, por ele julgado, que determina: "RESPONSABILIDADE CIVIL – DANO MORAL – CONFIGURAÇÃO – PRINCÍPIO DA LÓGICA DO RAZOÁVEL. Na tormentosa questão de saber o que configura o dano moral, cumpre ao juiz seguir o trilha da *lógica do razoável*, em busca da sensibilidade ético-social norma. Deve tomar por paradigma o cidadão que se coloca a igual distância do homem frio, insensível e o homem de extremada sensibilidade. Nesta linha de princípio, só deve ser reputado como dano moral a dor, vexame, sofrimento ou humilhação que, fugindo à normalidade, interfira intensamente no comportamento psicológico do indivíduo, causando-lhe aflição, angústia e desequilíbrio em seu bem-estar, não bastando mero dissabor, aborrecimento, mágoa, irritação ou sensibilidade exacerbada" (CAVALIERI FILHO. *Programa de responsabilidade civil*, p. 148).

[25] CAVALIERI FILHO. *Programa de responsabilidade*, p. 105.

Haverá agressão a direitos não-patrimoniais somente quando a situação for considerada além da normalidade esperada. Essa gravidade, juntamente com a ilicitude, são pressupostos inerentes à reparabilidade do dano, o que implica dizer que, ante a sua inexistência não se pode falar em configuração de um mal subjetivo passível de tutela jurídica.

Grande parte da doutrina que se detém a tratar do tema cita a norma do art. 496 do Código Civil Português[26] como sendo aquela que melhor retrata a situação em tela. Segundo aquele diploma legal os danos não-patrimoniais somente serão passíveis de indenização quando atingirem de maneira gravosa a direitos alheios. Assim, não havendo gravidade do dano, não há que se falar em indenização, já que, conforme preceituado na norma, esta característica apresenta-se como sendo um requisito de existência da configuração do dano moral.

Para a configuração do dano moral não é preciso que seja comprovada a lesão, mas a simples situação na qual esteja envolvida a vítima já é suficiente para configurar a sua existência. Em contra partida, na sua análise, também deve ser observada a distinção entre o dano propriamente dito e o mero aborrecimento. Somente com a reunião destes dois requisitos é que será esculpida diante do julgador a figura da agressão a direitos não-patrimoniais, ensejando, por sua vez, o direito à respectiva prestação pecuniária devida. Desta forma "para que exista dano é necessário que a ofensa tenha alguma grandeza e esteja revestida de certa importância e gravidade".[27]

Em muitas situações, cuida-se de indenizar o inefável. Não é também qualquer dissabor comezinho da vida que pode acarretar a indenização. Aqui, também é importante o critério objetivo do

---

[26] Art. 496 do Código Civil Português: "na fixação da indenização deve atender-se aos danos não patrimoniais que pela sua gravidade, mereçam tutela do direito".
[27] SANTOS. Dano moral indenizável, op. cit., p. 111.

homem médio, o bônus pater famílias: não se levará em conta o psiquismo do homem excessivamente sensível, que se aborrece com fatos diuturnos da vida, nem o homem de pouca ou nenhuma sensibilidade, capaz de resistir sempre às rudezas do destino. Nesse campo, não há fórmulas seguras para auxiliar o juiz. Cabe ao magistrado sentir em cada caso o pulsar da sociedade que o cerca. O sofrimento como contraposição reflexa da alegria é uma constante do comportamento humano universal.[28]

O dano moral somente fará parte do mundo jurídico, acarretando a obrigação de indenizar, quando houver alguma grandeza no ato considerado ofensivo a direito da personalidade. Desta forma inexiste dano moral quando o ato praticado não possui virtualidade para lesionar sentimento ou causar dor e padecimento íntimo.

A maioria dos Tribunais do Brasil, a exemplo do Tribunal de Justiça do Estado de São Paulo[29] já atentou para tal situação quando, através do Desembargador Eliot Akel afirma que: "indenizável é o dano moral sério, aquele capaz de, em uma pessoa normal, o assim denominado 'homem médio', provocar grave perturbação nas relações psíquicas, na tranqüilidade, nos sentimento e nos afetos".[30]

---

[28] VENOSA. *Direito civil*: responsabilidade civil, p. 33.

[29] Neste mesmo sentido, merece destaque o seguinte acórdão do Tribunal de Justiça do Rio Grande do Sul: APELAÇÃO CÍVEL. RESPONSABILIDADE CIVIL. AÇÃO DE INDENIZAÇÃO POR DANO MORAL. DEVOLUÇÃO DE TROCO EM VALOR INFERIOR AO DEVIDO. RECLAMAÇÕES E DISCUSSÕES. CONSTRANGIMENTO ALEGADO. INEXISTENTE DANO MORAL. MERO DISSABOR. Na casuística, a contenda funda-se na discussão acerca da configuração de dano moral advindo da devolução de troco a menor, ocasionando reclamação por parte da autora e discussão com os funcionários da requerida em frente aos demais clientes da loja. Não se vislumbra a configuração de dano moral, mas sim mero dissabor, desconforto ou contratempo a que estão sujeitos os indivíduos nas suas atividades cotidianas. Inoportuno considerar-se qualquer espécie de descontentamento ou aborrecimento incidente na esfera psíquica como suficiente ao reconhecimento do dano moral, sob pena de deturpação do instituto. DESPROVERAM O APELO. UNÂNIME (Apelação Cível nº 70016985699, Nona Câmara Cível, Tribunal de Justiça do RS, Relator: Odone Sanguiné, Julgado em 28.12.2006).

[30] Tribunal de Justiça do Estado de São Paulo. Acórdão da 1ª Câmara de Direito Privado. Apelação Cível nº 136.277-4/5-00. Comarca de São Paulo. Relator. Des. Eliot Akel.

Ainda tangenciando na interpretação que assegura a gravidade do resultado provocado pela agressão a direitos personalíssimos, conclui-se que estes se devem protelar durante um lapso de tempo considerável. Aquele aborrecimento diário e que, após a resolução do problema, vem a ser sanado merece ser desconsiderado. Assim, o dissabor decorrente do ato deve ter um transcurso de prazo, não se exaurindo de forma abrupta.

Portanto, antes de preocupar-se com a forma de cálculo do valor decorrente do dano a direitos imateriais, necessário se faz delineá-los, sob pena de relevar ao descrédito total este instituto de suma importância para a manutenção dos direitos subjetivos de cada ser humano, respeitando sempre a figura da pessoa, que, por sua vez, encontra-se protegida sob a irradiação do princípio solar da dignidade da pessoa humana exposto na Constituição Federal em vigor.

5 Conclusão

É sabido que ao Poder Judiciário incumbem o dever de buscar a pacificação social, a partir de composição de lides. No âmbito da proteção aos bens imateriais, esta condicionante torna-se ainda mais evidente. A análise dos atos que, no plano fático, merecem a devida relevância jurídica permeia-se de suma importância para o controle da ordem. Reparar fatos do cotidiano que não amealham a devida importância é inviabilizar o funcionamento da máquina judiciária e com a conseqüente instauração do caos social.

Da mesma forma, acrescenta o Ilustre Professor Machado Neto que "se o direito é um fenômeno social, surgido e mantido para socorrer a certas urgências da vida grupal, ele deve ser solidário ao meio em que surge e se desenvolve, uma paralela evolução do direito acompanhando as transformações da sociedade".[31]

---

[31] MACHADO NETO. *Compêndio de introdução à ciência do direito*, p. 102.

Portanto, findo o presente ensaio, chega-se ao denominador comum de que, antes de tecer comentários acerca da quantificação do dano moral, necessário se faz estabelecer, principalmente no âmbito prático, a linha limítrofe que o divide do mundo dos fatos do cotidiano, ou dos meros aborrecimentos. A subjetividade inerente é um dos obstáculos mais difíceis a ser vencido nestas situações. O questionamento acerca do que seria um "mero aborrecimento" apresenta-se como inevitável.

As relações sociais estão permeadas de inúmeras novidades que surgem a todo instante com o passar dos anos. São tecnologias que, em muitos casos, expõe o ser humano no que se refere a ter agredido seus direitos da personalidade. Porém, em outros momentos, apesar de transparecer uma sua suposta ofensa, o que há na verdade nada mais é do que um mero desconforto decorrente da vida cotidiana da sociedade.

> O ser humano, em situação normal, nasce no seio da família — grupo social básico — e a partir daí tem início a moldagem de suas potencialidades no sentido da convivência social. A ampliação gradativa dos círculos sociais em que o homem se vê envolvido no desenrolar de sua existência faz crescer, proporcionalmente, o grau de influência que a sociedade exerce em sua formação. À medida que o indivíduo expande a área de seu relacionamento com os outros, participando de grupos maiores, como os companheiros de brincadeiras, a escolha, as congregações e comunidades religiosas, os clubes, *e.g.*, aumentam também as pressões dos condicionantes sociais que procuram conduzir a sua personalidade conforme os padrões sociais.[32]

É, portanto, neste ínterim de adaptações sociais que os institutos jurídicos devem permear. Da mesma forma, a temática referente ao dano moral necessita desenvolver um acompanhamento constante das interações do meio sob pena de fulminar num tecnicismo exacerbado e ineficiente para o fim que culmina.

---

[32] MELLO. *Teoria do fato jurídico (plano da existência)*: de acordo com o novo Código Civil (Lei 10.406 de 10.1.2002), p. 3.

A incidência de cláusulas abertas e de conceitos "recheados" de subjetivismo apresenta para o Magistrado um horizonte antes inexistente. Deixa-se de lado a figura de mero reprodutor legal para vestir-se com a idéia de intérprete fundamental da realidade exposta acoplando-a aos anseios do legislador. O juiz então assume uma responsabilidade ainda maior ao formular suas decisões, visto que necessita de olhos de tigre na busca pela aplicação da Justiça.

Separar o joio do trigo é atividade de suma importância. O dano moral em hipótese alguma pode ser confundido com um simples aborrecimento. Aspectos como a relevância do mal subjetivo sofrido pela vítima, aliado à sua duração, são requisitos a serem utilizados na escolha de qual o lado da ponte que se optará para a travessia. A perspicácia jurisdicional é o escudo social fundamental nesta briga do mar da usura do dinheiro fácil contra o rochedo da real proteção conferida pelo instituto do dano moral aos direitos personalíssimos.

Referências

ANDRADE, André Gustavo Corrêa de. *Dano moral e indenização punitiva*: os *punitives damages* na experiência do *common law* e na perspectiva do direito brasileiro. Rio de Janeiro: Forense, 2006.

BERNARDES, Marcelo di Rezende. *Enriquecimento fácil*: mero aborrecimento vira indenização na indústria do dano. Disponível em: <http://conjur.estadao.com.br/static/text/37145,1>. Acesso em: 21 nov. 2006.

BRASIL. Superior Tribunal de Justiça. Disponível em: <http://www.stj.gov.br>. Acesso em: 21 fev. 2007.

CAHALI, Yussef Said. *Dano moral*. 3. ed. rev. amp. atual. conforme o Código Civil de 2002. São Paulo: Revista dos Tribunais, 2005.

CAVALIERI FILHO, Sérgio. *Programa de responsabilidade civil*. 6. ed. rev. aum. atual. 2. tir. Rio de Janeiro: Malheiros, 2006.

DINIZ, Maria Helena. Responsabilidade civil. 18. ed. São Paulo: Saraiva, 2000.

DUGUIT, Leon. Lãs transformaciones del derecho: (público y privado). Buenos Aires: Ed. Heliasta S.R.L., 1975.

GAGLIANO, Pablo Stolze; PAMPLONA FILHO, Rodolfo. Novo curso de direito civil: responsabilidade civil. São Paulo: Saraiva, 2003. v. 3.

GOMES, Orlando. Obrigações. 16 ed. rev. atual. e aum. de acordo com o Código Civil de 2002. Rio de Janeiro: Forense, 2005.

GONÇALVES, Carlos Roberto. Responsabilidade civil: de acordo com o novo Código Civil (lei nº 10.406 de 10-1-2002). 9. ed. rev. São Paulo: Saraiva, 2005.

JUS NAVEGANDI. Disponível em: <http://www.jus.com.br>. Acesso em: 20 abr. 2007.

MACHADO NETO, A. L. Compêndio de introdução à ciência do direito. 5. ed. São Paulo: Saraiva, 1984.

MELLO, Marcos Bernardes de. Teoria do fato jurídico (plano da existência): de acordo com o novo Código Civil (Lei 10.406 de 10.1.2002). 12. ed. São Paulo: Saraiva, 2003.

MORAES, Maria Celina Bodin de. Danos à pessoa humana: uma leitura civil-constitucional dos danos morais. São Paulo: Renovar, 2003.

PASSOS, Calmon J. J. O imoral nas indenizações por dano moral. In: AUGUSTIN, Sérgio (Coord.). Dano moral e sua quantificação. 4. ed. rev. ampl. Caxias do Sul: Plenum, 2007.

REVISTA ELETRÔNICA CONSULTOR JURÍDICO. Disponível em: <http://www.conjur.com.br>. Acesso em: 20 abr. 2007.

RIO GRANDE DO SUL. Tribunal de Justiça do Rio Grande do Sul. Disponível em: <http://www.tj.rs.gov.br>. Acesso em: 21 fev. 2007.

RODRIGUES, Silvio. Direito civil: responsabilidade civil. 3. ed. São Paulo: Atlas, 2003. v. 4.

SANTOS, Antônio Jeová. Dano moral indenizável. 4 ed. rev. ampl. atual. de acordo com o novo Código Civil. São Paulo: Revista dos Tribunais, 2003.

SÃO PAULO. Tribunal de Justiça do Estado de São Paulo. Disponível em: <http://www.tj.sp.gov.br>. Acesso em: 21 fev. 2007.

SILVA, Américo Luís Martins da. *O dano moral e a sua reparação civil*. 3. ed. rev. atual. e ampl. São Paulo: Revista dos Tribunais, 2005.

VENOSA, Sílvio de Salvo. *Direito civil*: responsabilidade civil. 3. ed. São Paulo: Atlas, 2003.

> Informação bibliográfica deste texto, conforme a NBR 6023:2002 da Associação Brasileira de Normas Técnicas (ABNT):
>
> RESEDÁ, Salomão. Nem tudo que reluz é ouro: do mero aborrecimento ao dano moral. In: BORGES, Roxana Cardoso Brasileiro; CASTRO, Celso Luiz Braga de; AGRA, Walber de Moura (Coord.). *Novas perspectivas do Direito Privado*. Belo Horizonte: Fórum, 2008. p. 327-347. ISBN 978-85-7700-181-1.

O STF e a eficácia horizontal dos direitos fundamentais

Walber de Moura Agra

Isabela Lessa Ribeiro

Sumário: Contextualização do étimo Constituição - Nota sobre os direitos fundamentais - Eficácia horizontal dos direitos fundamentais - Origem da teorética sobre a eficácia dos direitos fundamentais (caso Lüth) - Teorias sobre a eficácia horizontal dos direitos fundamentais - Eficácia horizontal na jurisprudência do STF - Conclusão - Referências

Contextualização do étimo Constituição

O vocábulo Constituição possuiu diversas concepções ao longo do tempo, algumas bem diferentes da idéia forcejada do racionalismo do século XVIII. Textos anteriores, como a *Magna Charta Libertatum* e os pactos medievais, que muitos autores afirmam terem sido formas rudimentares de leis fundamentais, não podem ser considerados como Constituições.[1] Já no

---

[1] Esclarece o Professor Nelson Saldanha: "Das discussões inglesas dos séculos XVI e XVII resultaram temas tornados essenciais para o debate político, tais como a competência do Parlamento e do Judiciário, a validade das leis e da autoridade obtida através do

século XVII aparecem textos, como o *Mayflower Pact* (1639) e o *Agreement of People* (1647), que se aproximam do conceito atual de Constituição.[2] Todavia, esses dispositivos não tinham a intenção de estruturar de forma ampla a vida política do Estado, faltando-lhes uma visão de conjunto, uma vez que eram mais produtos de força para regulamentar interesses específicos.

A Constituição é a *norma normarum*, *habitat* por excelência dos direitos fundamentais, a morada dos princípios, a sede da soberania. "A época constitucional que vivemos é a dos direitos fundamentais que sucede a época da separação de poderes".[3]

São coisas diversas a justificação dos direitos do homem através de argumentos convincentes e sua plena efetivação, mediante instrumentos constitucionais capazes de proteger-lhes efetivamente.[4] As características inerentes à substância constitucional dotam seu texto de apanágios que garantem uma densificação de sua força normativa, fazendo com que a normalidade alcance a

---

consentimento do povo, a constituição como um sistema de poderes em equilíbrio. Das discussões francesas, basicamente as do século XVIII, tomaram corpo outros temas, como sejam, a Constituição como um sistema de poderes divididos, o poder Constituinte como atributo do povo, a soberania nacional como alicerce de todos os poderes. Certamente todas estas questões estavam alimentadas por idéias fundamentais, uma delas a do contrato social". SALDANHA. *Formação da teoria constitucional*, p. 115.

[2] "A primeira efectiva aproximação do Constitucionalismo moderno é representada por quatro textos, bem diferentes entre si quanto à forma de elaboração, valor jurídico e conteúdo, mas que parece comungarem da mais antiga radicação do movimento: a faceta religiosa. São eles, com efeito, o *Mayflower Pact* (1620), a *Fundamental Orders of connecticut* (1636), o *Agreement of People* (1647) e o *Instrument of Government* (1653). Não sendo nenhum deles uma autêntica constituição liberal, aí se deverá procurar a mais antiga das suas genuínas raízes, que só desabrochariam efectivamente no século seguinte, na América do Norte, com a *Declaration of Rights* de Vírginia (1776), a partir da qual mais de mil flores floriram. E isto porque, além da não suficiente mas necessária forma escrita, se trata de textos eivados do desejo da re-fundação, da aspiração a uma nova ordem, sob o impacto simultâneo da idéia do retorno à pureza dos princípios (corrompidos entretanto) do cristianismo (tal como cada qual os entendia) e do já crescente mito da ordem e da racionalidade como varinha mágica da organização social." FERREIRA DA CUNHA. *Mito e constitucionalismo*, p. 135.

[3] BONAVIDES. Jurisdição constitucional e legitimidade (algumas observações sobre o Brasil). Disponível em: <http://www.scielo.br/scielo.php?script=sci_arttext&pid=S0103-4014 2004000200007&lng=pt&nrm=isso.>. Acesso em: 14 maio 2007.

[4] BOBBIO. *A era dos direitos*, p. 80.

faticidade. Ou seja, o conteúdo material da *Lex Mater*, densificado pelas prerrogativas do texto jurídico, propicia uma transposição entre o *sein* e o *sollen*.

O processo que desencadeou a crescente constitucionalização de diversos fenômenos jurídicos atrelado ao amadurecimento da noção de supralegalidade do texto constitucional enseja por si só a necessidade de observância dos ditames constitucionais sempre e a possibilidade de se defender a aplicação dos direitos fundamentais não só nas relações verticais entre cidadãos-Estado, mas também nas relações entre cidadãos.

Outrossim, na segunda metade do Século XX, operou-se uma transmutação no caráter normativo da *Lex Excelsa*, ela não mais foi considerada como "moldura", ganhando o *status* de uma verdadeira norma jurídica, detendo toda sua força normativa e apresentando-se como "pacto vivencial da sociedade". Ela fugiu de ser um simples estatuto do poder político para converte-se em parâmetro de referencialidade normativa, coagindo com seu conteúdo todos os poderes estabelecidos e seus operadores, relegando a concepção de existência de ilhas jurídicas isoladas. Como ilação inexorável, essa força normativa se expande para todos os rincões da vida social.

Nota sobre os direitos fundamentais

Os direitos fundamentais permeiam todas as cartas constitucionais do constitucionalismo[5] e gozam de uma relevância inolvidável desde seu surgimento. São prerrogativas público-subjetivas previstas constitucionalmente, cuja finalidade é limitar o exercício do poder estatal em face da liberdade individual.[6]

---

[5] DIPPEL. *Constitucionalismo moderno*: introducción a una historia que necesita ser escrita. Disponível em: <http://hc.rediris.es/06/articulos/pdf/08.pdf>. Acesso em: 08 mar. 2007.
[6] DIMOULIS; MARTINS. *Teoria geral dos direitos fundamentais*, p. 54.

Esta conceituação destaca a fundamentalidade formal de tais direitos, mas há quem ressalte que o constituinte os previu numa concepção materialmente aberta (art. 5, §2º, CF), logo reconheceu a essencialidade material de tais direitos.[7]

A primazia ocupada pelos direitos fundamentais no ordenamento jurídico configura-se de tamanha magnitude que eles são elementos essenciais para que o processo de globalização seja deslocado de um enfoque mercantilista, em que prepondera a *Lex Mercatoris*, para um enfoque social, em que prepondere o homem e seus interesses.

Definição interessante é a exposta por Gregório Peces-Barba Martínes que pela extensão dos seus elementos possibilita uma visão mais abrangente do objeto enfocado: "Os direitos fundamentais são o conjunto de normas de um ordenamento jurídico que formam um subsistema deste, fundados na liberdade, na igualdade, na segurança, na solidariedade, expressões da dignidade do homem, que formam parte da norma básica material de identificação do ordenamento jurídico, e constituem um setor da moralidade procedimental positivada, que legitima o Estado Social de Direito".[8]

Concordando com o que afirmou Juan Maria Bilbao Ubillos, o protagonismo dos direitos fundamentais na cultura jurídica atual parte do pressuposto que as normas que os reconhece são de aplicação direta e imediata, mesmo tendo um conteúdo principiológico, muito aberto e abstrato, tendente a expandir-se por todo o ordenamento jurídico.[9]

O sistema de vínculos substanciais das Constituições, direitos fundamentais, é garantido pela rigidez que as caracterizam e

---

[7] SARLET. *A eficácia dos direitos fundamentais*, p. 92.
[8] MARTÍNES. *Curso de derechos fundamentales*: teoria general, p. 469.
[9] BILBAO UBILLOS. La eficacia frente a terceros de los derechos fundamentales em el ordenamento español. In: MONTEIRO; NEUNER; SARLET (Org.). *Direitos fundamentais e direito privado*: uma perspectiva de direito comparado, p. 166.

pelo controle de constitucionalidade. O resultado é um novo modelo de direito e de democracia: o Estado Constitucional Social de Direito.[10] Em sociedades cada vez mais complexas, seja em decorrência de distinções culturais, seja em razão de disparidades econômicas, as prerrogativas de proteção aos cidadãos configuram-se como uma unanimidade, representando uma das principais características das Cartas políticas modernas. São utilizadas como instrumentos de harmonização social, fazendo com que cada cidadão identifique-se e sinta aderência com a organização política vigente. Uma sociedade que não ostenta os direitos fundamentais plenamente efetivos é povoada por conflitos e litigâncias, destituída de um tecido social homogêneo e coeso.

Tradicionalmente, eles foram concebidos como uma limitação à atuação do Estado, assegurando uma esfera de liberdade às pessoas. Hodiernamente, especialmente em Estados periféricos e desiguais como o Brasil, não são os órgãos estatais que são os Leviatãs modernos, passando a desempenhar este papel entes privados, que respondem pela maioria dos serviços por intermédio de delegação do Poder Público. Em virtude da mitigação do Estado e avultamento da iniciativa privada, os maiores acintes aos direitos fundamentais têm sido perpetrados por entes extraestatais, modificando o enfoque do Estado Leviatã.

Urge, portanto, a construção de uma teoria que ateste a oponibilidade dos direitos fundamentais também contra a seara privatista, adequando os subsídios teóricos a novas realidades que afligem a cidadania. Sustenta-se, devido à crise pela qual passa o Estado e pelo fato da maior ameaça às prerrogativas dos cidadãos partirem de conglomerados privados, que a incidência

---

[10] FERRAJOLI. Sobre los derechos fundamentales. México: *cuestiones constitucionales*. IIJ-UNAM Instituto de Investigaciones Jurídicas de la UNAM. Disponível em: <http://www.juridicas.unam.mx/publica/librev/rev/cconst/cont/15/ard/ard5.pdf>. Acesso em: 22 ago. 2007.

dos direitos fundamentais ultrapassa a seara das relações estado-cidadão (relação vertical devido ao *jus imperii* estatal) para atingir a seara de relações cidadãos-cidadãos (relação horizontal em relação à simetria entre os cidadãos).

Eficácia horizontal dos direitos fundamentais

A expressão semântica infra-assinalada designa o fenômeno de expansão da incidência normativa dos direitos fundamentais, ultrapassando os limites das relações públicas. O étimo "eficácia horizontal" é impreciso, haja vista que pode abranger relações entre cidadãos e o Estado, e não apenas entre cidadãos e cidadãos. A expressão alemã *Drittwirkung* significa eficácia externa ou em relação a terceiros.[11]

A sua função não é somente de complementar as regras jusprivatistas em caso de lacuna, o que é por demais admitido pela doutrina e jurisprudência. Mas advogar que o *pacta sunt servanda* não pode se configura como um estorvo para a efetividade de mandamentos constitucionais. O individualismo orgânico proposto por Hayek, bem como a *Lex Mercatoria* hodiernamente vigente, não são suficientes para criar um *apartheid* normativo, no que forceja uma dualidade de jurisdição e enfraquece o ordenamento jurídico.

Frige-se que os únicos direitos fundamentais que não apresentam eficácia horizontal são aqueles cujo principal destinatário é o Estado, como no caso dos direitos de nacionalidade e direitos políticos. Nas demais espécies, mesmo aceitando sua variação em diversos âmbitos de proteção, com juridicidade e complexidade diversas, postula-se a concretude do *Drittwirkung*.

---

[11] SARLET. A influência dos direitos fundamentais no direito privado: o caso brasileiro. In: MONTEIRO; NEUNER; SARLET (Org.). *Direitos fundamentais e direito privado*: uma perspectiva de direito comparado, p. 125.

Toda essa discussão ganha dimensão em virtude de que cada vez mais as relações entre particulares, teoricamente estabelecidas sem a utilização do *jus imperium*, são marcadas pela utilização de poder sociopolítico-econômico, desequilibrando a simetria processual em desfavor dos hipossuficientes de cada caso concreto. A igualdade jurídica plena entre os cidadãos, se não for acompanhada em igualdade fática, na paridade de recursos aos meios disponíveis de defesa, transforma-se em uma relação assimétrica, em que os mais aquinhoados financeiramente, grandes corporações e empresas, sempre levam vantagens.

A tese esposada no presente trabalho é que os direitos fundamentais apresentam igualmente uma eficácia incidente no Direito privado, mesmo reconhecendo algumas distinções entre as esferas públicas e privadas.

Na discussão brasileira, afora o valor cogente da Constituição, o principal argumento nesse sentido é que o art. 5º, §1º, do texto de 1988 solenemente dispôs que as normas definidoras de direitos e garantias fundamentais têm aplicação imediata. Dessa forma, por expressa previsão constitucional, o debate sobre *Drittwirkung* seria um tanto despiciendo devido à força normativa da Constituição e a garantia da supralegalidade para protegê-la contra atos inconstitucionais. Pensar em sentido contrário, seria admitir a possibilidade de afronta a Constituição.

Origem da teorética sobre a eficácia dos direitos fundamentais (caso Lüth)

A possibilidade de eficácia horizontal dos direitos fundamentais tem por marco apriorístico decisão emblemática do Tribunal Federal Alemão no caso Lüth, que se tornou um dos julgamentos mais comentados deste Tribunal.[12] Em 1958, a Corte

---

[12] DIMOULIS; MARTINS. *Teoria geral dos direitos*, p. 264. A decisão também é parte da seleção de julgados do Tribunal Federal Alemão organizada por Leonardo Martins,

alemã decidiu o caso Lüth com base em uma construção ampla ou holística dos direitos fundamentais.[13]

Lüth conclamou um boicote aos filmes produzidos por Veit Harlan pós-1945, pois este produzira nos anos antecedentes filmes nazistas e de conteúdo anti-semita — por ex. *"Süß Juden"*. O tribunal de Hamburgo vedou a chamada ao boicote com sustentáculo no Código Civil alemão. Lüth, então, apelou ao Tribunal Federal alemão alegando que tal proibição feria o seu direito fundamental à liberdade de manifestação de opinião.

O Tribunal Federal, em decisão emblemática, lançou os pilares da teoria da aplicação imediata dos direitos fundamentais às relações privadas, ao julgar que a norma inserta no Código Civil não preponderava sobre o direito fundamental do apelante, pois tal sorte de direito configuraria uma "ordem objetiva de valores" com irradiação para todo o ordenamento jurídico.[14]

O reconhecimento da aplicação horizontal dos direitos fundamentais somente produziriam efeito sobre a relação entre particulares mediante a intervenção do legislador. E já foi um avanço porque antes a lide entre particulares apenas poderia ser resolvida pelo direito privado.

O caso Lüth, também, revela-se de suma importância ao desnudar a preponderância, no que concerne à interpretação dos direitos fundamentais, do método axiológico e indutivo, embasado na ponderação, sobre o método silogístico, dedutivo, arrimado à subsunção, fundamento essencial da atual jurisdição constitucional.[15] Esta é, hoje, "volvida mais para a compreensão do que para a razão lógica, de sentido formal, na aplicação da lei".[16]

---

vide: MARTINS (Org.). *Cinqüenta anos de jurisprudência do Tribunal Constitucional Federal Alemão.*

[13] ALEXY. Direitos fundamentais, ponderação e racionalidade. *Revista de Direito Privado*, v. 6, n. 24, p. 335.

[14] DIMOULIS; MARTINS, p. 264.

[15] ALEXY, p. 336-337.

[16] CLÈVE. O controle de constitucionalidade e a efetividade dos direitos fundamentais. In: SAMPAIO (Coord.). *Jurisdição constitucional e direitos fundamentais*, p. 387.

É a relevância dos direitos fundamentais como mínimo ético a ser observado, resguardado e praticado em todas as esferas de relações interpessoais, e não mais apenas quando o Estado estiver em cena.

Teorias sobre a eficácia horizontal dos direitos fundamentais

O reconhecimento da dimensão objetiva dos direitos fundamentais implica na plausibilidade de se reconhecer a eficácia horizontal dos direitos fundamentais. Ora, se aquela se revela como tradução dos valores de uma sociedade, logo esta se impõe possível, pois inclusive nas relações privadas haverão de ser respeitados os direitos fundamentais.

O espírito da constituição deriva da consciência de que a ordem constitucional é justa e legítima, de que seu conteúdo traduz anseios profundos ou corresponde a necessidades imperiosas, tanto dos cidadãos como do ordenamento estatal.[17]

Parte da doutrina, mais arraigada à doutrina civilista, não admite que os direitos fundamentais possam produzir nenhum tipo de efeito, haja vista que a relação entre particulares pertence ao direito privado. Argumentam que sua aceitação produziria a constitucionalização de todo o Direito Privado, deixando a autonomia do cidadão relegada. Significaria o retorno do Estado Leviatã e o fim da inviolabilidade das prerrogativas dos cidadãos.

Nesse diapasão sustentam seus corifeus que o Direito Privado nasceu antes do Direito Público, possuindo natureza e objetos diversos. Como na esfera privada inexistem partes que ostentem prerrogativa de *jus imperium*, não há como se falar na incidência de normas de caráter público. A autonomia da vontade impede que ocorra uma hipertrofia do Judiciário, no que

---

[17] BONAVIDES. *Curso de direito constitucional*, p. 98.

provocaria uma judicialização das esferas de deliberação social, com graves prejuízos para o regime democrático.

Por outro lado, parte da doutrina defende que os direitos fundamentais não necessitam de nenhum tipo de regulamentação por parte do legislador, possuindo eficácia direta e imediata. A justificativa deste posicionamento decorre do princípio da unidade sistêmica da Constituição e de sua força normativa.

Não há como separar o ordenamento jurídico em duas esferas. A *Lex Excelsa*, dotada de supremacia, não reconhece limites a sua regulamentação. Por representar o núcleo de validade do sistema, fundamentando até mesmo as normas inerentes ao *pacta sunt servanda*, inexiste motivo plausível para que barreiras a sua incidência possam ser construídas. Todas as normas existentes no ordenamento são alicerçadas por seu intermédio e qualquer legislação, mesmo a de direito privado, está subsumida à Constituição e isto não pode ser refutado.[18]

Uma terceira corrente, denominada de intermediária, parte do pressuposto que para a realização dos direitos fundamentais é necessária a regulamentação por parte do legislador. Considera que os princípios inerentes à autonomia privada são intocáveis, podendo apenas ser mitigados pela vontade do próprio povo por intermédio da soberania popular.

A vinculação aos particulares dar-se-ia de forma indireta, na medida em que sua concretização necessitaria da atuação do Poder Legislativo, mesmo sendo dever dos órgãos estatais proteger as prerrogativas da coletividade. Os mandamentos infraconstitucionais teriam essa função em razão de representar a soberania popular, obtendo assim, a legitimidade necessária para restringir liberdades fundamentais dos cidadãos.

Qualquer que seja a orientação adotada, importante nos parece acentuar que a discussão sobre aplicação dos direitos

---

[18] CANARIS. *Direitos fundamentais e direito privado*, p. 22.

fundamentais às relações privadas está muito longe de assumir contornos dogmáticos claros, mas é uma discussão que ganha relevo na medida em que as valorações estabelecidas pela Constituição não coincidem com a valoração predominante no direito privado.

O que devemos destacar é que a Constituição há de ser percebida não apenas como *base e fundamento* do ordenamento jurídico, mas como "sistema de valores", cujo alicerce são os direitos fundamentais, fundando um Estado democrático e social.[19] Ela, hoje, se afigura como centro, no que obriga as diversas previsões legislativas.[20]

Apesar dessa importância vital da Constituição, denominada de panconstitucionalismo, não é disto que tratamos, mas da Constituição estabelecida como centro do ordenamento jurídico, seu epicentro, haja vista ela ser muito mais do que um simples conjunto normativo, localizado em um *locus* hierárquico preeminente, como destaca Clémerson Merlin Clève.[21] É a razão ordenante que exige que a ordem que ela consagra seja feita pelo operador jurídico.

Os direitos fundamentais podem irradiar para as relações particulares através de cláusulas gerais[22] (*Generalklausel*) que seriam a "porta de entrada" (*Einbruchstelle*) deles no âmbito do Direito Privado.[23]

---

[19] QUEIROZ, p. 169.
[20] CLÈVE, p. 387.
[21] Idem, ibidem.
[22] O que não significa que isto imponha um pré-compromisso do direito privado ao direito constitucional, mas sim uma porta permanente de atualização daquele sob os parâmetros deste, o que é criticado por Canaris e serve de ponto de partida para a teoria dos direitos fundamentais como imperativos de tutela. Sobre isto vide o livro já citado de CANARIS, e STEINMETZ. Direitos fundamentais e relações entre particulares: anotações sobre a teoria dos imperativos de tutela. *Revista Brasileira de Direito Constitucional*, n. 5, p. 205-215.
[23] MENDES, STF, RE 201.819/RJ.

Essa possibilidade pode ser percebida pela ampla inclusão de "cláusulas gerais" e "conceitos jurídicos indeterminados" no Código Civil de 2002, eles asseguram a operatividade como uma das diretrizes básicas das normas ali insertas.[24] Elas, além de favorecerem uma certa aderência à realidade histórica, transferem parte da valoração jurídica do legislador para o intérprete,[25] assegurando uma liberdade de conformação do legislador nos limites do "sistema axiológico" da Constituição.[26]

Na realidade, no caso brasileiro, o próprio constituinte promulgou Carta dotada de rigidez, com ampla incidência de direitos fundamentais, e o legislador ao sancionar a codificação máxima do direito privado com tamanha "porta de entrada", cominou a aplicação de tais direitos contra as relações entre particulares.

Eficácia horizontal na jurisprudência do STF

Com base nas ocasiões em que a Corte se debruçou sobre o tema, é possível delinear os contornos que a aplicação dos direitos fundamentais nas relações entre pessoas privadas pode assumir.

O RE nº 158.215-RS, de relatoria do ministro Marco Aurélio, é citado por Paulo Gustavo Gonet Branco como um marco no reconhecimento de eficácia horizontal dos direitos fundamentais, apesar de não discorrer diretamente sobre a eficácia nas relações privadas. Ao analisar a necessidade de se observar a ampla defesa para a exclusão de sócio do quadro societário, acabou fazendo-o incidentalmente. A decisão tomou como indiscutível que há

---

[24] Além da operatividade, também, são diretrizes básicas do Código Civil a eticidade e a sociabilidade. Para se aprofundar mais sobre o assunto, consultar: COSTA; BRANCO. *Diretrizes teóricas do novo Código Civil.*

[25] QUEIROZ. Direitos fundamentais sociais: questões interpretativas e limites de justiciabilidade. In: SILVA (Org.). *Interpretação constitucional*, p. 176.

[26] HÄBERLE. *Hermenêutica constitucional*: a sociedade aberta dos intérpretes da constituição: contribuição para a interpretação pluralista e "procedimental" da Constituição, p. 54.

normas de direitos fundamentais que incidem diretamente sobre relações entre pessoas privadas. Deixou, contudo, para os comentadores os adornos doutrinários.[27]

Daniel Sarmento também destaca que a jurisprudência da colenda corte, mesmo sem adentrar nos contornos doutrinários da eficácia horizontal, tem aplicado os direitos constitucionalmente assegurados na resolução de contendas entre particulares.[28]

O histórico do Supremo desnuda algumas decisões voltadas para a aplicação dos direitos fundamentais às relações privadas, conforme ressai do RE nº 158.215/RS adredemente mencionado. Contudo, o STF analisava apenas incidentalmente a questão, sem adentrar num exame mais minucioso, até o RE 201.819/RJ[29] quando a colenda corte analisou de forma expressa a eficácia horizontal dos direitos fundamentais. Este Recurso Extraordinário foi julgado pela 2ª turma, e teve no ministro Gilmar Ferreira Mendes, em seu pedido de vista, condutor principal de uma análise mais detida às nuances da aplicabilidade de tais direitos às relações particulares. Eis a sua ementa:

> SOCIEDADE CIVIL SEM FINS LUCRATIVOS. UNIÃO BRASILEIRA DE COMPOSITORES. EXCLUSÃO DE SÓCIO SEM GARANTIA DA AMPLA DEFESA E DO CONTRADITÓRIO. EFICÁCIA DOS DIREITOS FUNDAMENTAIS NAS RELAÇÕES PRIVADAS. RECURSO DESPROVIDO.
> I. EFICÁCIA DOS DIREITOS FUNDAMENTAIS NAS RELAÇÕES PRIVADAS. *As violações a direitos fundamentais não ocorrem somente no âmbito das relações entre o cidadão e o Estado, mas igualmente nas relações travadas entre pessoas físicas e jurídicas de direito privado.*
> Assim, os direitos fundamentais assegurados pela Constituição

---

[27] BRANCO. Associações, expulsão de sócios e direitos fundamentais. *Revista Diálogo Jurídico*, n. 13. Disponível em: < http://www.direitopublico.com.br/PDF_13/DIALOGO-JURIDICO-13-ABRIL-MAIO-2002-PAULO-GUSTAVO-GONET.pdf>. Acesso em: 20 ago. 2007.
[28] SARMENTO. *Direitos fundamentais e relações privadas*, p. 297.
[29] O referido julgado foi publicado no *Diário de justiça* de 27 out. 2006, encontra-se também disponível em: <www.stf.gov.br>. Acesso em: 20 ago. 2007.

vinculam diretamente não apenas os poderes públicos, estando direcionados também à proteção dos particulares em face dos poderes privados.

II. OS PRINCÍPIOS CONSTITUCIONAIS COMO LIMITES À AUTONOMIA PRIVADA DAS ASSOCIAÇÕES. A ordem jurídico-constitucional brasileira não conferiu a qualquer associação civil a possibilidade de agir à revelia dos princípios inscritos nas leis e, em especial, dos postulados que têm por fundamento direto o próprio texto da Constituição da República, notadamente em tema de proteção às liberdades e garantias fundamentais. O espaço de autonomia privada garantido pela Constituição às associações não está imune à incidência dos princípios constitucionais que asseguram o respeito aos direitos fundamentais de seus associados. *A autonomia privada, que encontra claras limitações de ordem jurídica, não pode ser exercida em detrimento ou com desrespeito aos direitos e garantias de terceiros, especialmente aqueles positivados em sede constitucional,* pois a autonomia da vontade não confere aos particulares, no domínio de sua incidência e atuação, o poder de transgredir ou de ignorar as restrições postas e definidas pela própria Constituição, cuja eficácia e força normativa também se impõem, aos particulares, no âmbito de suas relações privadas, em tema de liberdades fundamentais.

III. SOCIEDADE CIVIL SEM FINS LUCRATIVOS. ENTIDADE QUE INTEGRA ESPAÇO PÚBLICO, AINDA QUE NÃO-ESTATAL. ATIVIDADE DE CARÁTER PÚBLICO. EXCLUSÃO DE SÓCIO SEM GARANTIA DO DEVIDO PROCESSO LEGAL. APLICAÇÃO DIRETA DOS DIREITOS FUNDAMENTAIS À AMPLA DEFESA E AO CONTRADITÓRIO. As associações privadas que exercem função predominante em determinado âmbito econômico e/ou social, mantendo seus associados em relações de dependência econômica e/ou social, integram o que se pode denominar de espaço público, ainda que não-estatal.

O recurso extraordinário, que ensejou a emblemática análise de forma direta pelo STF da eficácia horizontal dos direitos fundamentais, foi interposto pela União Brasileira de Compositores (UBC), associação de direito privado ligada ao ECAD. O mencionado acórdão, proferido pelo Tribunal de Justiça do Rio de Janeiro, entendeu ser necessária a observância do princípio constitucional da ampla defesa nos processos *interna corporis* da associação.

A análise sobre a eficácia horizontal partiu da premissa de que em determinadas situações normativas, sobretudo a constitucional, que salvaguarda o devido processo legal, os direitos fundamentais também podem ser invocados nas relações entre particulares.

O ministro Gilmar Ferreira Mendes destacou que o ônus advindo da exclusão de sócio do quadro social da UBC seria demasiado, pois o recorrido ficaria impossibilitado de perceber os direitos autorais pelo uso de suas obras e isto implicaria numa restrição à liberdade profissional, assim jamais poderia ser válido tal procedimento sem possibilitar a plena garantia de ampla defesa, do contraditório, ou do devido processo constitucional.[30]

Logo, traçou o Supremo um importante divisor de águas ao afirmar que o direito de ampla defesa é um dos direitos fundamentais cujo âmbito de incidência transcende o plano vertical, pois goza de aplicabilidade nos relacionamentos privados.

Mesmo nos procedimentos *interna corporis* das associações privadas que têm por norma principal seus estatutos — ainda que estes não prevejam — haverá de ser sempre observado os direitos fundamentais insculpidos nos incisos LIV e LV do artigo 5º — devido processo legal, ampla defesa e contraditório — quando se tratar de exclusão de sócio ou de membro da associação.

Celso de Mello destaca que apesar da controvérsia estar aparentemente situada apenas no âmbito da autonomia da vontade, na verdade, pertence à questão da eficácia horizontal dos direitos fundamentais nas relações entre particulares.[31]

E no caso em tela, como bem destacou o ministro relator, a UBC é uma associação que tem por atividade a representação dos interesses dos músicos a ela associados, isto lhe restringe em

---

[30] STF, RE 201.819/RJ.
[31] STF, RE 201.819/RJ.

parte a liberdade na fixação das causas de sanção e na imposição das mesmas aos associados, pois podem macular direitos fundamentais destes.

Deveras a autonomia privada apesar de ser um valor abarcado pelo nosso ordenamento jurídico não é ilimitada, pois se encontra subsumida à necessidade de respeitar os direitos e garantias de terceiros, ainda mais quando estes são protegidos sob o manto constitucional, como é o caso do devido processo legal.

Esse princípio constitucional impõe respeito na atuação do legislador quiçá dos particulares em suas relações privadas, pois tanto a lei quanto qualquer estatuto de uma empresa, hão de estar assentados sobre os princípios constitucionais, "porquanto, se não for assim, não haverá justiça constitucional".[32] Pois todos, mesmo os acordos, os negócios e atos jurídicos de direito privado não podem ir de encontro à ordem básica ou ordem pública.

O ministro Joaquim Barbosa aponta que os direitos fundamentais não podem mais ser concebidos hodiernamente como limitações impostas ao Estado, pois decorre da supremacia da Constituição e da jurisdição constitucional o fato de eles terem se tornado um imperativo indeclinável de todas as democracias.

E prossegue destacando que a aplicabilidade dos direitos fundamentais na esfera privada é conseqüência de diversos fatores como a mitigação da dicotomia direito público e direito privado, e a "constitucionalização do direito privado". Em suma, se antes as relações privadas eram até bem pouco tempo regidas apenas pelo direito civil, agora sofrem o influxo dos princípios de direito público, sobretudo nas decisões proferidas pelos órgãos de jurisdição constitucional.[33]

---

[32] BONAVIDES. *Jurisdição constitucional e legitimidade* (algumas observações sobre o Brasil). Disponível em: <http://www.scielo.br/scielo.php?script=sci_arttext&pid=S0103-4014 2004000200007&lng=pt&nrm=isso.> Acesso em: 14 maio 2007.
[33] STF, RE 201.819/RJ.

Não há dúvidas de que a expulsão de um sócio de associação privada tem por sustentáculo uma relação de âmbito privado, que depende, em tese, tão-somente da autonomia da vontade,[34] mas ao se desenvolver sob o manto de uma ordem constitucional que preconiza o devido processo legal deverá sempre observá-lo em sua atuação.

A jurisprudência, mesmo que de forma pouco sistêmica, vem sedimentando a relevância dos direitos fundamentais para a construção de um ordenamento jurídico constitucional coerente com os valores democráticos tão caros a uma democracia pueril como a brasileira. Assim, seja na esfera pública, seja na privada, tais valores hão de ser parâmetros inafastáveis.

Conclusão

Destacamos que a concepção tradicional dos direitos fundamentais apenas como limites à intervenção estatal, não é a mais condizente com as necessidades de um estado periférico, em que a maioria da população é excluída das benesses sociais. Pois, ao mantermos intocável a autonomia privada, ratificamos as disparidades já tão gritantes em nosso país, deixamos que nas relações privadas prepondere a *Lex Mercatoria* e não os direitos fundamentais.

Por isso, mister se faz que consideremos os direitos fundamentais como dotados de eficácia direta tanto contra agentes públicos quanto agentes privados, tendo em vista a força normativa da Constituição. O que em nada se confunde com defender que os mesmos tenham eficácia absoluta, pois sua eficácia deve respeitar as prerrogativas que igualmente foram ofertadas aos cidadãos pela Constituição, dentro de sua natureza sistêmica.[35]

---

[34] Neste sentido: VALE. *Drittwirkung* de direitos fundamentais e associações privadas. *Revista brasileira de Direito Constitucional*, n. 5, p. 373. Este artigo tem por base a análise da decisão do STF no RE 201.819-8/RJ, também aqui citado.
[35] MAC CRORIE. *A vinculação dos particulares aos direitos fundamentais*, p. 86-87.

Na verdade, agasalhando o postulando de densificação da Lei Maior, parte-se da construção de princípios como mandado de otimização dos direitos fundamentais, com o escopo de conferir máxima eficácia e efetividade a estas normas. Nesse mesmo sentir, destaca Ingo Sarlet que a eficácia e efetividade dos direitos fundamentais de um modo geral, o que inclui a esfera das relações particulares, não se encontra sujeita a uma lógica do tipo "tudo ou nada".[36]

Destarte, sedimentada a possibilidade de eficácia horizontal dos direitos fundamentais, o ponto crucial a ser enfrentado pela doutrina e pelo próprio STF é: qual é a extensão da eficácia horizontal? Essa importante e complexa resposta necessita ser construída mediante uma teorética pertinente e adequada à realidade peculiar do nosso país, em razão de que as prerrogativas principiológicas insculpidas na Constituição têm, notadamente, um caráter histórico, que sofrem variação através de conjunturas espaço-temporais as mais díspares. Como sabiamente alerta Paulo Mota Pinto, há um risco da substituição global do direito civil pelo direito constitucional, ameaçando a autonomia da vida jurídico-privada pela excessiva rigidez e irrealismo resultante da aplicação direta de preceitos com um grau de generalidade e abstração muito maior do que os instrumentos específicos do Direito Privado.[37] O que não seria desejável, nem é o que defendemos.

Pois, para evitar um extremismo, *judicial activism*, não se pode propalar a existência de um outro, com a destituição da força normativa da Constituição, perdendo seu papel de

---

[36] SARLET. A influência dos direitos fundamentais no direito privado: o caso brasileiro. In: MONTEIRO; NEUNER; SARLET (Org.). *Direitos fundamentais e direito privado*: uma perspectiva de direito comparado Coimbra, p. 133.

[37] PINTO. A influência dos direitos fundamentais sobre o direito privado Português. In: MONTEIRO; NEUNER; SARLET (Org.). *Direitos fundamentais e direito privado*: uma perspectiva de direito comparado, p. 151-152.

referencialidade da sociedade, deixando órfãos os hipossuficientes, que são quem mais necessitam da regulamentação, ao desamparo de proteção jurídica.

Em síntese há, indubitavelmente, vinculação dos particulares aos Direitos Fundamentais, mas esta deve ser mediada pela legislação infraconstitucional no conteúdo que ultrapassar seu mínimo existencial. Ressaltando-se que os direitos fundamentais são os óculos interpretativos a serem utilizados para a adequada apreensão do ordenamento jurídico, inclusive das normas de direito privado.

Sobre esta necessária interpretação da normativa privatística à luz dos Direitos Fundamentais — essencialmente públicos, tomaremos por base a metáfora desenvolvida por Nelson Saldanha que o direito público seria como a praça, e o direito privado, o jardim.[38] Assim, concluímos que é como se a ornamentação do jardim — direito privado — não pudesse destoar dos elementos essenciais — direitos fundamentais — da arquitetura da praça — direito público. Mas, tanto o jardim como a praça são imprescindíveis para uma bela paisagem urbanística.

Só há situações legítimas, segundo a nova Hermenêutica Constitucional, mediante a "constelação de princípios extraídos do texto da Lei Maior".[39]

Referências

ALEXY, Robert. Direitos fundamentais, ponderação e racionalidade. *Revista de Direito Privado*, São Paulo, v. 6, n. 24, p. 334-344, out./dez. 2005.

BILBAO UBILLOS, Juan Maria. La eficacia frente a terceros de los derechos fundamentales em el ordenamento espanõl. In: MONTEIRO, Antônio Pinto; NEUNER, Jörg; SARLET, Ingo (Org.). *Direitos*

---

[38] SALDANHA. *O Jardim e a praça*: ensaio sobre o lado privado e o lado público da vida social e histórica.
[39] CLÈVE, p. 387.

fundamentais e direito privado: uma perspectiva de direito comparado. Coimbra: Almedina, 2007.

BOBBIO, Norberto. *A era dos direitos*. 3. reimp. Rio de Janeiro: Elsevier, 2004.

BONAVIDES, Paulo. *Curso de direito constitucional*. 17. ed. São Paulo: Malheiros, 2005.

BONAVIDES, Paulo. Jurisdição constitucional e legitimidade (algumas observações sobre o Brasil). *Rev. Estudos Avançados*, São Paulo, v. 18, n. 51, 2004. Disponível em: <http://www.scielo.br/scielo.php?script=sci_arttext&pid=S0103-40142004000200007&lng=pt&nrm=isso>. Acesso em: 14 maio 2007.

BRANCO, Paulo Gustavo Gonet. Associações, expulsão de sócios e direitos fundamentais. *Revista Diálogo Jurídico*, Salvador, n. 13, abr./maio 2002. Disponível em: <http://www.direitopublico.com.br/PDF_13/DIALOGO-JURIDICO-13-ABRIL-MAIO-2002-PAULO-GUSTAVO-GONET.pdf>. Acesso em: 20 ago. 2007.

BRASIL. Supremo Tribunal Federal. Disponível em: <www.stf.gov.br>.

CANARIS, Claus-Wilhelm. *Direitos fundamentais e direito privado*. Trad. Ingo Wolfgang Sarlet e Paulo Mota Pinto. Coimbra: Almedina, 2003.

CLÈVE, Clémerson Merlin. O controle de constitucionalidade e a efetividade dos direitos fundamentais. In: SAMPAIO, José Adércio Leite (Org.). *Jurisdição constitucional e direitos fundamentais*. Belo Horizonte: Del Rey, 2003. p. 385-393.

COSTA, Judith Martins; BRANCO, Gerson Luiz Carlos. *Diretrizes teóricas do novo Código Civil*. São Paulo: Saraiva, 2002.

DIMOULIS, Dimitri; MARTINS, Leonardo. *Teoria geral dos direitos fundamentais*. São Paulo: Revista dos Tribunais, 2007.

DIPPEL, Horst. *Constitucionalismo moderno*: introducción a una historia que necesita ser escrita. Disponível em: <http://hc.rediris.es/06/articulos/pdf/08.pdf>. Acesso em: 08 mar. 2007.

FERRAJOLI, Luigi. Sobre los derechos fundamentales. México: *Cuestiones constitucionales*. IIJ-UNAM Instituto de Investigaciones Jurídicas de la UNAM. Disponível em: <http://www.juridicas.unam.mx/publica/librev/rev/cconst/cont/15/ard/ard5.pdf>. Acesso em: 22 ago. 2007.

FERREIRA DA CUNHA, Paulo. *Mito e constitucionalismo*: perspectiva conceitual e histórica. Porto: Gráfica de Coimbra, 1990.

HÄBERLE, Peter. *Hermenêutica constitucional*: a sociedade aberta dos intérpretes da constituição: contribuição para a interpretação pluralista e "procedimental" da Constituição. Trad. Gilmar Ferreira Mendes. Porto Alegre: Sergio Antonio Fabris, 1997.

MAC CRORIE, Benedita Ferreira da Silva. *A vinculação dos particulares aos direitos fundamentais*. Coimbra: Almedina, 2005.

MARTÍNES, Gregorio Peces-Barba. *Curso de derechos fundamentales*: teoria general. Madrid: Universidad Carlos III, 1999.

MARTINS, Leonardo (Org.). *Cinqüenta anos de jurisprudência do Tribunal Constitucional Federal Alemão*. Trad. Beatriz Henning. Montevideo: Konrad-Adenauer-Stiffung, 2005.

PINTO, Paulo Mota. A influência dos direitos fundamentais sobre o direito privado português. In: MONTEIRO, Antônio Pinto; NEUNER, Jörg; SARLET, Ingo (Org.). *Direitos fundamentais e direito privado*: uma perspectiva de direito comparado. Coimbra: Almedina, 2007.

QUEIROZ, Cristina. Direitos fundamentais sociais: questões interpretativas e limites de justiciabilidade. In: SILVA, Virgílio Afonso da (Org.). *Interpretação constitucional*. São Paulo: Malheiros, 2005. p. 165-216.

SALDANHA, Nelson. *Formação da teoria constitucional*. 2. ed. Rio de Janeiro: Renovar, 2000.

SALDANHA, Nelson. *O Jardim e a praça*: ensaio sobre o lado privado e o lado público da vida social e histórica. Porto Alegre: Sergio Antonio Fabris Editor, 1986.

SARLET, Ingo Wolfgang. *A eficácia dos direitos fundamentais*. 5. ed. Porto Alegre: Livraria do advogado, 2005.

SARLET, Ingo Wolfgang. A influência dos direitos fundamentais no direito privado: o caso brasileiro. In: MONTEIRO, Antônio Pinto; NEUNER, Jörg; SARLET, Ingo (Org.). *Direitos fundamentais e direito privado*: uma perspectiva de direito comparado. Coimbra: Almedina, 2007.

SARMENTO, Daniel. *Direitos fundamentais e relações privadas*. Rio de Janeiro: Lumen Juris, 2004.

STEINMETZ, Wilson. Direitos fundamentais e relações entre particulares: anotações sobre a teoria dos imperativos de tutela. *Revista Brasileira de Direito Constitucional*, São Paulo, n. 5, p. 205-215, jan./jun. 2005.

TAVARES, André Ramos. *Fronteiras da hermenêutica constitucional*. São Paulo: Método, 2006.

TEPEDINO, Gustavo. A incorporação dos direitos fundamentais pelo ordenamento brasileiro: sua eficácia nas relações jurídicas privadas. *Revista Jurídica*, Porto Alegre, v. 54, n. 341, p. 11-26, mar. 2006.

VALE, André Rufino do. *Drittwirkung* de direitos fundamentais e associações privadas. *Revista Brasileira de Direito Constitucional*, São Paulo, n. 5, p. 368-385, jan./jun. 2005.

> Informação bibliográfica deste texto, conforme a NBR 6023:2002 da Associação Brasileira de Normas Técnicas (ABNT):
>
> AGRA, Walber de Moura; RIBEIRO, Isabela Lessa. O STF e a eficácia horizontal dos direitos fundamentais. In: BORGES, Roxana Cardoso Brasileiro; CASTRO, Celso Luiz Braga de; AGRA, Walber de Moura (Coord.). *Novas perspectivas do Direito Privado*. Belo Horizonte: Fórum, 2008. p. 349-370. ISBN 978-85-7700-181-1.

Sobre os autores

Ana Carolina Britto Villa-Flor Rodrigues Galvão
Graduada em Direito pela Universidade Federal da Bahia (UFBA) – 2000/2005. Especialista em Direito Empresarial pela Universidade Federal da Bahia (UFBA) – 2005/2006. Advogada.

Ana Thereza Meirelles Araújo
Bacharela em Direito pela UNIFACS (Universidade Salvador). Ex-Bolsista do PIBIC FAPESB 2005. Pós-Graduanda em Direito do Estado pela Fundação Faculdade de Direito da Bahia/UFBA (Universidade Federal da Bahia). Segunda Colocada no III Prêmio "Rodolfo Pamplona Filho", edição de 2006, na categoria "Pós-Graduação".

Andrea Almeida Campos
Advogada. Professora de Direito da Universidade Católica de Pernambuco e da Universidade Federal de Pernambuco.

André Ramos Tavares
Professor dos Programas de Doutorado e Mestrado em Direito da PUC/SP. Livre-Docente em Direito pela USP. Diretor do Instituto Brasileiro de Estudos Constitucionais.

Isabela Lessa Ribeiro
Mestranda em direito processual pela Universidade Católica de Pernambuco. Bolsista da PROSUP/CAPES.

Jane Piñeiro G. de Azevedo
Graduada em Direito nas Faculdades Jorge Amado (FJA). Advogada Militante em Salvador-Bahia. Pós-graduanda em Direito Civil pela Fundação Faculdade de Direito da Universidade Federal da Bahia (UFBA).

Leandro Lopes Pontes Paraense
Advogado. Pós-graduado em Direito Empresarial pela UFBA. Mestrando em Direito Privado pela UFBA. Professor universitário.

Márcio Souza Guimarães
Promotor de Justiça do Ministério Público do Estado do Rio de Janeiro (titular da 1ª Promotoria de Massas Falidas da Capital). Mestre em Direito Empresarial pela UCAM. Professor da Graduação e Pós-Graduação da Escola de Direito RIO da Fundação Getúlio Vargas. Professor e Diretor da FEMPERJ (Fundação Escola do Ministério Público do Estado do Rio de Janeiro). Professor e Coordenador da Pós-Graduação (lato senso) em Direito Empresarial da UFBA (Universidade Federal da Bahia).

Maria Antonieta Lynch
Pós-doutoranda no Centre d'Etudes Internacionales de la Propriété Industrielle – Université Robert Schuman – Estrasburgo. Doutora em Direito Privado. Professora Adjunta de Direito Comercial da UFPE.

Marilia Martinelli
Licenciada em Direito pela Universidade Católica do Salvador (2003). Especialista em Direito Empresarial pela Universidade Federal da Bahia (2007) com o monográfico voltado ao estudo da legislação pertinente ao "Terceiro setor". Advogada. Atualmente é aluna ouvinte no Doutorado em Direito Civil na "Universitat de Lleida – Facultat de Dret e Economia", Espanha, onde reside.

Osvaldo Almeida Neto

Graduado em Direito pela Universidade Federal da Bahia (1998). Pós-graduando – Especialização Direito Civil – pela Universidade Federal da Bahia. Ex-técnico e analista da Controladoria-Geral da União. Ex-Professor da Universidade Federal da Bahia. Procurador Federal em exercício na Procuradoria Federal no Estado da Bahia. Instrutor e Palestrante em eventos e cursos na Administração Pública Federal.

Paulo Ferreira da Cunha

Professor Catedrático de Direito e Director do Instituto Jurídico Interdisciplinar da Faculdade de Direito da Universidade do Porto, Portugal.

Renata de Lima Pereira

Mestra em Direito de Família pela Universidade Federal de Pernambuco (UFPE). Professora da AESO, ASCES e UNIVERSO.

Rodolfo Pamplona Filho

Professor Titular de Direito Processual do Trabalho da Universidade Salvador (UNIFACS). Professor Adjunto da Faculdade de Direito da UFBA (Universidade Federal da Bahia). Professor da Pós-Graduação em Direito (Mestrado e Doutorado) da UFBA. Coordenador do Curso de Especialização em Direito e Processo do Trabalho do JusPodivm/BA. Mestre e Doutor em Direito do Trabalho pela Pontifícia Universidade Católica de São Paulo. Membro da Academia Nacional de Direito do Trabalho e da Academia de Letras Jurídicas da Bahia. Juiz Titular da 1ª Vara do Trabalho de Salvador (Tribunal Regional do Trabalho da Quinta Região).

Roxana Cardoso Brasileiro Borges

Professora Adjunta de Direito Civil da Faculdade de Direito da Universidade Federal da Bahia (UFBA) e da Universidade do Estado da Bahia (UNEB). Professora na Faculdade de Direito da Universidade Católica do Salvador (UCSal). Doutora em Direito das Relações Sociais pela Pontifícia Universidade Católica de São Paulo (PUC/SP). Mestre em Instituições Jurídico-Políticas pela Universidade Federal de Santa Catarina (UFSC).

Salomão Resedá

Advogado, especialista em Direito Civil pela Fundação Faculdade de Direito (UFBA). Mestrando em Direito Privado pela Universidade Federal da Bahia (UFBA). Professor universitário.

Walber de Moura Agra

Mestre pela UFPE. Doutor pela UFPE/Università degli Studi di Firenze. Professor da Universidade Católica de Pernambuco e da ASCES. Professor Visitante do doutorado da Università degli Studi di Lecce. Visiting Research Scholar of Cardozo Law School. Diretor do Instituto Brasileiro de Estudos Constitucionais. Procurador do Estado de Pernambuco. Advogado.

Esta obra foi composta em fontes New Baskerville e Humnst 777, corpo 11/15,5 e impressa em papel Offset 75g (miolo) e Supremo 250g (capa) pela Gráfica e Editora O Lutador. Belo Horizonte/MG, outubro de 2008.